JN070892

中世キリスト教の七つの時

片山 寛

新教出版社

目　次

序　論

Ⅰ. 古代末期

II. 古代・中世

III. 11世紀

IV. 12世紀

V．13 世紀

6

Ⅵ.　14 世紀

Ⅶ.　15-16 世紀

まえがき

1. 歴史と教理

　キリスト教思想の中心にあるものとは何でしょうか。

　私は 1994 年から 2022 年まで、西南学院大学神学部で 28 年間「教理史」という科目を教えてきました。この科目は、古代から近代までの 2000 年間のキリスト教神学の形成と変化の歴史を、そこで活躍した神学者や哲学者たちの伝記と共に考察するという、ある意味で途方もない科目で、どこまで勉強してもこれで十分ということはありえないものなのです。2000 年間にキリスト教思想を作り上げてきた思想家は、教科書級の重要人物だけをとっても数百人を越えており、とうてい、その全体を見渡せるものではありません。私はある時期、3 年間の連続講義で 35 人の代表的神学者たちの評伝を試みたことがありますが、どの神学者についても、たった数回の授業による彼らの著作紹介と時代解説では、不十分さを痛感せざるをえませんでした。

　そのような中で、キリスト教の教理形成の歴史的背景について、もっと調べてみたいと切実に思ったことが何度もありました。私はそれらを学んだ研究成果を、大学の学内紀要『神学論集』を中心に、所属する学会誌などに発表してきたのですが、ここに集めた論文は、その中から、特に私の専門分野である西欧中世思想に関わるものを選んだものです。

　これらの論文を書く中で、私の思考の中心に常にあったのは、「歴史と教理の関係」という主題でした。歴史的に考えると、キリスト教は諸宗教の中でも際立って、自らの歴史を教理に忠実に反映している宗教です。たとえばキリスト教の中心的教義とされる「三位一体論」や「契約思想」や「終末論」などは、キリスト教が古代ユダヤ教の教えから出発したという歴史をはっきり示しています。つまり、ユダヤ教の中心教義である「唯一神論」、「イ

スラエルの選びと契約」、「メシア的終末論」を、キリスト教は忠実に受け継ぎつつ、それを、イエス・キリストを自分たちの「主」、「メシア」だと信じるという中心線に立ちながら解釈し直したということなのです。キリスト教の教えの骨格はこの出発点を振り返るとき、最も明瞭に説明がつきます。かつてハルナックが述べたように、「三位一体論とは、イエスは主なり、という告白の展開以外の何ものでもない」のです。

　しかし、ではそれでは、この「ユダヤ教→キリスト教」という歴史が「教理」を作り出したのかというと、そうとばかりは言えない側面があります。歴史は確かに教理の形成に決定的な影響を与えており、教会の歴史経験と教理、あるいは神学者の生涯（時代経験）と思想内容とは切り離すことができません。歴史は教理が語ることがらの素材（マテリア）を提供しており、しかもそれはある程度内容そのものにまで影響している素材なのです。しかし「教理」というものの中には、個別的・偶然的な歴史の出来事を越えた、何らかの普遍的な中心があり、それこそが各時代の神学者たちが全身全霊で語ろうとしたことがらであるのです。それは時代を越えた「真理」そのものであるところの「神」ご自身です。またそれであるからこそ、神学は、同じ中心を目ざした神学者たちどうしの、時代を超えた対話なのです。ですから教理は、教会史や心理学に全面的には解消できないのです。

　「教理史」の研究は、常にこの二つのもの、「歴史」と「教理」の間を揺れ動きます。それは楽しい作業でもありますが、どこまでがんばっても最後の結論には到達できない困難な作業でもあります。

　こういう言い方もできるかもしれません。キリスト教の「歴史」は、つきつめて言うと一人の人間であったイエス・キリストの歴史に集約されます。この方（イエス・キリスト）をキリスト教は、歴史を超えた普遍的な神ご自身だと信じたのです。「イエスは主である」（Ⅰコリント書 12 章 3 節）と。それがキリスト教の出発点でした。ですからこの信仰告白においては、歴史の核心と教理の核心とはぴったりと重なっているということになります。これこそが教理史の出発点であり到達点でもあります。つまりそのところで、あらゆる歴史学的探求と哲学的・神学的探求は、共通の最終目的を持つこと

になるのです。教理史はそのような意味で、終末論的な完成を目指す学問なのです。

2. この本の三つの問題群

　このことは、この本で扱っている中世の神学思想にも言えます。神学者たちは、一方ではそれぞれの時代の課題を抱えつつ、他方で時代を越えた永遠の存在である神を探求しつづけました。その点では、今日の私たちと何の変わりもありません。彼らは、「歴史学」という近代に発達した方法論を持っていませんでしたので、彼らの探求はより哲学的・形而上学的であり、そのぶんだけより純粋であったとも言えます。彼らにとって「歴史」とは「聖書」そのものでした。聖書との深い哲学的な対話ということでは、私たちは中世の神学者たちにとうてい及びません。

　中世の神学者たちがそれぞれの時代に抱えていた課題については、それぞれの論文を読んでいただきたいのですが、ここではただ、三つの問題群がここではとりあげられているということだけを述べておきたいと思います。

　一つは、古代から中世にかけて問題にされてきた神学と哲学の関係をめぐる問題です。神学は聖書の啓示を前提して営まれるものですが、哲学はギリシア的な「精神（霊）の優位」の思想から生れたものであり、聖書のような前提を持ちません。そしてこの二つの学が出会ったところに、キリスト教の持っている人類史的な深い意味があると思います。この論文集では特に、1（瀧澤、バルト、トマス）、2（聖書翻訳がもたらした祝福と呪い）、4（思考の開け、存在の開け）、6（トマス神学の現代的意味）、7（トマス・アクィナスと自由学芸）が、この問題群に含まれます。

　二つ目は、中世の盛期に学問の中心となった修道院と大学の関わりをめぐる問題です。学問というものがその方法（写本と教理教育）からして必然的に共同作業でもあった中世という時代に、それはどのようにして営まれ、またそれによって近代という時代を準備したのか、ということが問題とされます。ここでは、5（フーゴーの生涯）、8（トマス・アクィナスにおける観想

的生活と活動的生活)、9(中世哲学から学んだこと)、10(ナフマニデスとバルセロナ討論)が、この問題群に含まれます。

最後に、中世の14世紀に西欧社会を襲ったペスト(黒死病)と、それによって中世世界が崩壊し、近世・近代が始まっていったことをめぐる問題があります。ここでは「近代」とは何であるのか、ということが常に問われていると言えます。これについては、11(『中世の秋』を生きた教会の希望)、12(「死の舞踏」の向こうに見える救い)、13(煉獄をめぐる黙想)がそれを論じていますが、3(古代・中世の教理史における死と葬儀)も、間接的にこの問題群に含まれていると言ってよいでしょう。

これら三つの問題は互いに関係し合っており、一つの論文が二つ以上の問題を含んでいることも当然あるのですが、いちおう以上のように分類できます。

3. キリスト教中世という故郷

私はこれまで中世のキリスト教を、特に13世紀の神学者トマス・アクィナスの思想を中心に学んできたのですが、私自身はプロテスタントの、しかもその中でも「近代」という時代を代表すると思われるバプテスト教会の一員なのです。その私がなぜ中世を学ぶことになったのかは、最初の論文(瀧澤、バルト、トマス)に書いてありますので、それを読んでください。残念なことに、プロテスタントの中には、今でも中世という時代やカトリック教会を敵視して、それらを学ぶことは不必要だと考える人々がいると思います。しかし私自身はそういう見解はとりません。中世は私たちにとっても大事な故郷だと考えるからです。

中世を暗黒の時代だと考える人々は、自分たちの故郷は古代のキリスト教であり、中世はそこから外れてしまった袋小路であって、古代以来の正しい信仰は中世にも、ヴァルド派などの異端(とされた)運動の中に維持されていた、と考えることを好みます。このような考え方がまったく無意味だとは思いませんが、歴史的には無知と言うしかありません。ヴァルド派というプ

ロテスタント教会の先行形態もまた、歴史的には中世カトリック教会から生れてきたものであって、信仰のあり方や礼拝の形式など、多くの要素をカトリックの伝統に負うています。その点ではルターやカルヴァンもまったく同じなのです。

中世を敵視することの最も大きな問題は、自分自身の受け継いだ中世の遺産を正しく評価することができず、また逆に中世の犯した過ちからも、真剣に学ぶことができなくなるということです。これは、近代（モダン）という時代がいろんな意味で行き詰まりを見せている今日、自分たちの時代を正しく批判的に吟味し、将来に向かって新しい選択肢を提示していくのを困難にしています。

偉そうなことを言っておきながら、私自身が将来をきちんと見てとっているとはとうてい言えないのですが、ささやかながらそれを試みた一つの「練習問題」として、この論文集の最後に、14「知的障碍者とキリスト教」という小さな論文を付け加えました。

なお、この論文集は 2021 年度の西南学院大学の出版助成給付を得て出版されました。ここに記して感謝をいたします。

序　論

16

1. 瀧澤・バルト・トマス [1]

1. はじめに

　「等石忌」の記念講演会でお話をすることをお引き受けして、大胆にも上記のような題をつけたのですが、ここで私がお話をいたします内容は、瀧澤克己先生、カール・バルト、そしてトマス・アクィナスという三人の思想家のそれぞれについて、トータルに評価したり位置づけたりするものではありません。正直に言って私にはその力はないと思います。三人の哲学あるいは神学というものを、自分が正しく理解したかどうかも怪しいものだと思います。ただ私は、自分の研究者としての、また牧師としての拙い歩みの中で、この三人の思想の間で揺れ動いてきた経験がありますので、その経験をお話するにすぎないのです。つまり私は、自分という小さな器に映じた限りでの瀧澤、バルト、トマスについてお話をいたします。

　誰が話しても、結局は自分に理解できた限りで話すしかないのだから、同じことだ、と言われるかもしれませんが、そうではないのです。といいますのは、私がここでお話しようとしております主題は、実を言うと、瀧澤先生の思想でもバルトでもトマスでもなくて、この三人の思想家がそれぞれ問題にし、問題にしつづけたもの、すなわちキリスト教というものだからです。キリスト教とは何であるのか、その問題とは何か。それを私はここでいくらかでも考えてみたいのです。

　その意味では、私のお話は、瀧澤、バルト、トマスについて私よりももっと深くもっと詳しく研究してこられた皆さまには、それぞれについて大きな不満を抱かせるものになるかもしれません。それらの御指摘は後でご教示い

1　本章は、2004 年 6 月 26 日、瀧澤克己先生の没後 21 回忌の「等石忌」の記念講演会で行った講演である。

ただけるものとして、しかし私としては、自らの貧しさのゆえにそうするしかないこと、つまり自分がなぜ瀧澤からバルトへ、そしてさらにバルトからトマスへと歩みを進めることになったかをお話したいと思います。

2. 瀧澤先生との出会い

　私が瀧澤克己先生に出会ったのは 1980 年であったと思います。それは同時に、カール・バルトの神学との出会いでもありました。その前の年、私は西南学院大学神学部に入学して、最初は語学や聖書時代の歴史学が中心だったのですが、2 年目から寺園喜基先生を通じてバルトの『教会教義学』を学び始めました。ところがこの「20 世紀最大の神学者」と呼ばれる人の思想が、私にはよく理解できませんでした。翻訳のまずさもあったと思いますが、やたら大仰なだけで、鋭くこちらの内面に響いてくる言葉に乏しいように思えたのです。何がバルト神学の中心で、何が周辺であるかもわかりませんでした。ただ抽象的な言葉が空回りしているだけのように思えて、私はある日、寺園先生の授業の中で、失礼も省みず、次のような質問をいたしました。

　「自分には、バルトの言葉は全然響いてきません。何で彼はこんな回りくどい言い方をするのでしょうか。」

　そのときの寺園先生のお答えは、私が一生涯、たぶん忘れられないものになるだろうと思います。先生は、こうお答えになったのです。

　「それは、君がのほほんと生きているからだ。」

　私は残念で、また先生が自分の問いを理解してくださらないのが悔しくて、長い間悩みました。バルトの神学をどうしたら理解できるのか考えあぐねていたときに手にとったのが、瀧澤先生の『カール・バルト研究』だったのです。私はその創言社版を古書店で見つけて読みました。そして、非常に爽快な感じをともないつつ、バルト神学の根本的な動機を理解したように思ったのです。

　つまり私は、瀧澤先生を通じて、しかも瀧澤先生のバルト神学に対する問いかけを通じて、初めてバルトに触れたような気がしたのです。バルト神学

18

の中心はイエス・キリストという一つの名前だということ、バルトは繰り返しこの不思議な名前に接近し、そこから学び、また問いかけを続けているということ、いわば世界のすべてについての答えを、彼はこの名前から得ようとしているということです。

　単純化して言うならば、バルトの基本的な主張とは、神とはイエス・キリストだ、ということなのです。神の概念が先にあるのではない。イエス・キリストという、歴史の中を歩んだ一人の人がいた。このキリスト、それは神の完全な現われであって、その意味で「神の啓示」（Offenbarung Gottes）と呼ばれます。神の啓示はイエス・キリストである。それ以外のところに神はいない。

　そして私はそこから、寺園先生がバルトについて言っておられることも少しずつ、からんだ糸が解きほぐれるように理解し始めました。そして特に私にとって驚きだったのは、バルト自身は瀧澤先生の批判を決して受け入れなかったということでした。

　瀧澤先生のバルトに対する問いかけは有名なものですので、皆さんご存じだと思います。すなわち瀧澤先生は、バルト神学の中心を「イエス・キリストの発見」ということに見ておられます。しかもそれは、「インマヌエルの原事実の発見」だったということです。いちいちの人、それが人である限りすべての人のもとに、「神われらと共にあり」（インマヌエル！）という根源的な事実がある。その事実に目覚め、その事実にもとづいて生きることこそ、すべての人間的な自由の原点なのだ、ということです。「自由」というと、私たちは何か、何者にも支配されない、何も彼を制約するものがない、無制限な状態を想像しますけれども、ただこのインマヌエルという根源的な規定性だけは、寸毫も変えることができない。なぜなら、この規定性に基づいてこそ自由というものは存在するからです。「もはやわれ生くるにあらず、キリストわが内にて生くるなり」（ガラテヤ書2章20節）という聖書の言葉がありますが、私のうちにこのキリストという名で呼ばれる事実がある。その一番根源的な事実を私たちが否定するならば、私たちはその「倒錯」の結果として、どうしても不自由に陥らざるをえない。なぜなら第一義のものをな

序　論

いがしろにしておいて、二義的・三義的なものに執着すること、その無秩序（inordinatio）[2]こそ、私たちが「罪」と呼んでいるものに他ならないからです。

　そして瀧澤先生は、キリスト教というものが、その最高の成果であるバルト神学でさえも、その一番中心にある微妙なところで、この第一義のインマヌエル、つまり事実そのものとしてのインマヌエルと、その第二義的な形態であるナザレのイエスという歴史的な人格とを混同している、と批判するのです。それはもとより、カール・バルトという人が実際の政治的・社会的な判断において、この混同の結果として誤りを犯している、という意味ではありません。バルト自身は実際にはそのような倒錯を犯していなかったし、キリスト教を他の宗教に対して絶対化したり、ナチズムのような頽廃し転倒した自由主義に対して、ほんのわずかにでも認めるということはありませんでした。しかし、この第一義と第二義のインマヌエルの混同の結果として、バルトは、たとえば歴史のイエスを相対化する恐れのあるいわゆる史的イエスの研究に対しては、門戸を閉ざしてしまった、と瀧澤先生はお考えでした。

3. 瀧澤からバルトへ

　神学部を出て牧師になる頃に、私は自分の中で一つの決断をしなければならないと思いました。それは瀧澤をとるかバルトをとるか、という問題であり、キリスト者としては、聖書の歴史的・批判的な研究を中心にして聖書を学ぶのか、それともバルトの教義学的な神学によって聖書を学ぶのか、という問題でした。それは本当は二者択一の問題ではないかもしれませんが、限りある自分の力で学びをすすめていくとすれば、とりあえずはどちらかの方法を中心にせざるをえませんでした。

　私は神学部の卒業論文の主題として、寺園先生に教えをいただきながら、ルドルフ・ブルトマンとバルトの神学を比較検討するということにして、その両者を「説教」にいたる道筋の問題としてとりあげて論文を書き、聖書学

2　Thomas Aquinas, *Summa Theologiae,* I-IIae, q. 72, 5; q. 75, 1.

20

の青野太潮先生に提出したのです。それは『聖書解釈と説教』という題の、原稿用紙で100枚ほどの論文でした。この主題を決めたときからすでに予感のようなものはあったのですが、私は結局、瀧澤ではなくバルトを取ろう、聖書学を捨てるというわけではないのですが、教義学の方により大きな魅力を感じて、そちらの方で牧師としての生活を始めることになりました。

瀧澤先生からの問いかけに対して、バルトはそれを決して受け入れませんでした。なぜでしょうか。バルト自身はそれについて公にはほとんど語っておりませんのでわかりませんが、ゴルヴィッツァーなどバルトの弟子たちの発言から推定して、私自身はおそらく次のようなことではないかと思うのです。つまり、瀧澤先生の問いかけは、キリスト教の伝統的な言葉でいうと「偶像礼拝の禁止」ということと関わっています。偶像礼拝とは、本当の神に代えて、人間が自分で刻んだ像を拝んだり、あるいはアドルフ・ヒトラーのような人間を神のごとく称えて、つまり人間とそれが作り出した偶像（idola）を神の代わりにして、それに従っていこうとすることを意味します。

カール・バルトはこの偶像礼拝と徹底的に戦った神学者でした。ナチズムはもとより、一見それとは正反対に見える神学的自由主義とも（両者ともバルトによれば根っ子は19世紀の人間中心主義にあって同じです）、また比較的穏健なエミル・ブルンナーの自然神学とさえも、バルトは厳しく戦いました。それは、人間的自由であれ、民族主義であれ、自然に内在する神の痕跡であれ、神ならざるものを神にするという「偶像礼拝」に対する断乎たる「否」（Nein!）であったのです[3]。

瀧澤先生はこのバルトの線に立ちつつ、それをさらにもう一歩すすめようとされたのだと思います。それが、第一義のインマヌエルと第二義のインマヌエルを厳密に区別すべきだという主張でした。たといイエス・キリストご自身であろうと、この私たちの歴史の内部に現れた神の一つの顕現形態を、その根源にある神ご自身、原事実（Urfakt）そのものと混同して、両者を同一視するならば、私たちは再びあの偶像礼拝に陥り、そこから再びキリスト

3　Karl Barth, Nein! Antwort an Emil Brunner, in: *Theologische Existenz heute*, Heft 14, 1934.

序　論

教を絶対化して、他の宗教や思想に対して、あるいは聖書の歴史的研究に対してさえも、開かれた自由な態度を取ることができなくなる。それが、瀧澤先生の言われた、「バルト神学になお残るただ一つの疑問」[4] ではなかったでしょうか。

しかしバルトの立場から見るならば、瀧澤先生が主張されるこの「原事実」というものも、もしそれが聖書とその歴史、イエス・キリストという神ご自身の啓示を相対化するならば、それは結局東洋の一哲学者が考えた抽象的・形而上学的な神概念に過ぎず、それ自体が別の偶像を作り出すことになるのではないか、という疑問を払拭できません。聖書の証しするイエス・キリストにあくまでこだわりつづけなければ、つまりあの人間イエスを絶対化するのではないけれども、あのイエスのまさにその中に神ご自身の姿（imago）を見る、ということでなければ、私たちは唯一の確かな根拠を失うのではないでしょうか。そして悪くするとその喪失感を、手当たり次第にいろんなこの世的な事物や宗教に飛びついて埋めようとするのではないでしょうか。つまりは瀧澤先生の「原事実」なるものも、悪くするとグノーシス的な抽象的神概念を生み出すことにつながるのではないでしょうか。

要するに私には、瀧澤先生のご批判は、バルト神学に対する批判的問いかけとしては十分有効なのですが、逆に瀧澤先生の思想の方にもある種の脆弱性・危険が潜んでいて、ちょうどバルトの亜流であるバルト正統主義者といいますか、バルティアンが危険なものであるように、瀧澤の亜流・瀧澤主義というものも、抽象的な神概念に接近する危険なものではないかと思えたのです。

神学部卒業当時、私はここまではっきりと考えたわけではなかったのですが、とにかく自分にとって確かなことは、これから牧師として毎週説教をしてゆかねばならないということでした。そして牧師として聖書を読み、聖書から学び、聖書について教会で説教をしていくためには、バルトに導かれて聖書を学んだ方がよいように思えたのです。福音書のイエス・キリストにど

4　瀧澤克己『カール・バルト研究』創言社 1971 年。

こまでも信頼を寄せることなしには、教会の講壇に立って説教をし続けることは不可能です。特に私たちは自然の傾きとしていつでも、神の言葉ではなく、それに代えて自分の言葉を語ってしまう傾向がありますから、つまり自分の偶像を作り上げてしまう危険がいつもありますから、その点について厳しいバルトの言葉を学びつづけることが大事だと思いました。瀧澤先生ご自身が、あるとき、名島のご自宅にお訪ねしたときだと思いますが、バルトの『教会教義学』はそれ自体が説教だ、とおっしゃったのを覚えています。確かにバルト神学は、ある意味ではそれ自体が一つの説教学のようなものでありますので[5]、バルトを学び続ける限り、説教の言葉にも困らないように思えました。そこで私は、瀧澤先生の問いかけを忘れたわけではなかったのですが、説教で生きる牧師としては、ここはバルトで行こうと思いました。

4. バルトと歴史

　瀧澤とバルトの問題については、その後も私の中では決着がつかないままになっています。カール・バルトの神学には、その後も様々な批判が投げかけられてきました。その批判の一つは、バルトの歴史概念を問うものです。バルトは歴史のイエス・キリストを大事にするのですが、それにしては史的イエスの研究については冷淡ではないか、というのです。われわれは様々な限界はありつつも、歴史学的な方法論によってイエスとその時代、原始キリスト教の形態やその動機（motivation）などを分析するということをしていかなければ、歴史のイエス・キリストも鮮明にはならないのではないか。バルトは歴史を大事にすると言うにしては、実は十分に歴史的ではないのではないか、という批判があります。これは主にパネンベルクによってなされた批判なのですが、それによるとバルトのいう歴史とは、歴史というよりも原歴史（Urgeschichte）であって、バルトは歴史的・批判的研究から救済史を守るために、この原歴史という安全な港に逃避したというのです。そしてそ

5　バルト『教会教義学』の第1巻（KD I/1, I/2, Die Lehre vom Wort Gottes）は、そのまま一つの説教論として読むことができる。

の結果として、バルト神学は、彼自身が否定したはずの主観主義の最も先鋭な現われになってしまった、というのです[6]。

　もう一つの批判は、ある意味ではこれとは逆に、バルトは歴史のイエスを大事にするがゆえに、イエスの歴史の枠（わく）としてのイスラエルの歴史を特別な歴史として大事にしすぎるという批判です。バルトは単にイエス・キリストの30年の生涯の歴史のみならず、その枠としてのイスラエルの歴史をも、神の啓示の歴史として、他の一般的な歴史とは区別します。イエス・キリストの神は、第一義的にはイスラエルの神なのであり、今もイスラエルの神であり続けています。それゆえバルト神学は、必然的にユダヤ人と連帯する神学でありました。「救いはユダヤ人から来る」（ヨハネ福音書4章22節）という聖書の御言葉は、2000年前にそうだったというだけでなく、今でも有効である、とバルトは考えていました[7]。

　このバルト神学のありようは、第二次世界大戦中に、ナチスによるユダヤ人迫害が猛威をふるったときに、教会がユダヤ人を救援する活動をしていく根拠になりましたし、戦後も教会とユダヤ教との連帯を推し進めていく力になりました。その重要さはいくら強調しても強調しすぎることはありません。けれども、1948年にユダヤ人が自らのイスラエル国家を持ち、その後の歴史の中で、彼らもまた国家の論理で他の民族を圧迫したり虐殺したりするという、ありうべからざる事態を迎えた今、果たしてバルトのいわゆるイスラエル神学はそのままでいいのか、という問いかけが起こってくるのです。ユダヤ人が国家を持たない民族として、国家に対する鋭い批判であった時代には、あまり問題にならなかったことがらが、今、問題になっているのです。

　これらの批判に対して、バルトの立場から答えることもできると思います。二つの批判は、一見正反対のように見えますが、その根っ子にあるのは一つの批判です。それは結局、聖書の歴史と普遍的な歴史の関係を問う問いであ

6　Wolfhart Pannenberg, Heilsgeschehen und Geschichte, in: *Grundfragen Systematischer Theologie*, Vandenhoeck 1979, S. 22.

7　Eberhard Busch, *Unter dem Bogen des einen Bundes, Karl Barth und die Juden 1933-1945*, Neukirchener 1996, S. 375f.

24

り、イスラエルの神と全人類の普遍的な神を問う問いです。バルトにおいて
は、神とは第一義的にはイスラエルの神、イエス・キリストの神であり、こ
の隘路を通ってのみ、諸民族の神、全人類の神であるのです。瀧澤先生のバ
ルト理解もバルト批判も、まさにこの一点に向けられており、その点で、今
日でもいささかも色褪せることのない本質的な問いでありつづけているよう
に思います。

5. トマス・アクィナスとの出会い

　13世紀の神学者、スコラ学者であったトマス・アクィナスと私が出会っ
たのは、神学部を卒業して、牧師として働きながら九州大学の大学院で学び
始めてからです。稲垣 良典先生を通して、私はトマスに出会いました。私
のトマス理解は、ほぼ全面的に稲垣先生に依存しておりますので、その意味
では私の講演題名は「瀧澤・バルト・稲垣」にすべきか、それとも思い切っ
て「瀧澤・寺園・稲垣」にすべきなのかもわかりませんけれども……。稲垣
先生から学んだトマスの神学体系は、バルトのそれと比べるに足る壮大な体
系だと思うのです。そして実際、両者はある意味でカトリックの神学とプロ
テスタントの神学を代表しているものと見られて、比較されることがよくあ
ります。最初私は、トマスはほんの教養程度に知っておこうという気持ちだ
ったのですが、学んでいくに従って次第にトマスの魅力に惹かれていきまし
た。
　今から考えると、トマスの神学がバルトと違う一番大きな点は——これは
私の受けた印象だけを言うのですが——トマスの神は自己主張しない神だと
いうことです。バルトの神はよく語る。それはまるで私たちプロテスタント
の牧師のように、よく語るのです。ご自分について、世界について。ところ
がトマスの神は、トマスの探求の目標として、いつも彼の探求を導いてお
られるのですが、神ご自身が舞台に登場して語るということはほとんどな
い。まあこれは Otto Hermann Pesch という人が書いているのですが、マルテ
ィン・ルターはトマスのことを評して、「おしゃべりなやつ」(loquacissimus,

Schwatzmaul）だと言ったそうなのですが[8]、私の印象は違うのです。トマスはむしろ非常に寡黙な感じがした。トマスが、というよりもトマスの神がとても静かな印象だった。トマスもまた、バルトと同じように、神を知ることができる、そして神を知ることができない、という緊張関係の中で語りつづけます。私たちは神について何を知ることができるのか、そして何については知りえないのか。知りうることについては明瞭に語る、そして知りえないことについては沈黙しなければならない――ヴィトゲンシュタインがそんなことを言っていますが[9]、彼より 700 年も前に、トマスはそれを実践しているのです。

　トマスの神学を一言で語るのは困難ですが、あえて言えば、それは二つの要素から成立していると思います。一つは存在論の神学です。存在するということ、そのことをトマスはいろんな仕方で探求していて、「存在」の展開が神の創造であり、人間の生命であり、また人間が神へと帰るということ、つまり救済でもあります。もう一つの要素は、知性の意味です。「知る」ということ、それはいつも「愛する」ということと不可分に結びついているのですが、この「知る」ということの展開が、先ほどの「存在」とからみあいながら、ずっと展開していく。それがたとえば三位一体論であり、人間の知性の問題、あるいは倫理の問題、そして救済者キリストの問題へと展開している。これもまた壮大な体系で、もしかするとこれは究極の哲学、究極の神学かもしれない、と私は考えることがあります。

6.　トマスとバルト

　バルトとトマスに出会って、そしてその両者をつなぐ一本の線を引きたいというのが、私の長年の願いなのです。両者の違いを言うのは簡単ですし、それはこれまでにも多くの人々に指摘されています。バルト自身がその著作

8　Otto Hermann Pesch, *Thomas von Aquin, Grenze und Größe mittelalterlicher Theologie*, Grünewald 1988, S. 19.

9　Ludwig Wittgenstein, *Logisch-philosophische Abhandlungen*, 1921.

26

の多くの箇所でトマスについて述べておりますが、それらは、トマスから多くを学びつつも、全体としては批判的であります。トマスの思想をバルトはanalogia entis という標語で理解しており、それに対して自分は analogia fidei あるいは analogia relationis でやるんだ、と宣言しているところもあります[10]。ですから、両者の違いを際立たせるのは、比較的簡単なのですが、この二人の神学をつなぐもの、つまりトマスもバルトも、確かに二人とも神学者でありますが、二人が対象としているのは別々の神ではなくて、同じ一人の神であるということ、それを正確に述べることは難しいのです。もちろん、その神は同じ神だというのは、神学の前提であって、それがなければ対話は成り立たないのですが、両者の神学を個々の主題について比較していくと、違いばかりが際立ってきて、結局神のイメージをそれぞれ勝手に作ったんじゃないのか、と——実際に私はある牧師からそう問われたことがあるのですが——言われかねないのです。

　しかし、トマスとバルトを結ぶ一本の線は確かにある、と私は思ってきました。そうでなければ、神学という学問は成り立たない。そしてその線というのは、トマスとバルトの違いそのものが、むしろ彼らが同じ一つの関心事を共有していたしるしであることになる、そのような線でなければならないと思います。つまりそれは、ある意味では時代の違いということなのです。ちょうど、同じ一つのものを昼の光の下で見るのと夜の人工的な光の下で見るので、全然違った色に見えるように、私たちがトマスとバルトは違うと思っている、まさにその点で二人は同じであるのかもしれない。そして、この光の違い、中世と現代という時代の違いを生み出したのが、あるいはその時代の違いの端的な現れが、稲垣先生の言われる「中世後期における霊魂論の崩壊」あるいは「形而上学の崩壊」[11]という事態であったと思います。

　トマスにおいては、神学とは形而上学と神の啓示の緊張関係の中で行われる対話でありました。形而上学は彼においては、単なる理論学、理念の学で

10　Karl Barth, KD I/1, Vorwort VIIIf.; 257f.
11　稲垣良典『抽象と直感——中世後期認識理論の研究』創文社 1990 年。

はなく、経験に基づき、経験の意味を明らかにするものだったと思います。これに対して、創造、キリスト、救済などのキリスト教の教えが、知性の探求の目標であり意味であり対象である神の秘義として関わってきます。三位一体論は、トマスにおいては知性論でもあり、救済論でもあるのです。トマスは形而上学に支えられ、キリスト教の教えに導かれつつ、彼の神学をすすめていきました。

　形而上学が崩壊すると事態はどうなるのでしょうか。それについて語る力は私にはありませんが、一つだけ考えていることを述べさせていただきます。

7.　神の遠さ

　中世後期の神学者たちにとって、神はとても遠い存在だったと思います。この世界とは断絶して、この世界を無限に超越しておられる神。この神の超越的側面が非常に強調されてゆきます。神はそこいらの自然の中には内在しない。そのような神こそ、後期中世の人々にとっては偉大な神でした。トマスにおいて両立していた神の超越と内在は、経験から導き出される意味での形而上学が喪失するに従い、はっきり分離してきました。天と地が離れるように、神と世界は切り離されます。そしてそれが限界に達すると、逆に天と地を電撃のように結びつけようとする神学・哲学が出現してきます。マルティン・ルターがそうです（彼の神学者としての生涯はそもそも雷の経験から始まったのです）。自然と神との対立状況の中で、自分は神に従うと宣言する人々の出現です。ルターの思想を最も先鋭化したのはヘーゲルではなかったでしょうか。

　その場合、近代の人々が神と人間の接触点として選んだのは、自分自身でした。自己自身において、その理性の働きにおいて、その信仰において、自己の主観性において、神と人は一つになります。近代の人間にとって、神とは世界に内在する存在そのものであるよりも、世界とは対立するような絶対的な主観性だったのです。神と世界が、換言すれば神の超越と内在が一つに溶け合う場所、それが自己自身だとすると、近代の人間はすべて、いわば自

己自身に酔っています。いわば小さな神として、世界に対峙しています。

　ついに見つかったよ。
　なにがさ？
　永遠というもの。
　日没と溶けて
　去ってしまった海だ。[12]

　神人の一体を自己において実現することを神秘主義と言うのだとすると、近代をリードした思想の多くは、根本的に神秘主義的だということができます。
　カール・バルトの神学の意味は、この神と人の一つになった場所を、自己自身の主観性ではなく、イエス・キリストという人、その人格（Person）に置いたことだと思われます。それによって彼の神学は、主観主義の先鋭な現れではなく、ある意味での客観性を得たことになります。バルト神学は「啓示の客観主義」あるいは「啓示の実証主義」と呼ばれます。しかしそれは、主観主義と対立したような客観主義ではなく、主観客観の対立を越えた「場所」を発見したように見えることも確かでありまして、そのため、西田哲学の側から瀧澤先生のようにバルトを高く評価する人々も出ました。しかしバルト神学は、「主観・客観図式の止揚」という近代的問題設定の枠組みよりももっと長い神学の歴史の中で評価されねばならないと思います。

8. 神学の可能性

　形而上学の崩壊という新しい光の中でバルトの神学を見ると、それがトマスの神学と基本的に同じ動機を持っていることが見えてこないでしょうか。つまりそれは、神秘主義に陥ることなく、また神秘を否定することもなく、

12　アルチュール・ランボー「永遠」（『ランボオ詩集』金子光晴訳、角川文庫1951年、100頁）。

大いなる神秘に導かれつつ神について語ることの可能性です。そこでは、神について語ることで、人間を新しく発見することにもなり、世界を発見することにもなります。人間の自画像ではないような神、われわれにとって永遠に新しい対話の相手、探求の相手としての神。バルトにとっては、神学はこの世界の状況とイエス・キリストとの対話でしたが、トマスにおいては、神学は、形而上学と神の啓示との対話でありました。

　バルトの神学は、私に説教者としての実存を与えてくれたのですが、トマスの神学は、神学研究にたずさわる者としての広い枠組みを与えてくれます。古代から現代まで、世々の神学者たちが聖書という共通の源泉を読み、それと対話しながら築き上げた、開かれた広場（フォーラム）あるいは大学のようなものがあります。それが「神学」という学問ではないかと私は思います。トマスやバルトは、あるいは瀧澤先生や稲垣先生も、その言葉による闘技場のプレイヤーであります。私は取るに足りない者ですが、それでもそこでの議論や対話を自由に観戦できますし、時々はおずおずと手を上げて、大先生方に質問することも許されています。ビデオを見ながら今のところをもう一度スローモーションで、と自分で研究してみることもできます。この広場においては、すべての者が参加者（プレーヤー）であって、単なる観客はありえません。

　瀧澤先生、カール・バルト、トマス・アクィナスに導かれて、私はキリスト教神学の世界を垣間見てきました。今日はそのささやかな報告とさせていただきました。ご清聴ありがとうございました。

I. 古代末期

2. 聖書翻訳がもたらした祝福と呪い[1]

——Vulgata を例として——

はじめに

『聖書協会共同訳聖書』という新しい聖書翻訳が 2018 年 12 月に出版されました。日本聖書協会は世界的な聖書出版団体、つまり世界聖書協会（UBS, United Bible Societies）の一員でありますが、その団体が以前、1987 年に発行していた『新共同訳聖書』に代えて、31 年ぶりに新しく翻訳した聖書、それがこの『聖書協会共同訳聖書』です。

ここでは、「聖書翻訳がもたらした祝福と呪い」という少し物騒な題をつけているのですが、「聖書翻訳」に限らずある意味ではすべての翻訳に、祝福と呪いがあるわけです。翻訳は全体としては祝福に満ちた出来事なのですが、呪いがないわけではない。翻訳の祝福というのは、それによって、外国語の書物が自国語、つまり日本語で簡単に読めるようになって、日本語の文化がそのぶんだけ豊かになるということですが、呪いというのは何なのか。一つにはそれは、誤訳や誤読によって、ひどい誤解が生じるということです。しかしその他にもある。それをここでは、特に中世のカトリック教会で使われていたウルガタ（Vulgata）というラテン語訳聖書（日本でも 20 世紀前半まではミサで普通に使用されていた）について考えてみたいと思います。

ただし、最初にお断りしたいのですが、私は神学部教員ではありますが、聖書学の専門家ではありませんので——私の専門科目は「教理史」と言って、

1　本章は 2019 年 10 月 28 日に行われた西南学院大学神学部公開講座でなされた講演をもとにしている。

神学思想史です——実際に聖書のテキストを分析したり、翻訳の誤訳などについて指摘したりすることはまったくできません。聖書翻訳では素人なのです。しかし素人なりに、科目の壁を越えて批評するなり、意見を言うことは大事だと思っておりまして、それによって本当の専門家に協力しているつもりなのです。学問分野の違いを超えて、侵入・侵略（invasion）をする。それは度を越すと困ったことになりますが、ある程度はなければならないものなのです。そうでないと、学問というのは容易に、その専門家だけの象牙の塔になってしまうからです。

　私は「教理史」という科目を神学部で教えておりますが、自分自身の本当の専門は、中世哲学、特に 13 世紀のトマス・アクィナスという神学者の研究をしています。しかし学校ではもっと広く「教理史」全般を、つまり古代から中世を経て近代までの神学者たちを広く浅く扱っています。つまりなるべく広い教理全体の歴史からものごとを見るということを心がけています。ここではそういう立場から、聖書翻訳の歴史、翻訳の結果としてどういうことが起こったかについて、批判的視点から述べてみたいと思います。

　最初に簡単に「聖書翻訳の祝福」、そしてその後で「聖書翻訳の呪い」として、Vulgata 翻訳における二つの大きな問題、つまり翻訳の原典の問題と、翻訳者の問題について述べたいと思います。

1. 聖書翻訳の祝福

　聖書、特に旧約聖書がここでは中心になるのですが、これは、紀元前 3 世紀ごろまでの、主にパレスチナ地方で誕生した文書群だと考えられておりまして、その言語は主にヘブライ語（一部アラム語）であるわけです。これが紀元前 1、2 世紀に、ギリシア語という第二の言語に翻訳された。このギリシア語旧約聖書を、セプテュアギンタ（LXX、七十人訳聖書）と呼んでおりまして、定説ではエジプトのアレクサンドリアという学問の町で誕生したものらしいのです。

　それが、キリスト教がヘレニズム世界から、さらにそれを引き継いだロー

マ帝国世界に広まるにつれて、ラテン語という第三の言語に翻訳されたのです。紀元後4世紀から5世紀のことです。この「第三の」ということがここでは大事なことで、つまりはそれまでの二つの言語、ヘブライ語とギリシア語は、キリスト教聖書の「原典言語」でありました。ギリシア語は旧約原典の言葉ではありませんけれども、新約聖書の原典言語でありますし、旧約でも「アポクリファ」という、いわゆる外典は、主にギリシア語で書かれているのです。

　ところがラテン語は第三の言語であって、要するに全部が翻訳である。言うなれば全部貸衣装を着ている第三の聖書文化がついに登場した、そのしるしの記念碑的な聖書がウルガタであるわけです。現在、世界聖書協会という団体に加入している各国の聖書協会は、日本聖書協会もその一つですが、ウィキペディアによると146カ国にあるそうです。これは、少なくともそれだけの数の言語文化の中に聖書が浸透していることを意味します。しかも一国の中に多数の言語があるという、多言語国家が世界には多いことを考えると、また世界聖書協会には加入していない国もありますので、おそらくは数百からもしかすると千に近い言葉の聖書文化が世界にはあるだろうと思われるのです。ラテン語聖書は、その最初のものだということができます。つまりキリスト教の世界宗教化という出来事の始まりと密接に関係しているのがラテン語聖書であるわけです。

　しかもこのラテン語聖書 Vulgata は、特に、一つの文化、たとえば日本語文化の中の小さな部分を日本の聖書文化が形づくっているというのではなくて、西ヨーロッパ、つまり西欧文化全体の中心を形作るという、巨大な働きをしました。というのは、古代が終って、中世という時代（紀元後500-1500年）は、キリスト教（カトリックつまり「普遍」という名の教会）がこの広大な地域（西欧）の文化の基礎をなした時代だからです。もちろんそれは、聖書翻訳だけがもたらした結果ではなく、幾多の天才たち（芸術、音楽、哲学、文学）がこの偉大なキリスト教文化の形成に関わっているのですが、そしてまたそこには、キリスト教文化・キリスト教文明が吸収し呑みこんでいった数多くの地方文化、民族文化（ゲルマン、ケルト、ユダヤ……）

も、もちろんそこには参与しているのですが、とにかく巨大な文化を生み出した。それが Vulgata 翻訳のもたらした祝福であります。

つまり聖書翻訳は、その翻訳先の言語の言語文化に大きな祝福をもたらすということなのです。西欧文明が今日の世界文明の中心であるということを考えるならば、日本語への聖書翻訳は、たとえば日本文化を世界文化と結びつけるような働きをする。翻訳をすることで、文明と文明、文化と文化が出会い、そこにまた新しいものが生まれてくるのです。実際、聖書は単なる辞書以上に、現実に辞書としての働きをしている、そして文化と文化をつなぎ合わせる働きをしていると私は思います。

今回の新しい聖書協会訳ですが、私は基本的に、これは前回の新共同訳聖書の改訂版だと思っているのです。別訳と改訂訳の中間ぐらいの位置にあたります。おそらく翻訳をした翻訳委員の先生方は、もっと新しい学問の成果を取り入れて、もっと激しく変わった翻訳をしたかったのだろうと推測しますが、編集委員の先生方はもっと保守的で、あまり激しく変えたくなかった。表現を少し読みやすくするぐらいですませたかった。その妥協の産物が『聖書協会共同訳』なのだと思います。

で、このことは実は、Vulgata 聖書にも言えることなのです。当時、4 世紀から 5 世紀、今とは違って「出版」という文化があったわけではない。聖書は全部手書きで、修道院などでの「写本」という作業を通じて広がっていくのですが、それでもそこにはいくつもの種類のラテン語聖書が存在していたのです。それらの中から、何百年もかけて、標準版のラテン語聖書が誕生していった。その中で最終的に勝利を収めて、中世カトリック教会の聖書として定着していったのが、Vulgata 聖書でありました。翻訳者はヒエロニムス（347-419）だと、いちおう言われています。しかし彼以前から、これは当然ですが、すでにラテン語訳の聖書は存在していたのです。キリスト教はすでに 2 世紀に、ラテン語世界、つまり古代ローマ帝国西半分にも伝えられていて、「ラテン教父」と呼ばれる、ラテン語で著作する神学者たちが出ていました。テルトゥリアヌス（Tertullianus, 150/160-220 以後）とか、キプリアヌス（Cyprianus, 200/210-258）とか、ラクタンティウス（Lactantius, c.240

-c.320/330）とかアンブロシウス（Ambrosius, 334-397）といった人々です。これらの人々は、基本的にはギリシア語をラテン語同様に読める人々でしたから、七十人訳ギリシア語聖書があったらそれで十分だったとも言えます。しかし彼らの背後には当然ながら、数多くの一般庶民がいるわけです。それらの人々がラテン語聖書を必要としなかったわけがない。この初期のラテン語聖書は現在ではまったく伝わっていないのですが、たとえばキプリアヌスとラクタンティウスが、それぞれ著作の中でラテン語で聖書引用をしていて、それが一致している場合がありますので、その頃からすでに何らかのラテン語訳があったことはわかるのです。存在していたはずだという、この仮説上の聖書は、現在は「古ラテン語訳」（Vetus Latina）と呼ばれています[2]。これもいくつかの種類があったらしく、それはたとえばアウグスティヌスが『キリスト教教程』（De Doctorina Christiana）の中で、「様々な翻訳の中でイタラ（Itala）が他のどの訳よりも優れている」[3]と述べているということからわかります。つまりイタラ訳というラテン語聖書があった。

　このアウグスティヌス（Augustinus, 354-430）という神学者は、教理史上の古今の神学者の中で、今日でも大きな影響力をもっている最大の神学者、少なくとも西方カトリック教会の伝統をひく教会においては、「ザ・神学者」と言えるような巨大な神学者なのですが、それまでのラテン教父と違って、ギリシア語があまり得意でなかったようです。そこで彼は、ラテン語の聖書（Vetus Latina）をいろいろ比較検討しているのです。彼は Vulgata の翻訳者ヒエロニムスと完全に同時代人（7歳年下）ですので、ヒエロニムスの仕事に対しても、批判を含む手紙を書いたりしています。

　こうした「古ラテン語訳」がいろいろあった中で、ヒエロニムスの翻訳がVulgata（「共通訳」あるいは「民衆訳」の意）として多くの人々に採用され、やがては9世紀以降に[4]他の聖書を圧倒し駆逐してカトリック教会の「正典」（canon）となるにいたった。そしてそのために他の「古ラテン語訳」は今日

2　加藤哲平『ヒエロニュムスの聖書翻訳』教文館 2018 年、123 頁参照。
3　Augustinus, *De Doctrina Christiana*, in: Corpus Christianorum SL 32, p. 47.
4　土岐健治『七十人訳聖書入門』教文館 2015 年、140 頁参照。

では全然存在していない、という状況になった。それは、翻訳そのものがラテン語としてよくこなれていて読みやすかったということもありましょうが、これの旧約部分が旧約聖書の原語であるヘブライ語からの翻訳であるという触れこみが大きかったのだと思います。当時、ヒエロニムスはキリスト教世界で、ヘブライ語のできる二人といない大家だと見られていたのです。アウグスティヌスもそれを前提した手紙をヒエロニムスに書いています。あなたの翻訳には、他に専門家がいないのだから、誰も文句がつけられない、しかしそれはよくないのじゃないか、と書いているのです[5]。つまりヒエロニムスはヘブライ語の絶対の権威だったのです。そこでここでは、「聖書翻訳の呪い」ということで、二つのこと、一つは「聖書の原典とは何か」ということ、つまり「Vulgata はどの程度原典からの翻訳なのか」ということ、そして「聖書翻訳者の聖化」ということについて述べたいと思います。

2. 聖書翻訳の呪い

(1) Vulgata の原テキストは何か

Vulgata の旧約は実は、ヘブライ語からの翻訳ではなくて、基本的には七十人訳からの重訳ではないか、という疑いは、実は昔からささやかれていました。というのは、Vulgata 旧約聖書の本文を現在のヘブライ語本文と比べると、七十人訳聖書（LXX）と一致することが圧倒的に多いからです。

ですから土岐健治先生は、ヒエロニムスのラテン語訳は、「基本的には、LXX をもとにして作られていた先行する諸古ラテン語訳聖書を基礎としたものであり、ヘブル語原典（必ずしも後のマソラ本文と一致しない）を参照・重視した、古ラテン語訳聖書の改訂版である。したがって、ウルガタは完全に LXX の影響を払拭してはいない。ヒエロニュムス自身の聖書解釈は、LXX に大きく依存していたことが知られており、ウルガタの訳文にも、古

5　Alfons Fürst, *Augustins Briefwechsel mit Hieronymus*, Aschendorffsche Verlagsbuchhandlung, Münster 1999, S. 139f. 加藤哲平、前掲書 172 頁参照。

38

ラテン語訳を介してにせよ介さないにせよ、LXX の影響が認められる」[6] と
述べておられます。

　これをもっと激しい言葉ではっきり述べたのは、ピエール・ノータンと
いう教父学者が Theologische Realenzyklopädie（TRE）に書いた「ヒエロニム
ス」の項（1986）です。ピエール・ノータン（Pierre Nautin, 1914-1997、オ
リゲネス研究の第一人者）は、ヒエロニムスには、ヘブライ語から旧約聖書
を翻訳するほどの実力はまったくなかったと述べているのです。以下、少し
長いですが、ノータンを引用します。

　ヒエロニムスは聖書註解のかたわらで旧・新約聖書のラテン語への翻訳
を公表した。これは、続く年月の間に西方教会で使用された Vulgata の基
礎となったものである。
　2.1　福音書の翻訳　ヒエロニムスはギリシア語テキストと照らし合わ
せての福音書の翻訳（あるいは、もっと適切に言えば、すでに存在して
いたラテン語翻訳の校訂）から開始した。この仕事はローマで遂行された
（書簡 27,1）。保存されている稿によれば、福音書の翻訳に続いて、その他
の新約聖書の文書の翻訳もなされた。とはいえ、（教皇）ダマススに捧げ
られた序文は、福音書だけに言及している。そこで、使徒言行録、書簡、
黙示録は、ヒエロニムス自身によるものなのかどうか、疑問が残る。
　2.2　「七十人訳にもとづく」旧約聖書の翻訳　ヒエロニムスによって
公表された旧約聖書のテキストには二種類ある。最初のものは完成してい
ないが、ギリシア語の七十人訳版に従って作成されたものであり、第二の
ものは完成されたが、彼はそれを自身の言明によれば「ヘブライ語によっ
て」翻訳したとしている。最初の版（ギリシア語→ラテン語）にあるのは、
詩編、ヨブ記、箴言、雅歌、コヘレト書、歴代誌上下だけである。この版
にそれ以上の旧約聖書の文書が含まれていたことを暗示するものは何もな
い。それは Vetus Latina〔ヒエロニムス以前のラテン語版旧約聖書〕のテ

6　土岐健治、前掲書 140 頁。

キストをヘクサプラのセプテュアギンタの助けを借りて改善したものである。

オリゲネス（185-251）は、キリスト教が生み出した最初の世界的学者です。彼は6世紀（553年）に東方教会で異端宣告されたために、著作はほとんど失われました。しかし残されたわずかな著作（4、5世紀の聖人たち――カッパドキアの両グレゴリオスなど――の抜粋や、ルフィヌスや若い頃のヒエロニムスによるラテン語への翻訳）からも、オリゲネスの天才ぶりがうかがわれます。ここで言う『ヘクサプラ』もその一つですが、今に伝わるのは、正確な写本ではなく、中世カトリック教会で作成した模造品です。

　元来のヘクサプラはまさに一つのギリシア語の対観的聖書であって、オリゲネスはそこで（ギリシア文字を使って）ヘブライ語テキストに、シュンマコス訳、アクィラ訳、七十人訳、テオドティオン訳、そしていくつかの本では第5と第6の翻訳版を対照させたのである。七十人訳の欄においてオリゲネスは、ヘブライ語聖書には存在しない文に、オベロス記号〔－＋÷など〕をつけ、ヘブライ語の方が余分にある文については、ギリシア語翻訳にアステリスク記号〔＊〕を差し挟んだ。この欄のテキストはしばしばそのまま筆写された。そのような手写本の一つを（ヘクサプラの全体ではなく）ヒエロニムスは自分の旧約聖書校訂において使用している。
　2.3　「ヘブライ語聖書にもとづく」旧約聖書の翻訳　その後ヒエロニムスは次々に、ほとんど（旧約）全体を含む、ヘブライ語テキストによると自称する旧約聖書の翻訳を公表した。とはいえ、彼はこの言語（ヘブライ語）を実践的にはほとんど知らなかったということが証明されている。たとい彼が聖書註解やその他の作品でラテン表記されたヘブライ語のテキストを引用していても――そして彼はこれをよくやっている――あるいはヘブライ語に対する註をつけていても、彼はすべての情報を、彼の持っていた資料（オリゲネス、エウセビオス、おそらくはカイサリアのアカキオスも）に負っているのである。それらの資料から離れるや否や、すべては彼

のでっち上げになってしまうのである。

　このことの一つの典型的な例を提供しているのは書簡 20 である。そこでは詩編 117（118）編 25 節の Hosanna という言葉の意味が説明されている。この手紙は二つの種類の言明を含んでいる。つまり一つの種類の言明群は、一人の著作者に由来するもので、この著者はヘブライ語の詩編テキストを目の前にしており、その中で出てくるヘブライ語の文字を正しく再現することができている。もう一つの言明群は、誰かある人によって付加されており、この著者はヘブライ語の聖書を何も持っていないくせに、最初の著者の仕事を補足しようと望んでいる。そしてそのさい、あるまったく奇妙な（ヘブライ語の）正書法を示しているのである。最初の言明群はヒエロニムスの持っていた資料から由来するもので、この場合はオリゲネスに由来している。第二の言明群はヒエロニムスの自身の貢献を表している。他の諸文書においてはヒエロニムスは好んでユダヤ教の学者たちを引き合いに出す。彼らは彼にヘブライ語テキストについての情報を与えるか、あるいはヘブライ語をも教えたとされる。しかしすでに Montfaucon と Bardy が示したのだが、資料が明らかな箇所について言うならば、ヒエロニムスはオリゲネスないしエウセビウスの報告を単純に自分自身に転記したにすぎないのである。

　ヒエロニムスは従って、ヘブライ語テキストから聖書翻訳をしたり、あるいはすでに目の前にある翻訳をヘブライ語テキストに照らして検証するというだけのことでさえも、ほとんどできなかった。彼の旧約聖書の iuxta hebraeos 版（ヘブライ語に基づく版）は、同様に、ヘクサプラのセプテュアギンタに基づいて作成されたのである。おそらく彼はそのさい、（ヘクサプラの）ある新しい、欄外註釈のついた、他のギリシア語の翻訳の異読を含む版 Exemplar（シリア語の翻訳において保存されているいわゆる Syrohexapla〔シリア・ヘクサプラ〕のような）を所持していたのである。それはおそらくすでに校訂された版でさえあったかもしれない。なぜなら聖書テキストをその原型においてもう一度復元したいと考えたのは、オリゲネスとヒエロニムスだけではなかったからである（エウセビオス

『教会史』V,28,15-17、そしてヒエロニムスによればテオドゥルフの評論参照）[7]。

　つまり、ピエール・ノータンは、「ヘブライ語からの」翻訳という点については、ヒエロニムスは、西方教会の人々に対しては権威であるかのようにふるまっていましたが、その実力はまったくなく、彼の「翻訳」と称するものは、七十人訳とオリゲネスのヘクサプラ、そしてその他の文献学者からの借り物であったと述べているのです。このようなノータンのヒエロニムスに対する厳しい見方に対しては、反論もあり（たとえば加藤哲平先生もその一人です）、またヒエロニムスの時代の翻訳を、現代人の「底本からの（忠実な）翻訳」という概念から批判するべきではないという見方も説得力があり[8]、私は真偽を最後まで判断する能力に欠けています。ノータンは、ヒエロニムスのある意味で怪物的な人柄に対してカトリックの研究者として反感を覚えたのか、それともオリゲネス研究者のノータンは、若い頃はオリゲネスに心酔していたくせに、途中で裏切ってオリゲネスを異端として否定する側についた変節漢ヒエロニムス（後述）が許せなかったのか、もしかするとその両方かもしれないと思います。

　もちろん、こうした土岐先生やノータンの見解に対して、ヒエロニムスの側から弁護することも可能です。そもそも、Vulgata と七十人訳が似すぎていると言っても、それは七十人訳聖書が底本にした紀元前2世紀のヘブライ語聖書が現存していない以上、水かけ論になってしまうのではないか、とも思えるのです。つまり、現在私たちがヘブライ語原典にしている聖書本文というのは、時代的に言えば七十人訳聖書よりもはるか後の時代、10世紀のユダヤ教のラビたちが苦労して作り上げた本文である、マソラー・テキスト（MT）を採用しているのでありまして、紀元前のヘブライ語聖書というもの

7　*Theologische Realenzyklopädie,* Walther de Gruyter, Bd. 15, 1986, Art. Hieronymus, S. 304-315.

8　Cf. Alfons Fürst, *Hieronymus, Askese und Wissenschaft in der Spätantike*, Velag Herder, Freiburg im Breisgau 2003, S. 106f.

はいくつかの例外を除いて、基本的に存在しません。現在の旧約聖書本文は、1008 年の写本に基づくと言いますから、11 世紀初めにつくられたものだそうです[9]。

　何でこうなったかというと、中世のユダヤ教には、古い聖書本文は残さないという習慣がありまして、それは聖書本文が多数化していくのを避けるという目的があったのだと思われます。古い聖書は、ゲニザというところに一定期間保管した後に、廃棄処分にしてしまうのです。そのために、8 世紀末以前のヘブライ語聖書は存在しないのです。ですから、最も古い旧約聖書は、紀元前 1、2 世紀に翻訳されたギリシア語の七十人訳聖書なのです。これについては、キリスト教は七十人訳聖書を自分たちの聖書だと考えて写本を作りましたので、紀元後 3、4 世紀の写本から現存します。これは明らかに「翻訳」ですので、その原典であるところのヘブライ語聖書本文（紀元前3 世紀）があったはずですが、その本文はユダヤ教で廃棄されたので残っていない。11 世紀のマソラー・テキストまでの 1300 年もの間に、ヘブライ語本文はかなり変化したはずです。またこの間に母音記号とかアクセントとかも加わっていますし、当然変化があったと思われるのですが、どのように変化したのかはわかりません。

　ほとんどただ一つ、紀元前のヘブライ語テキストが保存されているのは、1947 年に発見された『死海写本』という、パレスチナの南、死海という湖の近くの洞穴で、壺に入っているのが発見された写本群だけなのです。これは部分的には紀元前のものを含む、新約聖書と同時代の貴重な文書群であります。その中には紀元前後のヘブライ語聖書のテキストが数多く含まれているのですが、マソラー本文や七十人訳聖書の原本を再構成するほどの量ではないと言われます。

　だとすると、七十人訳のギリシア語聖書は、翻訳ではありますけれども、紀元前の元来のテキストをより色濃く伝えている可能性がある。そしてヒエロニムスが旧約聖書を翻訳した 4 世紀末には、まだその原ヘブライ語聖書が

9　レニングラード写本のこと。秦剛平『七十人訳ギリシア語聖書──モーセ五書』講談社学術文庫 2017 年、9 頁参照。

パレスチナの地には残っていて、彼が底本にしたテキストはその聖書である
かもしれないのです。だとすると、Vulgata がマソラー本文とではなく七十
人訳と一致していたとしても、それは当然であって、彼がヘブライ語から翻
訳していないとは言えないのではないでしょうか。

　しかも Vulgata がヘブライ語本文からの翻訳であるというのは、ヒエロニ
ムス自身がそれらの旧約各書の翻訳の序文で断言していることですし、ヘブ
ライ語からの翻訳が大事だということも、彼はたとえばアウグスティヌスへ
の返書の中で力説しています。彼は、自分の翻訳を疑うのなら、「ヘブライ
人に尋ねてみたまえ」[10] とまで言って、自分の翻訳の正しさに自信を示して
います。

　もしピエール・ノータンの言うように、ヒエロニムスが実際にはヘブライ
語がほとんどできなかったとすれば、つまり彼のヘブライ語知識なるものは
ほとんどオリゲネスや他のギリシア教父からの借り物であったとすると、ヒ
エロニムスは、確かに驚異的なギリシア語とラテン語の能力によって見事な
翻訳 Vulgata を完成してはいるものの、学者としては不誠実な、一種の詐欺
師のような人物であると言わねばならなくなるのではないでしょうか。カト
リック教会の礎（いしずえ）を築いた学者として、また数々の伝説にも彩られた最大の聖
人として、4 人の教会博士[11] の一人に選ばれているヒエロニムスに、そうい
うことがありうるのでしょうか。

　そこでこの後は、ヒエロニムスを例にして、「翻訳者の聖化」という問題
を考えてみたいと思います。

（2）　翻訳者の聖化

　聖書翻訳をしてくださった方というのは、その聖書によって救われた私た
ちにとって、命の恩人だということがあります。しかし聖書にそのような力
があるのは、これは聖書自身の力であって、翻訳者にその能力があるわけで
はない。それは頭ではわかっておりますけど、しばしばそれは曖昧になりま

10　加藤哲平、前掲書 177 頁参照。
11　1295 年に教皇ボニファティウス 8 世が制定した最初の「教会博士」は 4 人だったが、
　　その後増えて、現在は 35 人である。

す。その翻訳者を通して、神が自分を救ってくれたと感じるからです。

　それはちょうど、牧師先生の説教で「自分は本当に救われた」という経験を持つ人間は、ある意味で生涯、その牧師先生に感謝しつづけるようなものです。私は、青年時代に岡山バプテスト教会の梅田　環（たまき）先生によって、人生の一番暗い時代に救いだされて、お前は神学校に行けと言われて、そこから自分の人生を開かれたのです。ですから私は生涯、梅田先生に感謝しますし、先生は今でもお元気で、この（2019年）12月27日に80歳の傘寿を迎えられますので、私はお祝いに行きたいと思っているのです[12]。

　つまり、神が梅田先生を通して私を救ってくださったのですが、梅田先生ご自身も私にとっては尊敬の対象でありつづけるのです。

　それと同じように、聖書翻訳者はしばしば非常に尊敬されます。しかし翻訳の能力があるからといって、その翻訳者が人格的に立派な人間であるとは限りません。まして「聖人」、聖なる人格だというわけではないのです。ヒエロニムスはまさにそういうケースであるように思います。

　私の属しておりますバプテスト教会は、「聖人」とか「福者」という制度は持ちませんが、しかしカトリック教会には聖人がいます。カトリック教会の正典であるVulgata聖書の翻訳者ヒエロニムスは、ほぼ絶対的な聖人になっています。彼はその他にも、東方正教会でも「聖人」だとされています。それは彼が、禁欲的な修道院制度の創立者の一人だとされるからです。聖書の翻訳者で、しかもベツレヘム修道院の創立者である。聖人とされるには十分な理由です。そこで絵に描かれるときは、光輪（Nimbus）が頭の後ろに描かれたりするのです。ミヒャエル・パッハーの「4人の教会博士」の絵では、聖霊を表す鳩の姿も、光輪とは別に頭のそばに描かれるわけであります[13]。それは別にいいと言えばいいので、バプテストの私が文句をつける筋

12　梅田環先生はその後、多くの人々の悲しみの中、2020年4月に逝去された。

13　ヒエロニムスの足元のライオンは、彼が荒野で修行中に、足にトゲのささったライオンを助けてやったという故事から。アウグスティヌスの前には、海辺を散歩中に彼をやりこめた子ども、グレゴリウスの足元には、煉獄から彼に助けを求めたというトラヤヌス帝がいる。アンブロシウスの脇にいるゆりかごの子どもは、彼自身の幼い頃に、庭園で蜂が彼の舌に蜂蜜を垂らしたため、説教の名手になったという

Michael Pacher「4 人の教会博士」1483 年
（左からヒエロニムス、アウグスティヌス、グレゴリウス、アンブロシウス）

合いのものではないのですが、ヒエロニムスの生涯を振り返ると、あるいは
ヒエロニムスの書いたものを読んでみますと、そうとばかりは言っておれな
い気持ちにさせられるのであります。

　普通、Vulgata はその全体をヒエロニムスが翻訳したことになっておりま
すが、先ほどのノータンや土岐健治先生の指摘でわかりますように、実際に
は必ずしもヒエロニムスの「翻訳」ではない部分が数多くあるのです。ヒエ
ロニムスの書いた手紙をいくつか読んでおりますと、彼は確かに並はずれた
天才でありますが、同時に非常なうぬぼれ屋で、自分がすべてギリシア語と
ヘブライ語の原典から翻訳したのだと自己宣伝をし続けたということも伝わ
ってくるのです。

　しかし先ずは彼の生涯を、年表の形で見てみたいと思います。

伝説を指す。この絵の中では、ヒエロニムスは中世の枢機卿の服装をしているのだ
が、5 世紀にはまだそういう役職はカトリック教会にはない。

ヒエロニムス（Eusebius Sophronius Hieronymus, c.347-420）

347　ダルマティア（現在のクロアチアの一部）のストリドンに生れる。父の名はエウセビウス、母の名は不明。両親ともキリスト者であったが、幼児洗礼は当時の慣習どおり受けていない。

352　ストリドンで初等教育を受ける。

359 頃　12 歳頃にローマの学校に進学する。親友ボノススが同行する。ヒエロニムスは語学の天才であった。ローマ滞在は、10 年近く続いたと推測される。ルフィヌスと知り合う。

365 頃　ローマで洗礼を受ける。

366 頃　ローマでの学びの後、幼なじみのボノススと共に、トリーア（ドイツ中部）に行く。この頃、世俗的な出世を捨てて、観想生活に入ろうという決心をする。時期は不明だが、トリーアからストリドンに戻る。

372　エルサレムに旅立つ。だがエルサレムを前にして、シリアのアンティオキアで病気になり、長期逗留を余儀なくされる。

374　病気から回復。シリアのカルキス付近の荒野で隠修士生活をする。この頃のイメージが強烈で、たとえば『黄金伝説』の、怪我をしたライオンを助けてやったため、ライオンは彼に仕えるようになったという伝説はこの時代のものである。しかし近年の研究では、彼はこの期間も外部との文通や書物の取り寄せなどを絶やしていない[14]。この時期にヘブライ語を学ぶ決心をしたという。

376　アンティオキアに戻る。司教パウリノスから司祭に叙階される。この頃『最初の隠修士パウルスの生』を著し、好評を博す。

　ヒエロニムスは、この最初の作品『最初の隠修士パウルスの生』の後、立て続けに、砂漠の隠修士たちの伝説（『ヒラリオンの伝説』や『囚われた隠修士マルクスの伝説』など）をラテン語で発表します。それらは東方に伝え

14　加藤哲平、前掲書 38 頁参照。

られた伝説という要素もありますが、ある意味では小説のようなものです。彼は4世紀後半の一種の流行作家になるのです。そして彼自身が、そういう砂漠の修道士の一人であるという強烈な雰囲気をただよわせるようになります。

東方教会には、3世紀末ごろから修道院制度が始まっておりました。人里離れた荒野に、一人もしくは集団で住みついて、食うや食わずの厳しい修行をする。そしてひたすら神との対話に生きる。そういう聖者のイメージがありました。

西方のローマ・カトリック教会にはまだ修道院制度は誕生していませんでした。それは6世紀のヌルシアのベネディクトゥス（480-547）のモンテ・カッシノ修道院から始まるのです。ですから、4世紀末のヒエロニムスは、ラテン語世界の人々の憧れを一身に集めるようになります。

381　第一コンスタンティノポリス公会議に集まった、有力な教会人や神学者の知遇を得る。その後もアンティオキア、コンスタンティノポリス、カッパドキアなどで勉学を続け、アポリナリオス、ナジアンゾスのグレゴリオスなど、東方教会の代表的神学者に学ぶ。

382　東西教会の融和のための会議の使節の助手（おそらく通訳者を兼ねる）としてローマに派遣される。ローマ教皇ダマススの信頼を受け、会議の後も3年間、ローマに滞在する。聖書学者として有名になり、招かれて話をする機会が増える。

382頃　未亡人マルケラ（325-410）や、その弟子であった大富豪の未亡人パウラ（347-404）の友人となり、パウラの一家、特に娘のブレシラ（364-84）、エウストキウム[15]（368-419）に精神的な影響を与える。この頃、旧新約全聖書のラテン語翻訳の志を立てる。

383　新約聖書の4福音書の翻訳が完成し、教皇ダマススに献呈される。

15　「エウストキウム」はギリシア語で「良き賜物」という意味の中性名詞である。彼女にはユリアという本名があったのだが、ヒエロニムスからは生涯、おそらく幼女の愛称であったこの名前で呼ばれつづけた。

384　パウラの長女ブレシラの悲劇的な死（結婚7か月後の夫の死のショックから、熱病にかかり、その後断食修行4か月で死亡）により、ヒエロニムスは非難を浴びる。パウラとの関係が問題視され、ローマ教会から素行調査を受ける。庇護者であった教皇ダマススの死（384年）も手伝って、ローマから退去することになる。しかしパウラからの援助は続く。

　パウラの一家は、ヒエロニムスの神秘的な雰囲気に深く魅せられたのです。パウラはローマの元老院議員トクソティウス（Toxotius）の妻でした。また彼女は、アエミリア家という、ローマで最も古い、大富豪の一族でもあったのです。今でもイタリア北部に行くと、アエミリア街道（Via Aemilia）という、この一族が建設した道路の遺跡を見ることができます。

　パウラはヒエロニムスと同い年で、4人の娘と1人の息子がいたのですが、夫のトクソティウスが亡くなってから人生に深く絶望して、世を捨てて修道院生活をしたいと願うようになります。そこに現れたのがヒエロニムスでした。彼女は彼を深く信頼して、お金はいくらでも出すから修道院を作りたいと願うのです。4人の娘ブレシラ、パウリナ、ルフィナ、エウストキウムのうち、長女ブレシラを襲った悲劇がこの思いに拍車をかけました。ブレシラは結婚直後の夫の死で、幸福から深い失意へと投げ込まれます。おそらく心の病になっていたのだと思われます。ヒエロニムスのすすめで断食修行をしているうちに、おそらく拒食症のようになってしまい、亡くなってしまうのです。

　有力な一族ですから、当然、ヒエロニムスは非難を受けます。ローマにはいられなくなってしまう。そこで一人、ローマから去るのですが、実はパウラとはすでに約束が成立していて、パウラも遅れて、ローマから旅立つのです。下の娘のエウストキウム（出立のとき18歳）も母親に同行しました。

　この頃ヒエロニムスはエウストキウムに、ものすごく長い手紙（書簡22）を書いています。それは、処女性を大事にし、どんなことがあってもそれを守り抜けという、今日の私たちの目から見ると問題の多い手紙です。私の友

人の荒井洋一先生が日本語に訳してくださっているのですが[16]、その翻訳で53頁もある膨大な手紙です。しかしこの手紙も、聖人ヒエロニムスが書いたというので、中世の修道女たちが読むべきバイブルとなりました。

385　キプロスでパウラ、エウストキウムと合流し、エルサレムに行く。

386　パウラの援助でベツレヘムに男子修道院と女子修道院を設立。ヒエロニムスはすでにローマ滞在中に4福音書の改訂ラテン語訳を完成していたが、390年頃ベツレヘムで旧約聖書のラテン語翻訳に着手する。

パウラとエウストキウムがどのように考えていたのかは、資料がないのでまったくわかりません。実は二人の名前で書かれたローマの友人マルケラ宛ての手紙が一通だけあるのですが、研究者によりますと、これも実はヒエロニムスの作なのだそうです。こうして彼らはベツレヘムの修道院で、パウラが亡くなる404年までの19年を過ごすのです。男子修道院は、ヒエロニムスの世話をする修道士が数人いた小規模なものだったようですが、女子修道院は、聖地巡礼に来るカトリックの人々の宿泊施設を併設しており、修道女も最盛期には何十人かいたようです。こうしてどんどんお金を使いましたので、パウラが亡くなるころには、膨大な彼女の財産も、ほとんど底をついてしまいました。

393　オリゲネスをめぐる争いで、反オリゲネス派に加担し、オリゲネスは異端であると主張。旧友のルフィヌスと絶縁する。

394　ヒエロニムスの弟パウリニアヌスの叙階をめぐって、オリゲネス派の司教ヨアンネスとの対立が再燃。

401　ルフィヌスが『ヒエロニムス駁論』を書き、ヒエロニムスも『ルフィヌス駁論』を書く。

16　『中世思想原典集成4　初期ラテン教父』平凡社 1999年、672-733頁。

　オリゲネス（185-245）という、ヒエロニムスもヘブライ語聖書を翻訳する上で多大なお世話になっているはずの人を、彼がなぜ異端としたかはよくわかりません。後に6世紀にオリゲネスが異端とされたのは、①万人救済説、②魂の先在説、③従属説によるとされます。しかし、アドルフ・フォン・ハルナック（1851-1930）以来、オリゲネスは、もちろん時代的制約の中にはありましたが、異端と言うよりもむしろキリスト教の生み出した最初の世界的学者だった、というのが定説になっています[17]。

404　1月26日にパウラが56歳で死去。

405　聖書のラテン語訳（Vulgata 聖書の主要部分となった）が完成。

410　西ゴート族のアラリックによるローマ掠奪。旧知の女性マルケラはこのとき非業の死をとげた。

419　エウストキウムの急死（50歳）。晩年のヒエロニムスはほとんど視力を失っていた。

420　ベツレヘムで死去。看取る人もいない淋しい死であった。

　この生涯を見て、皆さんがどうお感じになるかわかりませんが、私は、これは相当激しい、やっかいな、粘着的な性格の持ち主だと思うのです。戦闘的で、才能にあふれていて、魅力的な、しかし狷介と言えるほど頑固な人物。加藤哲平さんによると、若い頃にミラノの司教アンブロシウスから道徳的に非難されたのをいつまでも根に持っていて、後々書簡の中で、アンブロシウスがギリシア教父から剽窃（ひょうせつ）していると罵（ののし）っています[18]。彼の周囲にいた

---

[17]　Adolf von Harnack, *Lehrbuch der Dogmengeschichte* I, 1886, S. 650.「古代教会の神学者の中でオリゲネスはアウグスティヌス以前で最も重要で影響力のあった神学者である。ディデュモスは彼を、使徒パウロに次ぐ人だと述べた。彼は言葉の最も広い意味で教会の学問の父であり、同時に、4世紀と5世紀に形成され、6世紀にはその創始者（オリゲネス）を決定的に否認したのだが、それでも彼がそれに与えた刻印を失わなかった神学という学問の創立者なのである。」

[18]　加藤哲平、前掲書46頁参照。

女性たちが優れた人々で、彼を支え続けたのですが、彼の方は彼女たちに甘え続け、要求し続け、彼女たちを支配し続けたのです。ローマを立ち去るときに彼は、アセラ（Asella）という女性に手紙で、パウラとエウストキウムは、「世間が何と言おうとも、キリストにおいて私に従う者となったのです」と書いているのです。

　私は、これは女性の敵ではないか、許せん、と思ったりするのです。しかしもしかしたらそれは、ヒエロニムスに対する私の嫉妬にすぎないのではないか、とも思えます。

　ヒエロニムスという、ほぼ絶対的なカトリックの聖人に対して、いろいろ批判的なことを書きましたが、最近、戸田聡先生という、ヒエロニムスの作品も翻訳しておられる方が次のように書いておられるのを見て、自分と同じように感じる方があるのだと、意を強くしました。そこでそれを最後に引用させていただきます。

　　ヒエロニュムスについては、親しかったルフィヌスと仲たがいするや、かつての友を口を極めて非難するとか……聖書について彼（ヒエロニムス）が書いていることのどこまでが彼自身のものでありどこからがオリゲネスのものであるのか良くわからないとか……自分のかつての不行状をさて措いて知人の娘エウストキウムに延々と純潔の美徳を説くとか（第22書簡）、そしてそのエウストキウム及び母パウラと同じ修道院に住まってしょっちゅう手紙のやりとりをしながら決して顔を合わせて食事をしないとか（もちろん、食事の際に女性と同席しないというこのこと自体は、修道士的には非常に納得の行くことなのだが）、いろいろありすぎて、解説で片づけるのはもったいなすぎるという思いが筆者にはある（なお、もったいなすぎると言うのはあくまでも題材としてであって、もし同時代に生きていたなら、筆者自身はヒエロニムスとは決してかかわり合いになりたくなかっただろう）。[19]

19　戸田聡編訳『砂漠に引きこもった人々——キリスト教聖人伝選集』教文館 2016 年、283 頁。

Ⅱ. 古代・中世

3. 古代・中世の教理史における死と葬儀[1]

1. はじめに

　他の多くの主題についても同じことが言えるのですが、特にこの「死と葬儀」という主題については、古代から中世にかけて、キリスト教の教理はだんだん発展して形を整えられ、葬儀の様式もある意味では洗練され、またある意味では様々な世界観や神話を付け加えられて壮麗で豊かなものになり、そして近代になってからは簡略化され、省略され、神話や物語からは切り離され、忘れ去られつつある、と言えます。特にそれは、葬儀とその形式について言うことができます。

　私は、この近代の「葬儀簡略化・死の非神話化」の歴史そのものは、ある意味で必然的と思われますので肯定します。中世の「葬儀」や「死の作法」は、中世キリスト教社会やそこでのキリスト教的世界観と強く結びついておりまして、煩雑でもあり、あまりにも形式主義的でもあり、そのままではとうてい、近代社会では実行できないものであったからです。「煉獄」（purgatorium）という言葉がありますが、死後人間が行く三つの世界の一つで、天国と地獄の間にあって、生前の罪の償いをする場所だとされております。西欧の中世後期の人々は、この煉獄を信じていたわけですが[2]、今ではカトリック教会でも、あまりこの煉獄ということは言いません。宗教改革者たちが批判しましたように、こうした死後の世界についての世界観は、カトリ

1　本章は、2007 年 9 月 11 日に行われた、日本バプテスト連盟宣教研究所・西南学院大学神学部学生会の共催による実践神学セミナー「死と葬儀を考える」（福岡市室見の神学寮集会室）で行われた講演に、多少の加筆を施したものである。

2　ジャック・ル・ゴッフ『煉獄の誕生』法政大学出版局（渡辺香根夫・内田洋訳）1988 年参照。

ック教会による世俗支配と結びついていました。ですから、いわゆるキリスト教社会が崩壊して世俗化されてくると共に、キリスト教の葬儀もまた世俗化されてきたのです。私は、プロテスタントの一人としてそれは肯定します。けれども、最後の「忘却」は肯定しません。それは、宗教改革者たちがそれを批判し [3]、簡略化した理由をも見失わせ、そこにあった近代の精神そのものの喪失を意味するからです。

　現在は、ある意味で復古的な、liturgical な儀式が好まれ、その方向に全体としては流れていると言えます。それはたとえば、結婚式や葬儀における牧師のガウン着用、式文の多用などに示されています。しかし、その復古的形式にどこまで神学的な根拠があるのか、あるいはそもそも根拠というようなものはないのか、といった点はあまり議論されないままです。神学的な議論がなされないということは、現代における復古主義が底の浅い、ファッションのようなものにすぎないということを意味しており、それがつまりは私たちのポスト・モダン的な状況ということだと思います。

　洗練された儀式は——たとえば茶の湯の作法やお花の生け方のように——それに参加する人々に深い満足と安心感を与えるものですから、その意味ではたといファッションとしても学ぶ価値はあるかもしれません。しかし神学的な意味の喪失、つまり、ではなぜそのようになされるのか、たとえば、なぜ葬儀において詩編 130 編が朗読されるのか、ということが失われたままで、ただ形式的にそれを行ったり、それを否定したりするということは、死の看取りや葬儀や死の意味そのものが、二重にも三重にも失われていくということでしかない。そのような危機感を、私は抱いています。

　以下で私は、古代から中世にかけての、主に葬儀とその形式、それにつながる人々の「死の作法」、つまり死に方の形式の発展について、素描を試みるわけですが、その前に先ずここで言わなければならないことは、古代以来、神学の世界では、「死」というものは究極的に「不可解なもの」としてとらえられてきたということです。死とは何か、それについては様々なことが語

3　たとえばマルティン・ルターの 95 箇条提題とその解説を参照。

られてきましたけれども、つきつめてみると、「不可解なもの」としか言え
ないのです。

2. 「死」の神学はない

　それは言い換えると、「死」そのものは神学の主題にはならないというこ
とです。明らかなことは、神は死ではないということでした。神はすべての
命の源であり、永遠に死ぬことのない方、死とはまったく対立する方でした。
にもかかわらず、神は私たちに死を与える方でもあります。死は神と深く関
わり合ってもいるのです。なぜ、そのようであるのか。どうして神がおられ
るのに、死があるのか。死は私たちの罪に対する罰なのか、それとも死の深
いところに何か祝福でもあるのか。それはもちろん様々な仕方で、キリスト
教の中では語られ、説明されてきたわけですが、しかしそれでも「死」とい
うものは、私たちにとって最後まで不可解な謎であり、謎でありつづけるの
です。死そのものは、端的に言って神の秘義に属することがらであって、私
たちがその意味を最後まで語ることは許されないという側面があります[4]。そ
の意味で、「死の神学」というものはありませんし、またもしそのような神
学があったとすると、それは神に代えて「死」を礼拝する危険があります。
　にもかかわらず、死とは何かということを私たちは語らざるをえませんし、
手探りするような状態ではありますが、その問題を忘れてしまうことはでき
ません。Memento mori という中世の格言があります。「死を忘れるな」、そ
れを忘れてしまうと、私たちは神も忘れてしまう傲慢に陥る危険があります。

4　Cf. Beltold Klappert, Sokrates überwand das Sterben, Christus überwand den Tod――
Dietrich Bonhoeffer über Sokrates und Christus in: *Legenda aurea noviter collecta*. Festgabe
für Dr. Karl-Heinz Pridik anlässlich seiner Emeritierung als Dozent für Antike Philosophie
und Geistesgeschichte und Lektor für Griechisch und Latein an der Kirchlichen Hochschule
Wuppertal, hg. vom Rektorat der Kirchlichen Hochschule Wuppertal unter Mitarbeit des
Sekretariats und eines Kollegen. 2005, S. 158-166. この講演を私はクラッパート教授の
滞日中の講演で聞いた。この講演はその後天野有氏によって翻訳されて、以下に収
録された。ベルトールト・クラッパート『ソクラテスの死とキリストの死――日本
における講演と説教』（武田武長編）新教出版社 2016 年。

ですから私たち人間は、死を何か対象化して考えることもできず、しかし忘れることもできないという状況に置かれているわけです。

　トマス・アクィナスは、人間が身体を持って生きる以上、死は必然的だと述べています。私たちの身体は不完全なものだからです。しかしなぜそのようにして人間は、身体の滅びを通してのみ、神の究極的な救いに与るのか、ということについては沈黙を守ります。トマスもまた、この大きな問題を前にして、人間に語ることのできる限界を守るのです[5]。「死」について神学的に言えるのはただ、神は死を克服された、イエスは死に対して勝利されたということだけであり、またそれだけで、私たち人間にとっては十分であるのかもしれません。そしてこの後者のような、私たちが人間であること、そのことを確認するような意味での「死の神学」は、私たちにとってぜひ必要なものであると思います。

3. 古代における葬儀

　以上述べたように、人間は、死そのものについては語りえないのです。しかし一方、人間の死に方、あるいは死者の葬儀のあり方については、もちろん古くから繰り返し語られてきました。そのさい、神学的に重要なのは、キリスト教的な死と葬儀についての原型は、イエス・キリストご自身の十字架であったということです。

　神は、キリストの十字架によって、自ら死を引き受けられた。ご自身が人間として最も苦しい死を受けられ、それによって死に終止符を打ち、死に勝利された。ですから、キリスト教徒にとって、今もなお死は不可解な謎であり続けるのですが、しかしこのキリストの十字架を思い、十字架の死のさまに倣うことによって、神の勝利に与ることができる。それが、古代のキリスト教徒にとって「葬儀」、すなわち死に方と葬り方に関する最初の神学であったのです。ローマ書6章5-9節にこうあります。

5　Thomas Aquinas, *Summa Theologiae,* I, 76, 5, ad 1. Cf. A. Zimmermann, Defectus naturalis und timor. in: *Miscellanea Mediaevalia*, Bd. 19, S. 43-52, S. 47.

58

　⁵ もし、わたしたちがキリストと一体になってその死の姿にあやかるならば、その復活の姿にもあやかれるでしょう。⁶ わたしたちの古い自分がキリストと共に十字架につけられたのは、罪に支配された体が滅ぼされ、もはや罪の奴隷にならないためであると知っています。⁷ 死んだ者は、罪から解放されています。⁸ わたしたちは、キリストと共に死んだのなら、キリストと共に生きることにもなると信じます。⁹ そして、死者の中から復活させられたキリストはもはや死ぬことがない、と知っています。死は、もはやキリストを支配しません。

「キリストの死の 姿 にあやかる」、これと同じ意味の言葉は、同じくパウロのフィリピ書 3 章 10 節にも出てまいります。

　わたしは、キリストとその復活の力とを知り、その苦しみにあずかって、その死の姿にあやかりながら、

τοῦ γνῶναι αὐτὸν καὶ τὴν δύναμιν τῆς ἀναστάσεως αὐτοῦ καὶ [τὴν] κοινωνίαν [τῶν] παθημάτων αὐτοῦ, συμμορφιζόμενος τῷ θανάτῳ αὐτοῦ,

キリストの死の姿に等しくなる、これが最初期のキリスト教にとって一つのイメージとしてあったのですが、それにもとづくような、特別なキリスト教的な葬儀の方法というようなものは定められていませんでした。葬儀の具体的な手順では、それぞれの信者の属する民族や地方の習俗に従っており、場所と時期によって非常に異なっていたと考えられております⁶。そもそも、1 世紀末から 4 世紀初めまでの、いわゆるキリスト教迫害時代には、キリスト教全体の葬儀方法を統一するような世界的組織はありませんでしたし、おおっぴらにキリスト教的な死者の祭儀を町中で行えるような状況でもなかったと思われます。

6　*Theologische Realenzyklopädie*（以下 TRE と略記）, Walter de Gruyter, 1980, Artikel: Bestattung, IV. Historisch (von Friedemann Merkel), S. 745.

Ⅱ．古代・中世

　ただ言えることは、迫害時代のキリスト者にとって、キリストのために殉教することは、文字通りキリストの死の姿に倣う(なら)ことであり、それは最も確かな救いへの道であったということです。そのような殉教をとげた死者は、ある意味でキリストと同じような霊的な力を有するものと考えられたので、その遺体は聖なるものとして大切にされました。ローマ時代には一般に、町中に人々を葬ることは、衛生的な理由からも死者の呪いへの不安からも禁止されておりましたので、人々は死者を都市の外にある墓地に葬っていたのですが[7]、ローマをはじめとする大都市郊外の地下墓地（カタコンベ）の中には、キリスト教徒の礼拝が行われたと推定される小さなホールが見出されることがあります。これは、迫害の中で人目を避けるために、一般人が恐れてこない地下墓地に集まって集会したということもあるかもしれませんが、それよりもおそらく、殉教した聖人への尊敬と、彼らの保護を信じたからだというほうが強かったと思われます[8]。というのは、4世紀初めに迫害が終ってからも、この地下墓地での礼拝は続いているからです。7世紀ごろまで地下墓地（カタコンベ）は作られ続けていました。その後も、地下墓地ではありませんけれども、こうした聖人を記念し、彼らの遺体や遺骨を地下聖堂（crypta）に納めた礼拝堂（cappella, basilica）は造られ続けます。

　2世紀ごろから、ローマでは火葬が行われなくなって、土葬がほとんどになるのですが[9]、キリスト教徒も喜んでこの変化を受け入れました[10]。イエス・キリストご自身が、火葬されるのではなく、墓の中に横たえられるという形式で葬られたからです。ここにも、「キリストの死の姿に等しくなる」という最初の原則が生きています。カタコンベのキリスト教徒の遺体は、しばしば顔を東に向けて葬られていますが、これは、ヨーロッパから見ると東の方

7　フィリップ・アリエス『死を前にした人間』（成瀬駒男訳）みすず書房1990年、24頁。

8　同書26頁。

9　古代末期の人々は、遺体がなくなると死後の生にさしさわりが生じると考えた。この死後の生活の表象は、キリスト教迫害時代に、人々がキリスト教徒を処刑したときに、彼らを火刑にしたり、遺体を焼却したこととも結びついている。彼らの「死後」を否定しようとしたのである。『ポリュカルポスの殉教』参照。

10　TRE. S. 743f.

60

角、すなわちエルサレムにおいてキリストの再臨があると信じられていたからです[11]。

ローマ時代の一般的な葬儀と最も異なっていたのは、キリスト教においては、早くから葬儀の主体に教会が加わったということです。当時の一般の葬儀では、日本の葬儀と同じく、死者の家族や一族が葬儀の主体でした。つまり葬儀は家族あるいは一族の行事だったのですが、キリスト教会にとりましては、信者の一人が天に召されたということは、教会の出来事でもありました。古くはオリゲネス（c.185-c.254）に、教会の人々が死者を墓地まで運んだという記事があります[12]。そのさい人々は、讃美の祈りと歌を歌いながら、死者を運びました。

とりわけ迫害時代が終ると、キリスト教会の葬儀は飛躍的に発展をとげていきます。教会的な葬儀が一つの典礼（ritus）として秩序づけられ、全教会的に統一されていきました。

アウグスティヌスの母親モニカが、ローマ近郊の港町オスティアで死去したさい（387年）に、アウグスティヌスの弟子エウォディウスは詩編101編を朗読し、家族の人々もこれに唱和したと述べられています[13]。この当時は、まだ教会での葬儀は行なわれておらず、母親の遺骸はおそらく教会の人々によって家から墓地に運ばれ、埋葬される前に、その土地の習慣で「贖いのいけにえ」が捧げられています。この「贖いのいけにえ」は、おそらく死者のための贖罪の供え物として、主の晩餐式が行われたことを意味しています。といいますのは、ちょうどアウグスティヌスの時代に、ミラノ司教アンブロシウスによって、お墓に食べ物などをお供えするのを禁じるということが始まったわけです[14]。おそらくそれは、お供えが、（先祖崇拝のような）異教の習慣であったということと、もう一つは、墓地の中で飲めや歌えの宴会が始まってしまうので、それをやめさせるためだったと思われます。飲むなら帰

11　Ibid. この習慣は中世まで続いていた。アリエス、前掲書9頁参照。
12　Origenes, *Contra Celsum*, 8, 30.
13　Augustinus, *Confessiones*, IX, 12, 31.
14　*Conf.* VI, 2, 2; アリエス、前掲書126頁参照。

ってから飲め、というわけです。そこでそのお供えの代りということで、死者のための贖罪の供え物として主の晩餐式を墓地でするというのが、信仰深い人々の習慣になりつつあったのだと思われます。

これは古代から中世の葬儀に共通しているのですが、死者を葬る儀式の中心は、その人の生前の罪の贖いということでした。いかにして人は、この世から天国へと行くのか、そのための手段として、主の晩餐式が行われたのです。この主の晩餐式には、死者も共に参加していると考えられていました。

人々は求めて、自分の墓を殉教者のそばに作ろうと望みました。これは殉教者にあやかって、自分も天国に行けるかもしれないと考えられたからです。アウグスティヌスは、このような俗信を否定して、殉教者の傍らに葬られようと、あるいは墓さえも作られなくとも、当人の救いには関わりないと述べています[15]。

殉教者への崇拝は、彼らが葬られた墓地や彼らの殉教した場所の近くに、彼らを記念した礼拝堂（memoria, basilica）が建てられるという風習に発展します。そういった聖堂に巡礼することは、功徳（meritum）になると信じられました。

死後3日目に、（キリストの復活にちなんで）死者のための礼拝が行われ、7日目あるいは9日目に死者の記念会がありました。30日目にも祭がありましたが、これはモーセのためにイスラエルの人々が悲しんだ日数です[16]。5世紀当時、最も盛大なお祭は、死後一年目の命日に行われ、教会で主の晩餐式が死者のために行われました。晩餐式の後には盛大な宴会が行われるのが決まりでした。アウグスティヌスはこうした宴会が死者のために行われるのは認めたのですが、たとえば殉教聖人の記念日のお祭には、大勢の人々が集まっててんでに宴会を開くものですから、それが乱痴気騒ぎになるのをやめさせようと苦労しています。

こうして、生者が死者のために主の晩餐式（聖体の祭儀）を行ったり、死

15　Augustinus, *De cura pro mortuis gerenda*, 18, 22 (PL 40, 591-610).
16　申命記34章8節。

者のために祈ったり施しをしたりすることは、死者の状況を改善する力があると考えられました。アウグスティヌスもそれを肯定しています。ただし、それは当人がその生涯の間に正しい信仰生活をしていた場合に限られる、とも述べています。そして同時にアウグスティヌスは、当人の信仰生活がどのようなものであったのか、本当のところは誰にもわからないのだから、教会はとにかくすべてのキリスト者のためにこの祭儀を行うべきだとも述べています[17]。

　古代・中世における葬儀の神学の中心的な主題は、死者当人の救済ということです。いったい、教会の葬儀は、死者を救うことができるのか。もちろん、死者を救うのは神ご自身だけだということは、わかっていました。しかし、教会の葬儀、つまりとりなしの祈りは、この神の救いに何らかの仕方で関係しているかもしれない。いずれにしても最後の判断は神がなさる。ですからアウグスティヌスは、教会は勝手に死者を裁いて差別などしないで、とにかくすべての人のために祈るべきだとしているわけです。

4.　中世における葬儀

　この死者のためのミサはやがて発展して、中世には、死を前にした重病人のためにもミサを行うという習慣になりました。ローマ教会典礼書 Rituale Romanum[18] によれば、広い意味での葬儀の中に、一連の多くの儀式が含まれることになります。それは以下のようなものです。

①　死を前にした悔悛（poenitentia）
②　聖体拝領（Eucharistia）
③　秘跡としての終油（unctio extrema）
　　死の瞬間には、「汝の手にわが霊を委ねます」（ルカ福音書23章46節）あ

17　Augustinus, *De cura pro mortuis gerenda*, 18, 22 (PL 40, 591-610).
18　TRE, S. 744f.

るいは「主イエスよ、わが霊をとりたまえ」（使徒7章58節）が唱えられる。

④　死の後に、聖水が遺体にふりかけられ、「深い淵の底から、主よ、あなたを呼びます」（詩編130編）を、司祭は死者になりかわって唱える。

⑤　通夜

⑥　教会への移送（聖職者の掲げる十字架を先立てて、行列をつくる。後期中世から近代には多くの司祭や修道士、喜捨の施しを受ける貧者たちが加わる盛大な行列になる[19]）。遺体が司祭の場合は足を会衆に向けて、平信徒の場合は頭を会衆に向けて、つまり礼拝のときの態勢で棺が横たえられる。

⑦　死者のためのミサ（狭義での葬儀）

　　　葬儀のための入祭唱（requiem）

　　　続唱（sequentia）。聖書朗読、および怒りの日（dies irae）

　　　葬儀説教（省略することも多かった）

　　　免罪の宣言「われを永遠の滅びから解き放ちたまえ……」

⑧　墓地への移送

　　　楽園にて（in paradisum）の交唱

⑨　埋葬式

　　　墓の祝福

　　　棺に聖水をふりかける

　　　香をたく

　　　棺を墓穴の中におろす。

　　　「地よ、お前のものを取れ、お前は土だから土に行くのだ」。

　　　形式的に土をふりかけ、詩編が朗読される（詩編42、118、130、132編）。

　　　祝福の祈り（benedictus）（ルカ福音書1章68節以下）

　　　ヨハネ福音書11章25節の交唱

19　アリエス、前掲書143頁。

⑩　3日目、7日目、30日目、1年後の命日における追悼ミサ

　ローマ教会典礼書に出てくるこれらの儀式のすべてが、一般に行われていたのではありませんし、場所や時代によっても大きな変化があります。特に、貧しい人々の葬儀は、ごく簡略化されていたと思われます。また、そもそも教会での葬儀礼拝そのものを省略して、直接、墓地で葬儀を行うこともありました。現在でも、墓地あるいは墓地に付属するチャペルでの葬儀は、欧米ではごく一般的であります[20]。

　古代から中世にかけてのこの葬儀の発展の歴史を見て、現代の私たちと最も異なるのは、葬儀の様式やその背景となる神学の中心が「死者本人の魂の救済」だったという点です。近代に入って、私たち宗教改革の教会では、葬儀やその他の死者のための供え物は、神の救済の手段ではないという神学が確立しました。たとえばそれは、免罪符（贖宥状）のために教会に献金したところで、死者の（煉獄における）状態を改善できるわけではないと述べた、ルターの「95箇条提題」にはっきり現れています。莫大な費用を教会に支払って盛大に葬儀をしたところで——たとえば王様が死んで国中が喪に服したとしても——それは「本人の救い」ということには縁もゆかりもないことなのだ。むしろ大切なのは、その人がどう生きたのか、どんなふうに生き、どんなふうに信じ、どんなふうに人々への隣人愛を実行してきたのか。それをルターは問題にしたのでありました。しかしすでに見たように、中世の教会も、それを知らなかったわけではありません。

　中世の教会の典礼においては、「死者の魂の救済」が主題でした。そのことは、二つの事例がはっきりと示しています。一つは、tumba と呼ばれる、ひつぎの形をした石盤の存在です。これは、地理的な事情で、死者の遺体を教会に運ぶことが不可能であった場合に、ひつぎの代りに教会の中心に置か

20　このような墓地付属の礼拝堂としては、パリのイノッサン墓地のそれが有名である。そこには、キリストの身代りとなって殺された幼児たち（マタイ福音書2章16節）の聖遺物が納められていた。ホイジンガ『中世の秋』（堀越孝一訳）中公文庫 1976 年、第 1 章、第 11 章参照。

れたものです[21]。葬儀の儀式においては、死者自身がそこに参加していることが必要でした。というのは、彼は司祭の口を借りて、神に悔い改めの祈りをすることになっていたからです。その代表が詩編 130 編（De profundis）の朗読でした[22]。

　　ああ主よ、われ深き淵より汝を呼べり、
　　主よ、願わくはわが声をきき、汝の耳をわが願いの声にかたぶけたまえ。
　　主よ主よ、なんじもしもろもろの不義に耳をとめたまわば、
　　　誰かよく立つことをえんや。
　　されど汝にゆるしあれば、人におそれ、かしこまれたもうべし。
　　われ主を待ちのぞむ、わが魂は待ちのぞむ、
　　　我はその御言葉によりて望みをいだく。
　　わが魂は衛士があしたを待つにまさり、
　　まことに衛士があしたを待つにまさりて、主を待てり。
　　イスラエルよ、主によりて望みをいだけ、
　　そは主に憐みあり、また豊かなるあがないあり、
　　主はイスラエルを、そのもろもろのよこしまよりあがないたまわん。

　この悔い改めの祈りに答えて、教会は死者の魂を祝福し、彼ができるだけ早く神の御顔を仰ぎ見る恵みに与れるように祈るのです。ですから、死者がこの葬儀の典礼に参加していることが必要でした。そのために、死者の遺体の代りに、いわば死者の魂のあり場所として、tumba が教会の中央に置かれたのであります。
　もう一つの例は、終油の儀式です。12 世紀ごろから、教会における秘

21　TRE, S. 745.
22　詩編 6、32、38、51、102、130、143 編の七つを「悔悛詩編」と呼び、葬儀のみならず臨終や埋葬などの典礼でよく用いられた。ノルベルト・オーラー『中世の死——生と死の境界から死後の世界まで』（一條麻美子訳）法政大学出版局 2005 年、80 頁以下参照。

跡（sacramenta）が整理されて、七つの秘跡が、神が人間を救う手段である
という教義が確立するのですが[23]、この七つの秘跡には、教会における葬儀
の典礼そのものは含まれていないということです。七つの秘跡とは、洗礼
（baptismus）、堅信礼（confirmatio）、聖餐（Eucharistia）、悔悛（poenitentia）、
結婚（matrimonium）、終油（unctio extrema）、叙階（ordinatio）でありますが、
この中に含まれるのは、葬儀の全体ではなくて、むしろ葬儀の前段階として
の病者の額に塗油する「終油」の儀式でありました。司祭が臨終に間に合わ
ない場合、この終油の儀式は死後に行われることもあったのですが、とにか
く、神が死者の魂を救ってくださるその手段とされたのは、臨終の翌々日や
あるいはもっと後に行われた葬儀ではなく、死のまさにそのときに行われた
終油の儀式でした。本当は葬儀そのものを秘跡にしたかったのだろうと思う
のですが、本人が亡くなってから教会で葬儀が行われるのに、たとえば王様
や貴族の場合には数か月かかる場合もありえます。その間、神がこの人間を
救うかどうか、棚上げにしておくというのも妙な話ですから、葬儀の本体で
はなく、終油が秘跡として選ばれたのだと思います。いずれにしても、この
ことも、中世の人々にとって何よりも大事だったのは、死者の魂の救済だっ
たということを意味しております。葬儀はこの神の救済を追認し、教会の儀
式として表現することに集中しています。

5. 宗教改革の教会

これに対して、宗教改革の教会においては、葬儀はサクラメント（救済の
手段）ではないということが確立しました。サクラメント（秘跡）として
残ったのは、バプテスマと主の晩餐式の二つだけだったのですが、今日で
はこれら二つも、たとえばバルト神学においては厳密には救済の手段ではな
く、ただ神の救済を表現する信仰告白の一つの形だとされています。人間を
救うのはただ神の憐れみのみであって、その意味で、厳密に神の救済の手段

---

23 Petrus Lombardus, *Sententiae* が初出と言われる。Cf. Thomas Aquinas, *Summa Theo-logiae*, III, 65, 1.

（sacramentum）だと言えるのは、イエス・キリストご自身だけであります。

　中世の教会には、聖なるものが一杯あったのです。聖書、聖なる教会、七つのサクラメント、それに使われる香油や聖水、聖体やぶどう酒、数多くの聖人たち、その遺物、数えあげればきりがないほど、人々は聖なるものに囲まれていました。宗教改革は、これらの聖なるものを相対化しました。聖なる方は神お一人だ。神以外のものを聖としてはならない。そのような考え方の帰結として、葬儀もまた聖なるものではなく、また死者を聖化したり、天国に送り届ける力のあるものではなくなったのです。私たちはそのような、宗教改革の教会の末裔の中におります。

　葬儀の内容にもそれは現れておりまして、私たちの教会では一般に、この葬儀によって、あるいはこの葬儀において、死者の魂が救われるのだとは考えません。また葬儀は死者の魂の救いを表現しているのだとも、あまり考えません。それでは葬儀は何のためにあるかといえば、かなり多くの牧師が、それは「遺族の心の慰め」のためだと答えるのではないでしょうか。マルコ福音書12章27節「神は死んだ者の神ではなく、生きている者の神なのだ」、あるいはマタイ福音書8章22節（ルカ福音書9章60節）「死んでいる者たちに、自分たちの死者を葬らせなさい」（死者には死者をして葬らしめよ）を引用して、葬儀は、キリスト教の伝道の手段だと言い切るドライな牧師たちもおります。

　しかし、もし本当に「本人の魂の救済」ということが葬儀と何の関わりもないのだったら、いったい葬儀をするという意味は、最終的にはどこにあるのでしょうか。またそれでは、本当に「遺族の心の慰め」になるのでしょうか。福音伝道と言いますが、悪くすると、教会が自分の利益のために、死者や遺族を「伝道」のために利用したということにならないでしょうか。ですから、死と葬儀を考えるさいには、どうしても神学が必要だと私は思うのです。

6. おわりに

　ここから後は、教理史を紹介するということからは離れてしまうのですが、最後に一つだけ、葬儀というものを牧師はどう考えるべきかについて、私の意見を申し上げたいと思います。

　今日でも、葬儀を司る牧師は、死者の魂の救済ということを信じていなければなりません。イエス・キリストはこの魂を必ず救ってくださる。そのことを信じ、また祈るということが葬儀の神学やその説教の中心になければならないと思うのです。葬儀そのものに何か神秘的な力があって、魂を救うのではありません。そのようなことは、中世の教会ですら主張していませんでした。しかし、葬儀というものはどこかでこの「本人の魂の救済」、神のもとでの「魂の永遠の安らぎ」（requies）というものを信じ、それを語り、それを表現するものでなければなりません。

　アウグスティヌスがすでに5世紀の初めに言ったことなのですが、教会はこの一人の死者の魂の救いについて、何かはっきりした客観的な証拠とか確信が持てるわけではありません。その人が本当はどういう人間であったかということは、誰にもわからないのです。本人にもわからなかったかもしれない。ただ神だけがご存じである。ですから教会が語るべきことは、神はこの一人の魂を愛してくださったということ、そしてだからこそこの魂は引き上げられて、今は神のもとで安らぎを得ているということ、それを自分たちは信じているのだということです。

　遺族の心の慰め、グリーフワークということが実践神学者からよく言われますけれども、それは結果として出てくることであって、それを意図して葬儀を演出しようとすると、どうしても葬儀はいやらしいものになります。演出がうまくあたればあたるほど、いやらしい。心理学は神学の代りにはならないのです。

　葬儀の説教において語るべきことは三つある、と私は神学部で学生に教えてきました。一つは、その故人の生涯を想起する、心に刻み付けるというこ

とです。想起すると言っても、故人をほめ称えたり、どんなに素晴らしい人柄であったかを語る必要は、必ずしもありません。ただその人が人間として、一人のキリスト者として、一人の家庭人として生きたということを語ることであります。故人の生涯を伝記のように長々と語ることは、考えものです。葬儀の説教に許された時間はせいぜい 10 分ぐらいなものですから、そんな時間もありません。むしろ小さなエピソードのようなことが適当だと思います。

　二つ目は、神の救いということです。イエス・キリストの十字架に私たちの希望があるということ、主は私たちのために永遠の安らぎを準備してくださっているということ、だから死は終りではないということが、葬儀の説教では語られます。

　第三は、遺族たちの心の慰めに関わることです。故人の生涯を心に刻み付けて、その意志を引き継いで私たちは生きていくのだということが語られます。家族にとって大切であった一人の人が、今失われた。その人の不在を埋めることはできません。ですから悲しみはある。しかしその悲しみを越えて私たちが生きていくときに、私たちはその人にどこかで必ずもう一度会うことができる。その希望が語られます。

　神学的な問題として重要なのは、ことがらの順序であります。葬儀の歴史の中で、本人の魂の救済ということから、家族の心の慰めへと重点が移ってきたということがあります。それは近代になってからも続いている世俗化のプロセスです。しかし私は現代においても、本人の魂の救済ということが葬儀の神学の中心でなければならないと考えるのです。それは、葬儀をするから救われるのだという意味ではもちろんありません。けれども、葬儀はどこかで神の救済を告げるものでなければならない。また、だからこそ家族の慰めもあるということなのです。この第一と第二の順序が大切なのだということ、それが逆転してしまったのでは、キリスト教の葬儀も、様々な葬儀ビジネスと本質的には何も変わらないものになってしまうでありましょう。

Ⅲ. 11 世紀

4. 思考の開け・存在の開け[1]

——アンセルムス *Cur Deus homo* からトマスへ——

1. はじめに

　カンタベリー大司教アンセルムス（1033-1109）は、1097年、教会領を支
配下に置こうとする英国王ウィリアム・ルフスとの政争に疲れ果てて、教皇
庁の裁可を仰ぐためにローマに赴きました。このイタリア滞在中に彼が完成
したのが、ここで扱う『クール・デウス・ホモ』（*Cur Deus homo*「神はなぜ
人となったのか」）という著作です。序言で彼は、次のように述べています。
「私は深い心の苦しみの中で——何をそして何ゆえに苦しんだかは、神が知
っておられる——この書をアングリアで乞われるままに着手し、カプアの地
に寄留していたときに完成した」。この書の教会的・対話的性格は、その主
題そのもの、またこれが弟子ボゾーとの対話篇という形式で書かれたことに
も現れています。また彼がその当時、自己自身の信仰のためにもこのような
書を書く必要を感じていたのではないかと想像することも許されます。

2. *Cur Deus homo* の主題

　Cur Deus homo がその主題としたことがらとは、神が人となったという出
来事の意味であり、しかもその人となった神が十字架上の死によって世界を
救済したという、キリスト教信仰の中心的な命題を理解することでありまし

1　本章は、2007年9月29日に行なわれた九州大学哲学会におけるシンポジウム「人
　間本性と、その成就（救い）」（谷隆一郎・片山寛）における提題原稿である。

た。神はなぜ人となったのか。それは神が世界を、そして人間を救済するた
めだ、とキリスト教信仰は教えます。この命題は、神が神であり人が人であ
るという、私たちの通常の概念を危機に陥れる可能性を持ちます。もし神が、
キリスト教のみならず、ユダヤ教やイスラム教に共通の信仰が教えるとおり、
真に全能の神であり、ただ意志しただけで万物を創造した方であるならば、
世界を救済するためには、ただ救済を意志するだけで十分であったのではな
いか。それなのに「いかなる必然性またいかなる根拠によって、神は、全能
であるにもかかわらず、人間本性の回復のために人間本性の卑小さと弱さを
受け取ったのか」(qua necessitate (scilicet) et ratione Deus, cum sit omnipotens,
humilitatem et infirmitatem humanae naturae pro eius restauratione assumpserit. I,
cap.1)。それがここでの問題なのです。

　神学者アンセルムスにとって、この命題そのものを否定するということは、
もちろん問題にはなりませんでした。イエス・キリストにおいて神が受肉し、
人間として生き、十字架で受苦したということは、動かすことのできない事
実でした。これは信仰の中心にある命題だったのです。だからといって、逆
にこの命題を守るために、神あるいはその全能性の概念を修正して、「苦し
む神」こそ神の全能性の徴しだとする、近代的・主観主義的な逆説も、アン
セルムスの念頭にはありません。彼が試みているのは、これらの概念（キリ
ストの受肉、贖罪死、および神の全能性）を可能な限り保持しつつ、そこに
一筋の説明の道（ratio）をつけることでありました。その道筋は、単に有効
であるだけでなく「美しい」(rationis pulchritudo, I, cap.1) ともアンセルムス
は言います。

　信仰命題を「理解する」ということが問題であるとき、しかしそれは神が
人となったということの神にとっての必然性を理解することではありません
でした。それは人間にとっての必然性を理解するということであり、人間と
は何かを理解することでもありました。

　アンセルムスのここでの「論証」は、神が存在するということ、またその
神が人間を救済しようとしているということを信じない人間には、まったく
受け入れられないものかもしれません。彼がここで説得しようとしている

74

（仮想上の）相手は、「不信仰者」（infideles）とありますが、それは実際には
ユダヤ教徒やイスラム教徒のことです。彼らはキリストと彼を通した救済は
信じないものの、神とその救済については共通の信仰・認識を有していまし
た。それを前提した上で、アンセルムスは議論をしています。しかし、神の
存在をも信じない者にとってはここでの議論はまったく無意味だ、というこ
とになるのでしょうか。

　それは私にはわかりません。ことがらのすべては、「救済」（liberatio）と
いうことをどのような意味で理解するかにかかっています。人間が「救われ
る」とは何を意味するのか。もし人間が滅びるべき存在であり、自己自身を
失い、彼のするすべてが無意味へと解消されるべき必然性（罪）を身に負う
ているのだとすれば、彼がそこから救われるということは、彼を縛りつける
必然性を超えた存在にかかっています。その場合、人間を救済することが神
にとっての必然性であるかどうかはわかりません。しかし、人間は神によっ
てしか救済されえないということは言えます。アンセルムスが立っている場
所とはそこであり、そこから彼の議論は始まっていくのです。

3. キリストの受難とは何か

　神が人間を救済するという前提のもとで、アンセルムスは、この救済
（liberatio）は贖罪（redemptio）あるいは償罪（satisfactio）という仕方で起こ
ることが必然であったことを論証しようとしているのです。贖罪とは、神が
人となって、人として人間の罪、すなわち彼の滅びの性を何らかの価・身代
金を支払って買い取ったことを意味しています。何ゆえ神は人となられたの
か（cur Deus homo?）、この問いに対するキリスト教の伝統的な答えは、「贖
罪によって人間を救済するため」であります。

　人間を救済するために、しかしなぜ神は人とならねばならなかったの
か。しかも人として十字架上で苦しむ（passio）という、全能であるはずの
神にふさわしからぬ方法をとらなければならなかったのか。この問題に対
するアンセルムスの最初の答えは、キリストにおける神性（Deitas）と人

Ⅲ. 11世紀

性（humanitas）を厳密に区別することによって与えられます。「不信仰者た
ち」は、受肉あるいは受難は全能者たる神の尊厳（honor）を傷つけると考
える。しかしそれは単純に不可能である。「神の尊厳は、それ自体に関する
限り、それに何かが付け加えられたり取り除かれたりすることはありえな
い」（I, 15）からです。人間が神を敬うときに、「尊厳を与える（讃美する）」
（honorare）という言葉を使うことがあるが、これもアンセルムスによれば、
人間本性が「自発的に（sponte）神の意志および配剤に自らを服従せしめ、
万物における自らの位置（ordo）を、したがって同じこの万物の美を守る」
（ibid.）ということなのであって、現実に神に尊厳を与えたり加えたりして
いるのではありません。

　それでは、神がキリストにおいて受肉し、受難したとは何を意味するのか。
アンセルムスは、キリストにおいて人性は受難をするが、神性は受難しなか
ったと主張します。「主キリスト・イエスを私たちは、真の神であり真の人
間であり、二つの本性における一つのペルソナであり、一つのペルソナにお
ける二つの本性である、と言っている（カルケドン信条）。それゆえ私たち
が、神が何か卑小さ（humile）あるいは弱さ（infirmum）を受けたと言うと
き、私たちは、このことを受苦しえない本性（神性）の卓越性（sublimitas
impassibilis naturae）についてではなく、彼が持つ人間的実体の弱さ（infirmitas
humanae substantiae）についてのこととして理解するのである」（I, 8）。すな
わちキリストはそのペルソナにおいて確かに受難をしたのですが、それは彼
が人間として受難したのであって、神として受難したのではない。神は本性
上、受難不可能です。そもそもキリストの受肉そのものが、神の本性が変化
することではなく、ただ神が人間本性を受けたこととして理解されねばなら
ない。それゆえ、キリストの受肉や受難は、神の全能性とは矛盾しない、と
アンセルムスは述べるのです。

4. キリストの人間性と受難

　それではキリストの人間性にとって、受難は何らかその尊厳を傷つけるよ

76

うな出来事だったのでしょうか。アンセルムスはそれも否定します。確かに
受難は、人間本性の弱さである可死性にもとづきます。しかしそれは人間の
罪の代償としての刑罰ではありませんでした。この点でアンセルムスはルタ
ー以後のプロテスタント神学者のように、彼が人類の刑罰を代理的に償っ
たとは考えません。むしろそれは、罪なき者が正義を貫いて死を選んだと
いうことであり、「キリストは父と聖霊と共に、自身の全能の崇高性を、ま
さに死を通してのみ世に示そうと決心した」（ipse cum Patre Sanctoque Spiritu
disponsuerat se non aliter quam per mortem celsitudinem omnipotentiae suae mundo
ostensurum. I, 9）ということを意味しているのです。

　キリストの十字架は、神の正義への従順であり、しかも罪（神への負債）
のないキリストがそれをすすんで受けることにより、十字架は神への負債を
返還する行為（刑罰）以上の善行となりました。それゆえキリストの受難は
アンセルムスにおいて、代理的刑罰ではなくいわば代理的善行です。通常の
人間が、その身に負った罪のために、単に神に負債（の一部）を返還するこ
と以上ができないのに対して、キリストはそれ以上を支払ったとアンセルム
スは考えます。そしてそれが、多くの人間の罪の贖いになるのです。

5. 受難の「ふさわしさ」

　それにしても、神が人間を救済するために、どうしてそのような方法をと
る必要があったのでしょうか。たとい受難が、それ自体は神性を傷つけるも
のでなかったとしても、何かもっと神に「ふさわしい」方法はなかったので
しょうか。たとえば神がその広大な憐れみ（misericordia）により、負債の支
払いそのものをすべて免除するということはありえなかったのでしょうか。
しかしアンセルムスはこの問いに、罪を放置したままそれを赦すことは神の
正義に反し、したがって神にふさわしくない（Deo non convenit）と述べま
す（I, 12）。それは事物の秩序（rerum ordo, I, 13）を破壊してしまう。つまり、
人間が支払うべき負債を支払わないですませることは、神の正義が許さない
が、しかし人間にはそれを支払う能力がない。それこそが、アンセルムスに

よれば、神が人間となり、人間として負債を支払った理由なのです。

　「（救いは）人間の罪のために、神以外のすべてのものに優る何かを、人間の罪のために神に償う者でなくては不可能である。……しかし、神でない万物を超えるものとは、神以外には存在しない。……それゆえこの償罪（satisfactio）をなしうるものは神のみである。……しかしこの償罪をなさねばならないのは人間のみである。さもなければ、人間が償ってないことになる。……あの天上の国は人間によって完成されねばならず、さらにこのことは前述の償罪がなされなければ不可能である。この償罪をなすことができるのは神のみであり、しかしそれをなさねばならないのは人間に他ならない。したがってこの償罪をなす者は、神・人（Deus-homo）でなければならない」（II, 6）。それゆえこの救済者は、完全な神（perfectus Deus）であり、同時に完全な人間（perfectus homo）でなければならない、とアンセルムスは結論するのです（II, 7）。

6.　信仰の理解

　以上、私たちはアンセルムスの *Cur Deus homo* から、その思考の道筋を簡単にたどってきました。私たちが問いたいのは、このような思考、そしてこのような理解の持つ意味についてであります。

　アンセルムスの場合、このような意味での「理解」への試みは、「信仰の根拠」（ratio fidei, I, 3）を探求することとして、自覚的に位置づけられています。それは、「理性によって信仰に到達するのではなく、むしろ信じていることがらの理解と観想を喜ぶということ」（non ut per rationem ad fidem accedant, sed ut eorum quae credunt intellectu et contemplatione delectentur. I, 1）を、その目的にするような「理解」です。すなわち、このような「理解」とは、私たちが信じている内容を（誰も反論できないような仕方で）理性的に論証することとは、重なり合いつつも必ずしも全面的には一致せず、むしろ理解することそのものが喜びとなるような理解です。それは信仰に取って代る理解ではなく、むしろ信仰をより深めるための理解なのです。

78

　アンセルムスはこのような理解のあり方を、すでに彼の *Monologion* に
おいて、信仰的命題を「聖書の権威」（auctoritas scripturae）に依存せずに
（*Mon.* prol.）論じることを決断したときに、実質的には選び取っていました。
しかしそれが方法論的に明瞭な表現として述べられるのは、*Proslogion* に
おいてです。「私は理解するためにこそ信じるのだ」（credo ut intelligam）と
彼はそこで述べています。「というのは、私は、信じることなしには理解し
ないであろうことをも、信じているからである」（nam et hoc credo: quia nisi
credidero, non intelligam. *Prosl.* 1）。何ごとかを理解するためには、先ずそれ
を信じなければならない。この場合、「理解する」（intelligere）とは、単に
何ごとかを認知する・知るということではなく、そのことがらをそれ自身の
根源に基づいて理解すること、いわばその「本質」によって理解することを
意味するでありましょう。私たちの通常の経験における「知る」ということ
は、むしろ広い意味での「信じる」ということに含まれます。別の著作にお
いて（*Epistola de incarnatione verbi*, 1）アンセルムスは次のように述べてい
ます。「私が、信じなければ理解しないであろう、と述べるのはまさにこの
ことである。なぜなら、信じなかった人は経験しないであろうし、経験しな
かったならば認識しないからである」（Nam qui non crediderit, non experietur;
et qui expertus non fuerit, non cognoscet）。信じるということが私たちのすべて
の経験の基礎にあり、それに基づいて、ことがらの「理解」への可能性が開
かれるのです。アンセルムスはこのような人間的認識の構造を、たとえばキ
リスト教の信仰命題のような特殊なことがらについてのみならず、一般的な
ことがらの認識にも通用することだと指摘しているのです。
　私たちの通常の経験的な知は、ほとんどの場合、このような「ことがらの
理解」にまでは到達しないのは明らかなのですから、こうした「理解」は、
やはり特殊な認識のあり方だと言うべきだ、と考えることもできるかもしれ
ません。しかし、たといそれがすべての認識において現実化しないとしても、
このような意味での「理解」がすべての認識における到達点であるならば、
すべての認識のいわば範例と形相として、このような認識が存在すると言う
ことは可能であります。

　理解は信仰によって始まる。それでは信仰はただ単なる未熟な理解、予備的で不明瞭な低い段階の認識なのでしょうか。しかしアンセルムスによれば、理解は決して信仰の高みにまでは到達しないものであり、ただその一部を説明するにすぎません。とりわけその信じる内容が、神という人間理性の限界をはるかに超えることがらに関わるとき、理解はどこまでいっても完全なものではありえません。「確かに知るべきこととは、人間が何を言うことができるにせよ、このようなことがらにはさらに深い根拠が隠されているということである」（Immo sciendum est, quidquid inde homo dicere possit, altiores tantae rei adhuc latere rationes. *Cur* I, 2）。それゆえ、人間の理解は信仰に始まり、信仰にいたるのです。このような意味での「理解」とは、いわばその両側へと開かれた思考であり、何かを理解し了解するということそのものが、自己の根拠を了解しつつ、さらに深く探求することにつながります。私たちがここでアンセルムスから学びたいのは、このような思考の意味なのです。

7.　救済の必然性

　すでに述べたように、アンセルムスのここでの「論証」は、神が人となったということの、神にとっての必然性を論証することではありませんでした。「神は何ごとも必然性に迫られてすることはない。なぜなら何ごとかをすることを強制されたり禁じられたりすることは決してないからである」（Deus nihil facit necessitate, quia nullo modo cogitur aut prohibetur facere aliquid. II, 5）。しかしそこにはなおも何らかの必然性はありうるのです。「私たちが、神が何かを、いわば不徳義を避ける必要から（quasi necessitate vitandi inhonestatem）なしたと言うとき、神がその不徳義を恐れたというのではまったくない。むしろそれは、神が徳義を守る必然性からそれをなしたのだと理解されるべきである。すなわち、ここでの必然性とは、神の徳義・名誉（honestas）の不動性に他ならない。この徳義・名誉を、神は自己自身からして有するのであって、他のものからではない。それゆえ必然性と言われるのは非本来的な仕方で（improprie）である。とはいえ、私たちはそれを必然的

だと言うのであるが、それは、神の善性がその不動性のゆえに、人間について始められたことを完成するということ——神のなす善のすべてが恩寵なのではあるが——なのである」（ibid.）。

神は人間を救う必要があったのではありません。しかし神が人間を救うことを選んだという前提のもとに、そこに何らかの必然性を見出していくことは可能です。アンセルムスが論証しようとしたのは、このような意味での必然性なのです。彼は信仰的命題を「聖書の権威に依存せずに」論証しようと試みたのですが、そのところでもなお、聖書の権威は彼の前提となり、彼を導く目標でありつづけています。神が人間を救うことを選んだというのは、聖書の語る「事実」に他ならないからです。

それではこのような思考や理解というものは、最終的には聖書の記述の言い換え、大規模な敷衍であるのでしょうか。結局は一つの「高度な説得術」にすぎないということになるのでしょうか。あるいはそうかもしれません。しかしそこには何か、今日の私たちが忘れている、一つの重要な「知のあり方」があるのではないでしょうか。

それは、「知の根源的な共同性」というべきあり方だと言えないでしょうか。アンセルムスは Cur Deus homo の最初に、自分がこの書を書くにいたった理由を、「多くの人々からしばしば、また非常に熱心に、口頭であるいは文書で懇願された」（I, 1）ことだと述べています。彼一個のことがらとしては、沈黙のままでよかったし、またその方が「主が見苦しい姿で描かれる」（ibid.）怖れから自由でいられるでしょう。彼が自らの主題についてここでこのように思考し、このように理解するということそのものが、一つの知の共同体を前提としており、その人々のために、またその人々に代わってそれは遂行されているのです。この「代理」あるいは「代表」というあり方は、今日の私たちから失われつつあるものではないでしょうか。

さらに、ここでの論証は、既存の共同体であるところの教会あるいは修道院と密接に結びつきつつも、全面的にそれに埋没し、それに奉仕することのみに終始しているとは言えません。アンセルムスが意図したことは、「聖書の権威に依存せずに」信仰命題を理解するということでありました。この理

解を通して、彼のみならず彼の共同体もまた、自己のより深い根拠へと開か
れるということが、そこでは目指されているのです。

　私たちが何かを理解するということ、その何かが私たちの中で一つの形を
とるということ、そしてその何かが、単に私たちを通り過ぎていくのではな
く、私が私で「ある」ということを押し広げ、より多くのことがらへと開か
れるという仕方で、つまり、より充実した意味で「私である」ということを
現実のものとする、そのような仕方で私たちが何かを理解し了解するという
こと、そのことこそ、アンセルムスの *Cur Deus homo* が課題としたことであ
ったと思われるのです。

8. アンセルムスからトマスへ

　人はこのアンセルムスを「スコラ哲学の父」（M. Grabmann, *Die Geschichte
der scholastischen Methode*, I, S. 258）と呼びました。まさにこのような思考
の道筋、すなわち思考の開けを目指し、それが同時に世界と自己の存在の開
けにもつながるような美しさを目指す思考の道筋を、「スコラ哲学的」と呼
ぶことができるとすると、私たちはまさにアンセルムスから始まるこの学問
的習慣の延長線上に、トマス・アクィナスという巨人を見ることができます。
この同じ問題、すなわち神学の伝統的用語で言えば「贖罪」（redemptio）の
意味に関わる問題について、トマスが下した結論はアンセルムスと同じでは
ありません。しかし彼らに共通するような思考の道筋はあります。私たちは
そのような知のあり方を、「神学」（theologia）という名で呼ぶことができる
のではないでしょうか。

Ⅳ. 12世紀

5. サン・ヴィクトルのフーゴー

——その生涯——

1. 思想と人間

　一人の思想家の思想をその生涯から説明することは、様々な誤解の危険を
はらんでいるというだけでなく、方法論的にも誤っているかもしれません。
どのようにささやかな思想であっても、思想というものの中には、その人の
生活経験や心理では説明しつくせない「何か」が存在しており、その「何
か」をこそ、私たちは真の意味で「思想」という名で呼ぶべきではないかと
思われるからです。思想は思想家に従属しない。思想家の言葉は、彼の人生、
彼の「私」を語るだけではなく、それを超えた何ごとかを語っている。その
何ごとかをこそ、彼は私たちに伝えたいのであって、そのために彼は百万言
を費やしてもなお足りないのです。思想家の人生によって思想を説明する方
法は、この最も中心にあることがらを聞き逃してしまうのではないでしょう
か。
　とりわけ、サン・ヴィクトルのフーゴーのような、自らの生涯についてほ
とんど語ることのない、その意味で「寡黙な」思想家について、私たちがそ
の生涯を再構成して述べるということは、非常に大きな危険をともなってい
ます。資料の不足を、私たちは予断や推測によって補うことになり、それに
よって誤謬は拡大され、本人とは似ても似つかないものを作り上げる危険が
あります。そこで見出される「生涯」や「思想」なるものは、その思想家の
ものではなく、私たち自身の形を変えた自画像であるかもしれないのです。
　しかし、そのような危険や誤謬の可能性を含みながらも、私たちはその人

の思想そのものを知るためにも、彼の生涯を知りたいと望みます。彼の語った言葉そのものが、私たちに、このような言葉を語る人は、どのような生涯を送ったのだろう、という興味を掻き立てるのです。それはたとえば、フーゴーの次のような言葉を読むときです。

　全世界は哲学する者たちにとっては流謫の地である。というのは、他方である人が言うように、いかなる甘美さで生まれ故郷がなべての人を引きつけるのか、そして自らを忘れ去ることを許さないのかを私は知らない[1]。

　修練を積み重ねた精神が少しずつ、これら可視的なものや過ぎ去るものをまず取り換えることを学ぶこと、次いでそれらを捨て去ることができるようになることは徳性の大いなる始源である。
　祖国が甘美であると思う人はいまだ繊細な人にすぎない。けれども、すべての地が祖国であると思う人はすでに力強い人である。がしかし、全世界が流謫の地であると思う人は完全な人である。第一の人は世界に愛を固定したのであり、第二の人は世界に愛を分散させたのであり、第三の人は世界への愛を消し去ったのである[2]。

世界への愛を「消し去る」（exstinguere）こと、しかもそれが愛そのものの終りではなく、愛の完成であるような、世界への愛の「消滅」。そのようなことを考え、そのような思想に引きつけられた人は、彼自身、どのような

1　Ovidius, *Epistulae ex Pont,* I, 3, 35-36.

2　*Didascalicon, De Studio Legendi*, III, 19: "Omnis mundus philosophantibus exsilium est, quia tamen, ut ait quidam: Nescio qua natale solum dulcedine cunctos ducit, et immemores non sinit esse sui. Magnum virtutis principium est, ut discat paulatim exercitatus animus visibilia haec et transitoria primum commutare, ut postmodum possit etiam derelinquere. Delicatus ille est adhuc cui patria dulcis est; fortis autem iam, cui omne solum patria est; perfectus vero, cui mundus totus exsilium est. Ille mundo amorem fixit, iste sparsit, hic exstinxit." （引用は、五百旗頭博治・荒井洋一訳「ディダスカリコン（学習論）——読解の研究について」『中世思想原典集成 9　サン＝ヴィクトル学派』平凡社 1996 年より。）

生涯を送ったのでしょうか。

2. 生涯の投錨地

　サン・ヴィクトルのフーゴーの生涯に関わる資料は、非常に限られている
のですが、その限られた中でも、相互に矛盾するものが多いのです。極言す
れば、「確かなこととして言えるのは、基本的にただ彼がサン・ヴィクトル
修道院の参事会員（canonicus）であって、そこで1141年に死んだという事
実だけである」[3]とさえ言われます。
　すでに彼の出生の地についてさえ、諸説があり、議論はまだ尽くされてい
ません。最古の資料は、彼がロレーヌ地方の出身だとしています。その資料
とはモン・サン・ミシェルの修道院長であったトリニのロベルトゥスの論文
の一節であり、12世紀の半ば（1154年）に書かれたとされるものです。「こ
れらの人々の中で、ロレーヌのフーゴー師（Magister Hugo Lothariensis）は、
学識においても謙遜な敬神においても非常に優れていた」[4]。他方、ベネディ
クト会に伝わる二つの写本は、フーゴーをフランドルのイェペル（Ypres,
Ieper）付近の出身だとしています。「主の受肉から数えて1141年、サン・ヴ
ィクトルの参事会員であったフーゴー師は2月11日に亡くなった。彼はイ
ェペルの地方で生れた（Ipprensis territorio ortus）」[5]。

3　　Thilo Offengeld, *Hugo von Sankt Viktor*, *Didascalicon*, *De Studio Legendi*, Fontes
　　Christiani, Bd. 27, Herder 1997, Einleitung, S. 34.

4　　Robert of Torigny, *De Immutatione Ordinis Monachorum*, PL 202, 1313. Cf. F. E. Croydon,
　　Notes on the Life of Hugh of St. Victor, in: *Journal of Theological Studies* 40 (1939), p. 235:
　　"Inter quos Magister Hugo Lothariensis et scientia literarum et humili religione maxime
　　effloruit."

5　　"Anno ab incarnatione Domini MCXLI obiit domnus Hugo canonicus sancti Victoris, III.
　　idus Februali, qui, ex Ipprensi territorio ortus...." Douai（フランス北東部の町）の市図書
　　館 Munizipialbibliothek Douai で作成された写本集成の中に、ここで引用した Anchim
　　ms. (Douai 361) と Marchiennes ms. (Douai 363) とがある。これらの写本は、12世紀
　　の共通の源泉から来ているとされる。Cf. Rebecca Moore, *Jewish and Christian Relati-
　　ons in the Life and Thought of Hugh of St. Victor*, Milwaukee 1995, p. 13; Joachim Ehlers,
　　Hugo von St. Viktor, Studien zum Geschichtsdenken und zur Geschichtsschreibung des 12.

4]7

ところが、フーゴーがその生涯の大半を送ったパリのサン・ヴィクトル修道院には、これとはまったく異なった伝承が存在するのです。修道院の追悼辞（necrologium）の中に、フーゴーの叔父で同名のフーゴーという人物の追悼辞があり、そこには、彼らがザクセンの出身であったと書かれているのです。「ハルバーシュタット教会の大助祭であった司祭フーゴーの良き思い出の厳かな記念日。彼は彼の甥でありわれわれの教会の参事会員であったフーゴー師の足跡を追って、ザクセン（Saxonia）からわれわれのもとに来た」[6]。またフーゴーの遺骸は当初、修道院教会の入り口に近い場所に葬られたのですが、1335年に遺骸が教会の内陣の南の壁龕に改葬されました。そこに取り付けられた記念銘板（epitaphium）にも、「この石の下にザクセンの人フーゴーが眠る」[7]と記されているのです。トロワ・フォンテーヌのアルベリクス（†c.1251）の『年代記』もまた、フーゴーをザクセン生まれだとしています[8]。

　フーゴーの出身地は、こうしてフランス、ベルギー、ドイツの三国の間で争われてきました。研究史を振り返ってみると、フランス語圏の研究者は多くフランドル説を支持し、ドイツ語圏の研究者はザクセン説を支持するという、一般的傾向がありました[9]。しかし近年は、補助的な証拠の多さから、ザ

Jahrhunderts, in: *Frankfurter Historische Abhandlungen* Bd. 7, Wiesbaden 1973, S. 30.

6　追悼辞5月5日の項。"Anniversalium solemne bone memorie Hugonis sacerdotis, Halberstadensis ecclesie archydyaconi, qui de Saxonia an nos venit, magistrum Hugonem, nepotem suum secutus, ecclesie nostre canonicum, quique habitum regularem in nostra ecclesia suscipiens, in eodem laudabiliter vitam consummavit." Cf. Ehlers, op. cit.（註4）, S. 29 より。

7　"Hugo sub hoc saxo iacuit, vir origine Saxo, Annis ducentis, tribus tamen inde retentis." PL 175, Prolegomena, CXXVIII. Cf. Ehlers, op. cit., S. 50.

8　Albericus de Trois-Fontaines, *Chronica Alberici monachi Trium Fontium*, MGSS XXIII, 829: "Dicunt eum natum fuisse de Saxonia". Cf. Claus Ulrich Blessing, *Christus de ore ad cor transit, Die Eucharistielehre Hugos von St. Viktor im Kontext seiner heilsgeschichtlichen Sakramententheologie und der dogmengeschichtlichen Entwicklung der Frühscholastik*, Deutche Hochschuledition Bd. 60, Ars Una, 1997, S. 13.

9　フーゴーの生涯に関する研究史を並べると、Jean Mabillon によるフランドル説を支持する Anchim manuscript の発見（1675年）に始まり、Christian Gottfried Derling,

5.　サン・ヴィクトルのフーゴー

88

クセン説にほぼ固まりつつあると言ってよいでしょう。

　前述のフーゴーの叔父の追悼辞からは、彼らの一家がザクセンのハルバー
シュタット司教区と何らかの関係があったことが想定されます。また同じ追
悼辞の後半では、フーゴーの叔父が「金、銀、高価な祭服、じゅうたん、厚
手の布地、その他様々な家具を彼の財産からもたらして、われわれの施設を
豊かにしてくれた」と書かれており、また彼が修道院教会の建築にも資産を
提供したことが述べられています[10]。そこからすると、フーゴーの一族は財
産豊かな貴族であったと考えることができます。

　フーゴー自身の執筆した著作の一つ、『魂の手付け金についての独語録』
(*Soliloquium de Archa Animae*) の献辞には、この著作の宛先として「愛すべ
き兄弟 G とハマースレーベンの主に仕える僕たちへ」と書かれており[11]、ま
た G 以外にも B、A の頭文字で始まる名前の兄弟（修道士）が書かれている。
「兄弟 B と兄弟 A に、そして私が今ひとりひとりその名を挙げることができ
ないけれども、その名がみな生命の書に書き込まれていることを私が心よ
り願っている他のすべての人々に、よろしくお伝えください」[12]。ここからす
ると、フーゴーはハルバーシュタットの北 20 キロほどのハマースレーベン
(Hamersleben) 修道院に旧知の人々がかなりあったと考えることもできるで
ありましょう。その人々がパリを訪問してフーゴーと知り合ったという可能

Dissertatio Inauguralis Philosophica de Hugone de Sancto Victore Comite Blankenbergensi
(1745) はザクセン説、F. E. Croydon, *Notes on the Life of Hugh of St. Victor* (1939) はフ
ランドル説、Martin Grabmann, *Die Geschichte der Scholastischen Methode* (1957) はザ
クセン説、Jerome Taylor, *The Origin and Early Life of Hugh of St. Victor*, *An Evaluation of
the Tradition*, University of Notre Dame Press (1957) はザクセン説、Roger Baron, *Etudes
sur Hugues de Saint-Victor* (1963) はフランドル説である。

10　"auro et argento et vestibus preciosis tapetibus et cortinis et alia suppellectili varia...,
quod eius sumptibus et impensis huius nostre ecclesie edificium factum et constructum est."
Ehlers, op. cit., S. 33f.

11　"Dilecto fratri G. caeterisque servis Christi Hameris levae degentibus...", PL 176, 951.

12　"Salutate fratrem B. et fratrem A. et omnes alios, quorum nomina, etsi ego in praesenti
sigillatim enumerare non valeo, omnia tamen in libro vitae conscribi exopto." ibid. 日本語
訳は『中世思想原典集成 9　サン＝ヴィクトル学派』（別宮幸徳訳）平凡社 1996 年、
205 頁からとった。

Ⅳ．12 世紀

性もありますが、フーゴー自身がかつてハマースレーベンの修道院で生活を
した経験があるという蓋然性が高いのです。

　もしフーゴーがザクセンの出身だったとすると[13]、フランドルやロレーヌ
の出身だという、より古い証言はどのように考えるべきでしょうか。多くの
研究者は、フーゴーがザクセンからパリに来る前に、それらの地域に一時的
に滞在していたことがあるのだと想像しています。J・エーラースによれば、
たとえばフランドルの Tournai には当時有名な司教座聖堂付属学校が存在し
ており、そこにはザクセンから来た学生たちもいたことが、資料から確認さ
れるといいます[14]。ザクセン（Halberstadt）→フランドル（Tournai）→パリと
いう線は、地図上でもほぼ一直線上に並ぶので、ザクセン出身説はこの点で
も、フランドル出身説（その場合、フーゴーはフランドルから東のザクセン
に行き、また西のパリに引き返したと考えざるをえない）よりも無理が少な
いことになります。

　出身地がどこであれ、フーゴーはすでに少年時代に自分の故郷を離れてい
たことは確実です。冒頭で引用したディダスカリコンの箇所のすぐ後に、フ
ーゴーは次のように述べているからです。

　　私はといえば、幼少の頃より流謫の生を過ごしてきた。そして、どれほ
　　どの悲痛をともなって、精神がときとしてみすぼらしい陋屋（ろうおく）の狭苦しい投
　　錨地を後にするものか、どれほどの自由をともなって、精神が後ほど大理
　　石の炉辺や装飾を施した天井を蔑（さげす）むものかを私は知っている[15]。

13　Jerome Taylor, *The Origin and Early Life of Hugh of St. Victor: An Evaluation of the Tra-
dition*, Notre Dam, Indiana USA 1957 は、さらに踏み込んで、フーゴーをブランケン
ブルク伯爵家の出身であり、当時ハルバーシュタット司教であったラインハルト
（Reinhard, †1123）は彼の叔父で、この司教がフーゴーをパリに送ったのだと想像し
ている。

14　Ehlers, op. cit. S. 32.

15　*Didascalicon*, III, 19: "ego a puero exsulavi, et scio quo maerore animus artum aliquando
pauperis tugurii fundum deserat, qua libertate postea marmoreos lares et tecta laqueata
despiciat."

5.　サン・ヴィクトルのフーゴー

「みすぼらしい陋屋」（pauper tugurium）ということから、フーゴーの生家が貧しかったと想像し、ザクセンの富裕な貴族の出身説を否定する向きもありますが[16]、単なる言葉の修辞とも受け取れますし、またたとえ親族に富裕な貴族があり、彼らから援助を受けることのできる身であっても、彼の生家そのものは傍流でそれほど豊かではなかったと考えることも可能です。

　子どもの頃から修道院に預けられ、各地の修道院で学問的な研鑽を積んだ少年フーゴーが、パリのサン・ヴィクトル修道院に入ったのは、1113年か14年頃だったと想像されています[17]。

3. 律修参事会修道院

　これまで私は、フーゴーがその後半生を送った聖堂参事会を「サン・ヴィクトル修道院」という名で呼んできましたが、それは後の歴史からすれば正しくはあるものの、12世紀初めのこの時点で考えると、パリのサン・ヴィクトル教会の聖堂参事会（Chorherrenstift）を言葉どおりの意味で「修道院」と呼べるかどうかには、多少の議論が必要です。というのは、本来「聖堂参事会」というものは、一つの教会を指導する司祭たちの集まりであって、基本的には信徒の集まりである修道院とは異なっていたからです。司祭たちが私有財産を認められ、その結果として場合によっては事実上の結婚生活も不可能ではなかった[18]のに対して、ベネディクト会に代表される修道院

16　たとえば Roger Baron, *Etudes sur Hugues de Saint-Victor*, Paris, Decrée de Brower, 1963 は、フーゴーをフランドルの身分の低い生まれだとしている。Cf. Moore, op. cit.（註4）, p. 14.

17　Offengeld, op. cit.（註2）, S. 34. しかし、フーゴーがサン・ヴィクトル入りした日付については、1114/15年説、1118年説、1120年説などがあって、一定しない。

18　聖職者独身制がカトリック教会において確立するのは、11世紀半ばの教皇レオ9世（在位1049-1054）に始まる一連の改革（いわゆるグレゴリウス改革）から後であるが、その後も密かに内妻を持つ聖職者が絶えなかった。関口武彦「聖職者独身制の形成」『歴史学研究』754、2001年参照。

では、修道士（monachus）は個人の財産を持つことはなく、修道院長の指導下で共同生活をするか、それとも孤住の隠修士（eremita）たちのゆるやかな集落を形作るかでありました。西欧修道院の祖とされるヌルシアのベネディクトゥス（c.480-c.550）以来、修道生活の理想は俗世間を離れて神の観想（contemplatio）に生きることでしたので、これらの修道院は、少なくともそれが創建された時には、人里離れた場所に建てられるのが原則でした。

　しかしこうした原則は、時代の流れの中で変化を余儀なくされてゆきます。一方では既存の修道院にも聖職者身分の者が増えます。最初から修道院には、聖餐式を執り行うために必ず何人かの聖職者修道士が存在していたのですが、最初は荒蕪地に作られた修道院が発展して、その周囲に広大な農地や村落ができるようになると、修道院やその付属教会の社会的役割も増大し、周囲の住民に対する司牧的役割を担うようになります。そこでは多くの聖職者が必要になるのです。特にカロリング朝では、カール大帝（Karl I der Große, 742-814）が自らの王国の領土拡大のために、各地に修道院を作らせ、自分の信頼する人物を修道院長に任命したために、修道院の世俗との関わりは非常に増大したと言われています[19]。

　このような傾向をいっそう強化したのは、10世紀から11世紀にかけてのクリュニー改革でした。ブルゴーニュのクリュニー修道院で始まった典礼改革は、多くの修道院に広がり、長時間の荘厳ミサが一般化します。多数の修道士が聖職者となるのはこの時代です。それは正規の修道士の仕事がもはや労働（手仕事）ではなくなり、礼拝とその準備が修道士の一日の大半を占めるようになったことと関わっているのです[20]。

19　K・S・フランク『修道院の歴史——砂漠の隠者からテゼ共同体まで』（戸田聡訳）教文館 2002 年、72 頁参照。

20　クリュニー修道院は、最盛期にはヨーロッパ各地に 1500 から 2000 もの従属修道院を抱える一大修道院連合を組織した。労働よりも祈りを重視し、修道士を祈りに専念させるために、修道院領での労働は小作農民に委ねられ、その管理は助修士たちが行った。この点では、クリュニーよりも労働の意味を高く評価したシトー会でも、基本的には同じ構図が認められ、実際的な経営においては在俗助修士の役割が大きかった。フランク、前掲書 155 頁以下、朝倉文市『修道院——禁欲と観想の中世』講談社現代新書 1995 年、120 頁以下、ピエール・リシュ『聖ベルナール小伝』（稲

修道院が巨大な聖職者集団となり、その中からローマ教皇をはじめとする高位聖職者を輩出するようになった[21] その背景には、世俗を捨てた神の観想を高徳の現われとして重視する時代の潮流がありました。それは、「聖職者の名望が、彼が修道者的・世捨て人的な生活様式の規則に従って自らを方向づけている度合いが強ければ強いほど、明らかに高くなるような時代」[22] だったのです。

　元来は在俗の司祭集団であった聖堂参事会の中にも、この時代の空気に反応する人々が多く現れます。11世紀の終りごろから、ほとんど修道院と同じような清貧と敬神を守り、集団生活を営む「律修参事会」（canonici regulares）と後に呼ばれる共同体が、各地に誕生してくるのです。彼らは、アウグスティヌス会規（regula sancti Augustini）[23] を共同体の規則として採用し、個人の財産を放棄して厳格な共同生活を営みました。

　フーゴーがパリに来たこの時期は、まさに律修参事会とその歴史が始まったばかりの時代だったのです。パリのサン・ヴィクトル修道院は、新しい時代の新しい修道院として、人々の注目を集めていました。つまりフーゴーは古い伝統の中に飛び込んだのではなく、この新しい運動のただ中に入って、その運動の一翼を担って生きた人だったのです。

垣良典・秋山知子訳）創文社 1994 年、10、28 頁以下、ルイス・J・レッカイ『シトー会修道院』（朝倉文市・函館トラピスチヌ訳）平凡社 1989 年、特に 431 頁以下を参照。

21　12 世紀にローマ教皇をつとめたパスカリス 2 世（1099-1118）からインノケンティウス 3 世（1198-1216）までの 17 名の教皇のうち、修道院出身者ははっきりしているだけで 6 名を数える。

22　Offengeld, op. cit., S. 23.

23　5 世紀の北アフリカで司教を中心とする聖職者たちの共同生活を行ったヒッポのアウグスティヌス（354-430）に遡るものとされるが、実際にはアウグスティヌスの書簡 204 のみならず、後世の様々な規約を 7 世紀頃に集成したもの。J・フィルハウス「最初の律修参事会——プレモントレ会の創立をめぐって」（土橋茂樹訳）上智大学中世思想研究所編『中世の修道制』創文社 1991 年、186 頁以下参照。

4. サン・ヴィクトル修道院での生活

サン・ヴィクトル修道院が学識の誉れ高いシャンポーのギレルムス（ギョーム、Guillelmus Campellensis, 1070-1122）によって設立されるいきさつは、ペトルス・アベラルドゥス（アベラール、Petrus Abaelardus, 1079-1142）の『わが殉難の記』（Historia Calamitatum Mearum）[24] によって知られています。それによると、弟子のアベラルドゥスによって言い負かされ、落胆したギレルムスは、1108 年ごろ、パリの南郊外のサン・ジュヌヴィエーヴの丘にあったサン・ヴィクトル教会に隠棲しました。しかしギレルムスはその後間もなく、ル・マンの司教であり当時の教会改革の代表者であったラヴァルダンのヒルデベルトゥス（Hildebertus de Lavardin, c.1056-1133）に懇請されて[25]、サン・ヴィクトルで教授活動を再開します。数年の後、1113 年にギレルムスはシャロン・シュル・マルヌの司教に選ばれて転出しますが、この間に、サン・ヴィクトルは後の学問の中心地としての基礎を形づくられたのです。

すなわち、同じ 1113 年にフランス国王ルイ 6 世（1081-1137）は、サン・ヴィクトル教会が新しい修道院として設立されるのを承認するのです。それは、国王が参事会員に対する彼の法の適用を放棄し、参事会が自由に修道院長を選ぶのを認可したことを意味しています。翌 1114 年には、ローマ教皇パスカリス 2 世（Paschalis II、在位 1099-1118）が国王の設立証書を承認します。明らかに、この一連の動きの背景にはギレルムスおよび彼の仲間の教会改革派の力が働いていました。こうして、サン・ヴィクトルは改革されたアウグスティヌス修道院の典型として、つづく年月の間、多くの聖堂参事会修道院改革のモデルになるのです。

フーゴーがサン・ヴィクトルに来たのは、ちょうどその頃でした。彼がシ

24 　『アベラールとエロイーズ——愛と修道の手紙』（畠中尚志訳）岩波文庫、10 頁。
25 　ヒルデベールがギョームに宛てた手紙（PL 171, 141-143）参照。Ehlers, op. cit., S. 6-8.

94

ャンポーのギレルムスから直接教えを受けたかどうかは明らかでないのです
が、フーゴーの抜きん出た才能は、間もなく多くの人々の認めるところとな
ったと思われます。フーゴーがサン・ヴィクトルで暮らした年月についての
ほとんど唯一の資料と言ってよいのは、上記のサン・ヴィクトル修道院の追
悼辞であるので、ここにその全文を挙げておきます。

Necrologium Sancti Victoris Parisiensis III Idus Febr.

Anniversarium piae memoriae M. Hugonis, qui a primario juventutis suae
flore in hac domo nostra servitio Dei seipsum tradens, coelestis sapientiae donum
coelitus sibi datum tam excellenter accepit, ut in tota Latina Ecclesia nullus ei in
sapientia possit comparabilis inveniri: quod libri ejus quos hic apud nos dictavit,
eloquentia, subtilitate, et sententiarum sublimitate fulgentes mirabiliter testantur:
de quo et illud specialiter memoriae tradere volumus, quod beati Victoris reliquias
multo labore quaesitas, multa difficultate impetratas, ab urba Massilia apud
nos detullit; et tam desiderabili et incomparabili thesauro Ecclesiam nostram
locupletavit. Hujus itaque tam praeclari magistri per singulos annos memoria
recolatur.[26]

パリ・サン・ヴィクトル修道院の追悼辞・2月11日の項

フーゴー師の清き追悼の記念日。彼はその青春の咲き始めた最初の花以
来、このわれわれの家で神の奉仕に自身を捧げつつ、天来のものとして自
身に与えられた天上の知恵の賜物を、全ラテン教会に知恵において彼に比
肩する者が一人も見出されないほどに、卓越した仕方で受け取った。この
場所で彼がわれわれのために口授した書物の数々は、雄弁と緻密と内容の
卓越性によって驚くべき仕方で輝きを放ちつつ、このことを証言している。
彼については、以下のことも特別に記憶にとどめておきたい。すなわち彼
は、至福者ヴィクトルの聖遺物を多大の労苦によって探し求め、大いなる

26　PL 175, Prolegomena, CLXIII, D-CLXV, A.

Ⅳ. 12世紀

困難を通じてそれを入手し、マルセイユの町からわれわれのもとに運んだ。そして彼は、かくも願わしく比較を絶した宝物によって、われわれの教会を豊かにしてくれたのである。そこで、このかくも優れた師の追悼は、毎年繰り返し行われることとする。

　この追悼辞から、フーゴーがサン・ヴィクトル修道院入りしたのがまだ青年時代であったということがわかります。彼は教師として教えつつ、執筆活動をしたのですが、その二つは結びついていました。講義そのものが、口授筆記の形式をとっていたからです。そしてさらに、彼がいつの時点かで[27]マルセイユに赴き、そこで3世紀の殉教者マルセイユの聖ヴィクトルの聖遺物を入手するという手柄を立てたことが、特筆すべきこととして語られています。「多大の労苦」をともなったこの冒険の経緯は一切不明ですが、この種の聖遺物の入手が莫大な経費をともなったことは当然であり、フーゴーの家系に裕福な寄進者がいたとすることの根拠の一つとなっています。

　1127年の日付のある一つの文書で、フーゴーの名前は初代修道院長（abbas）であったギルドゥイヌス（Gilduinus）[28]および副院長（prior）のトーマス（Thomas）に次いで、第3番目に記されています[29]。それゆえこの頃には、フーゴーが修道院の幹部の一人になっていたことは確実です。

　修道院には、シャンポーのギレルムスが開いた公開の付属学校がありました。1125年頃には、すでにフーゴーはこの学校の教師（magister）として教えていました。少なくとも1133年には校長になっており[30]、それは彼の死（1141年）まで続きました。

27　Taylor, op. cit., p. 67 は、マルセイユ行きを、フーゴー（とその叔父のフーゴー）がサン・ヴィクトル修道院入りする前の出来事だとしているが、根拠は示されていない。

28　Gilduinus は1114年の設立認可から、1155年の死去までずっと修道院長であった。フーゴーは1141年に死去したので、彼はずっとこの院長に仕えたことになる。

29　Cf. Taylor, op. cit., p. 158, note 1.

30　Moore, op. cit., p. 17.

5. 修道院の幹部としての日々

この同じ 1133 年に、修道院の歴史を揺るがす事件が起きました。サン・ヴィクトル修道院は、ルイ 6 世の庇護を受けて、カペー朝の王家と深いつながりを持つに至ったのですが、それは古くからの修道院、特にセーヌ河を挟んでパリの北にあったサン・ドニ（Saint-Denis）修道院との対立関係を惹起せざるをえませんでした。このベネディクト派修道院は、古くから王家の墓所として権威を有し、当時北フランスの教会政治に支配的な力をふるっていたのです。ルイ 6 世がサン・ヴィクトルの新しいタイプの参事会修道院を支持した背景には、こうした古い勢力を一定程度相対化し、パリを名実共に彼の支配するフランス王国の王都として確立したいという意図がひそんでいました。ルイ 6 世の早世した二人の子どもが、サン・ヴィクトルに葬られた事実は、単に彼が個人的な信頼を修道院長ギルドゥイヌスに寄せていたから、というだけでは説明できない、政治的な意味を持っていたのです。

1133 年に、サン・ヴィクトルの副院長トーマスが、ノートル・ダム大聖堂の大助祭であり王家の文書起草官でもあったガーランディアのステファヌス（Stephanus de Garlandia）の家来によって殺害されるという事件が起きます。旧勢力と改革派の間の対立は極に達したが、ここでローマ教皇庁が調停に入り、両者の間に妥協が成立しました。サン・ヴィクトル修道院は、その活動を旧勢力によっても容認され、これ以後ますます隆盛の道をたどるのです[31]。

フーゴーがこの事件をどう受けとめ、その後の動きにどのように関わったのかは、まったく知られていません。事件の後、フーゴーは短期間、殺害されたトーマスの後を受けて副院長をつとめた可能性がありますが[32]、間もなく前職に戻っています。

31　このあたりの記述は、Offengeld, op. cit., S. 27ff. による。

32　Blessing, op. cit., S. 14. フーゴーを副院長（prior）と呼んだいくつかの手紙が存在する。

その他に、フーゴーのサン・ヴィクトルでの日々を推測させるような資料
はほとんど残っていません。付属学校の校長として彼は教え、『キリスト教
信仰の秘儀』（De Sacramentis Christianae Fidei）に代表される多くの著作を書
きつづけました。フーゴーの令名を慕って多くの学生たちが集まり、その
中には、リカルドゥス（リシャール、Richardus, †1173）、アンドレアス（ア
ンドレー、Andreras, c.1110-1175）、アダム（Adam, c.1110-c.1180）、ゴドフリ
デス（ゴドフロワ、Godefridus, c.1125-c.1190）、アカルドゥス（アシャール、
Achardus, †1171）など、後に「サン・ヴィクトル学派」と呼ばれることにな
る優れた弟子たちがいました[33]。

フーゴーはしばしば、おそらく修道院長に命ぜられて、旅をしたらしく
思われます。オーヴェルニュ地方モーリアックのラヌルフス（Ranulphus de
Mauriaco）に宛てたフーゴーの手紙[34]が伝わっているのですが、その手紙は
次のような言葉で始まっています。

Charitas nunquam excidit (I Cor. XIII). Audieram hoc et sciebam quod verum
erat. Nunc autem, frater charissime, experimentum accessit, et scio plane quod
charitas nunquam excidit. Peregre profectus eram, et veni ad vos in terram
alienam; et quasi aliena non erat, quoniam inveni amicos ibi.

「愛は決して滅びない」（Ⅰコリント 13 章 8 節）。私はこの言葉を聞いて
おりましたし、それが真実であることを知っていました。しかし、最も愛
すべき兄弟よ、今やその証拠が加わりました。そして私は今はっきりと、
愛が決して滅びないことを知っております。私は外国を旅したことがあり
ました。そして外国の地であるあなたがたのところにも参りましたが、ま

33　これらの神学者のうち、ゴドフリデスは 1160 年頃にサン・ヴィクトルに来てお
り、フーゴーから直接教えを受けた弟子ではない。フライジングのオットー（Otto
Frisingensis, c. 1111-1158）もサン・ヴィクトルでフーゴーの講筵に連なったが、彼
は後にシトー会に入会しており、通常は「サン・ヴィクトル学派」には数えられない。
『キリスト教人名辞典』日本基督教団出版局 1986 年参照。

34　PL 176, 1011A.

るで外国ではないようでした。そこに友人たち（愛する人々 amicos）を
見出したからです。

　この箇所から、フーゴーがモーリアックの修道院に一定期間滞在し、そ
この人々と親しい人間関係を結んだことが知られます。おそらくモーリア
ックの修道院はサン・ヴィクトルと母娘関係にあり、フーゴーは巡察使
（circatorius）として何らかの指導的助言をするためにそこに赴いたのでしょ
う。ラヌルフスとの間にはもう一通、ラヌルフスからの神学的な質問にフー
ゴーが答えた手紙[35]が残されています。
　1140年には、フーゴーは Morigny 修道院に赴き、その修道院長選挙を監
督しています[36]。サン・ヴィクトルと同じような律修参事会修道院が各地に
誕生しつつある時代であり[37]、それらの修道院改革の中で、サン・ヴィクト
ルは指導的な役割を果していたのです。

6. 臨　終

　1141年2月11日の火曜日に、フーゴーは死にました。このフーゴーの死
については、修道院の看護人であったオスベルトゥス（Osbertus）が、同僚
の修道士ヨアネスに宛てて書いた詳しい手紙が残されています。同僚に宛て
た個人的な手紙という形式ではありますが、オスベルトゥスがここで描いて
いるのは、崇高な、ほとんど聖人と見紛うばかりのフーゴーの人格です。

　（フーゴーが）この世から去る前日の朝、私は彼のところに行き、気分
はどうかと尋ねた。彼は、心も身体も良くなるだろう、と答えてから、私

35　PL 176, 1011C.

36　Blessing, op. cit., S. 15. Cf. Ehlers, op. cit., S. 34.

37　律修参事会修道院を代表するプレモントレ会（1120年創立）について、フィルハ
ウスの前掲論文を参照。律修参事会修道院相互相の組織関係は、少し早く誕生した
シトー会修道院に倣っていた。同論文197頁以下参照。

に、「私たち二人の他に誰かここにいますか」と言った。私は、「おりませ
ん」と答えた。すると彼は言った。「あなたは今日、ミサに与りましたか」。
私が、ミサをしましたと答えると、彼は言った。「来なさい。そして私の
顔に、聖なる十字架の形に息を吹きかけなさい。そうすれば私は聖霊を受
けるでしょう」。私が彼の命じたとおりにしたとき、彼は次のダビデの言
葉を付け加えた。「私は口を開き霊を引き寄せました」(詩編119編131節)。
彼は心から、使徒たちもまた主イエスの吹きかけによって聖霊を受けたと
認識しており、またそれを信じており、まるで霊から聖霊を吸い込もうと
するのように口を開いていた。それは彼が、主の御言葉によって、信じる
者にはすべてが可能だと知っており、人からではないものを人から受ける
ことができると信じていたからである。ああ、すべてのことを通じてカト
リックの人よ！　彼はすでに死に際に臨んでも、主の御身体と御血の神秘
と陪餐のゆえに、司祭から自分に聖霊を与えられうると心から信じ、これ
ほどまでに敬虔にそれを得ようとしたのである[38]。

　以上の一節から、死去の前日には、フーゴーはほとんど目が見えなくなっ
ていたと推測されます。オスベトゥスと二人きりの部屋で、「他に誰かいる
か」と尋ねているからです。
　翌朝にはフーゴーの容態はさらに悪化したので、病者塗油（sacra unctio）
の準備がなされました。修道院長ギルドゥイヌスは不在だったので、すでに

38　PL 175, Prolegomena, CLXI B-C: Pridie quam de hac vita transiret, mane veni ante
illum et quaesivi ab ipso quomodo se haberet. Et cum respondisset bene sibi fore et in
anima et in corpore, dixit mihi: „Estne aliquis praeter nos duos?" et ego: „Non" inquam.
At ille: „Celebrasti, inquit, hodie missam?" et cum respondissem hoc me fecisse, „accede,
inquit, et insuffla in faciem meam in modum sanctae crucis, et accipiam Scriptum sanctum."
Quod, cum prout jusserat fecissem, ipse Davidicum illud subjunxit: „Os meum aperui et
attraxi spiritum (Psal. CXIII)", fideliter intelligens et apostolos ex Domini Jesu insufflatione
Spiritum sanctum accepisse credens, aperto ore, quasi hauriebat Spiritum de spiritu, et
quia sciebat secundum Domini sententiam omnia possibilia esse credenti, ab homine posse
accipere credebat, quod ab homine non erat. O virum per omnia Catholicum! qui jam in
extremis positus a sacerdote propter mysterium et communionem Dominici corporis et
sanguinis, posse sibi Spiritum sanctum dari fideliter credidit, et tam devote expetiit.

帰任を促す使者が立てられていました。オスベルトゥスがフーゴーに、塗油
をするために、修道院長が帰るのを待ちましょうか、と尋ねると、フーゴー
は答えました。

　「あなたがたがなすべきことをすぐにしなさい。神があなたがたを集め
ておられるのだから」。そこで彼のもとに、多くの尊敬すべき修道者たち
（venerabiles religiosi）、修道士たち（monachi）、律修参事会員たち（canonici
regulares）、司祭たちと他の聖職者たち（presbyteri et caeteri clerici）が集ま
った。俗人たち（laici）の多くも、欠けてはいなかった。
　塗油がすんだ後に、私は自分から彼に、主の御身体（聖餐）を受けたい
かどうかたずねた。というのは、彼はすでに一昨日（日曜日）聖餐に与っ
ていたので、今は準備されていなかったからである。すると彼は、大いに
叱るような調子で、私に答えて言った。「わが神よ！　私がわが神を欲す
るかどうかと、あなたは私に尋ねるのか？　急いで聖堂に行き、わが主
の御身体をとり急ぎ取ってきなさい」。私は彼が命じたとおりにしてから、
聖なる生命のパンを両手で捧げつつ彼の寝台の前に進み出た。彼は言った。
「私は、あなたがたすべての前でわが神を拝し、わが救いとしてお受けい
たします」。
　イエスの御身体をいただいた後、彼はそこにあった十字架を自分に渡し
てくれるように頼んだ。十字架を手にとると、彼はその十字架で自らに十
字を切り、何度もうやうやしく十字架に接吻した後に、十字架につけられ
た方の御足を自分の口に受けた。そのようにして彼は長い間、御足を自身
の口に当てたまま、画家の術によって御足から流れているように見える御
血を、まるで幼子が母親の乳房を吸うように、涙を流しながら吸った[39]。

39　PL 175, Prolegomena, CLXII, A-B: „Facite, inquit, quod facturi estis, quandoquidem
Deus vos congregavit." Convenerant enim ad eum multi veverabiles religiosi, monachi,
canonici regulares ac presbyteri et caeteri clerici, laicorm etiam non defuit copia. Celebrata
igitur unctione, quaesivi ab ipso si vellet accipere corpus Domini, non enim paratum erat
in praesenti, quia nudius tertius communicaverat. At ille magna cum increpatione respondit
mihi: „Deus meus ! quaeris si velim Deum meum ? curre cito in ecclesiam et affer cito

　この後フーゴーは、オスベルトゥスといくつかの言葉を交わした後、朦朧としてきたのか、彼の言葉はほとんど聞き取れなくなりました。何をおっしゃっているのですか、とオスベルトゥスがたずねると、フーゴーは明瞭な声で、「私は従います」と言いました。

　私は言った。「何に従われるのですか」。彼は息が切迫していたので十分な言葉を出すことができなかったが、他方、彼の周囲に立っていた私たちが理解できる限りで問われていたので、次のように答えた。「私の霊を（神が）とられるのだ」。続いて、自身の手で胸を打ちながら、彼はいとも幸いなる神の生母に呼びかけた。「聖なるマリア、私のためにお語りください」。少し気を取り戻して、「聖なる父よ、私のためにお語りください」。そして少し後に、彼は私に言った。「聖なる人々の誰に、私はより以上に呼びかけようか」。私が聖ヴィクトルの名を告げると、彼は言った。「聖ヴィクトル、私のためにお語りください」。このように言ってから、彼は沈黙した。知恵を生み出すのが常であった義人の口は閉じられた。そして多くの人々がその知識のゆえにほめ称えた知恵の唇は、口峡でつながった。これらのことの後、およそ１時間後に、彼は召天した。こうして、そこに立って祈っている兄弟たちの前で、彼は霊を神に戻した。すなわち、私たちが信じているように、彼はそれをずっと以前からその方に引き渡していたのだが、彼の剛毅においてその同じ霊そのものをお委ねしたのである。こうして、尊敬すべき学識ある博士フーゴーは、いと高き三位一体の告白のうちに、２月11日の第３週日（火曜）、その日の３時に、善良に、謙遜

corpus Domini mei." Quod cum, prout jusserat, fecissem, veni ante lectum ejus et tenens panem sanctum vitae aeternae manibus meis: „Adoro, inquit, coram omnibus vobis Dominum meum, et accipio ut salutem meam." Deinde, post comestionem corporis Jesu, petivit ut daretur sibi crux, quae ibi praesens erat. Quam cum accepisset in manus, signavit se cum eadem cruce, et postquam multum devote osculatus est eam, accepit pedes crucifixi in os suum, et sic diu tenens pedes in ore suo, sanguinem, qui de pedibus arte pictoris manare videbatur, quasi infans ad ubera matris obortis lacrymis suxit.

102

に、温良に、敬虔に、この世から（あの世へと）越え行かれたのである[40]。

7. 結　語

　フーゴーはその死後、生前にも増して多くの人々の尊敬を集めました。
人々が口を揃えて称えたのは、フーゴーが学問と道徳的実践の理想的な統合
を自ら体現していたことでした。たとえば、ヴィトリのヤコブス（Jacobus
de Vitry, c.1170-1240）は、その著作の中で次のように述べています。

　　サン・ヴィクトルの参事会員の間で、最も著名で指導的な人としてそび
　　え立っていたのは、主の竪琴、聖霊の声であるフーゴー師である。彼はざ
　　くろの（胸）飾りをつけ、鈴を帯びており（Ex. 28, 33）、聖なる交わりの
　　模範によって多くの人々を善行へと促し、蜜の流れる教えによって学問へ
　　と教育した。彼は生ける泉の多くの井戸を彼の書物によって掘ったが、そ
　　れらの井戸を信仰と規範（徳）からして優雅にもまた楽しくも論じること
　　で生み出したのである[41]。

40　　ibid., CLXII, D–CLXIII, A: Et ego: „Quid, inquam, consecutus es ?" at ille prae nimia
angustia plena verba profere non potuit, et cum iterum interrogaretur in quantum intelligere
potuimus, qui circa eum stetimus, hoc respondit: „Accipiet, inquit, spiritum meum." Deinde
propria manu pectus tundens invocavit beatam Dei Genitricem dicens: „Sancta Maria, ora
pro me." Resumpto spiritu: „Sancte Patre, inquit, ora pro me." Et post pusillum locutus
est mihi: „Quem, inquit, de sanctis amplius invocavo ?" Et cum nominassem sanctum
Victorem, „Sancte Victor, inquit, ora pro me." Haec dixit et siluit et os justi clausum est,
quod sapientiam parturire consueverat: et lingua sapientis, quam melius secundum scientiam
ornaverat, faucibus adhaesit. Post haec quasi per spatium unius horae superivixit. Et sic
astantibus et orantibus fratribus reddidit spiritum in manus ejus, ut credimus, cui illum
dudum tradiderat, et in cujus fortitudine ipsum eumdem spiritum commendaverat. Transivit
autem venerabilis et eruditissimus doctor Hugo de hoc mundo in confessone summae
Trinitatis tertio Idus Februarii, feria III, hora 3 ipsius diei, bonus, humilis, mansuetus et pius.

41　　Jacobus de Vitry, Histora Occidentalis, 2, 24; cf. Martin Grabmann, *Die Geschichte der
Scholastischen Methode*, Berlin 1957, S. 230: "Inter canonicos S. Victoris nominatissimus
et praecipuus extitit citharista Domini, organum Spiritus S. Magister Hugo, qui malogranata
tintinnabulis coniungens (Ex. 28, 33) exemplo sanctae conversationis multos ad honestatem

学問と道徳的実践の結合。フーゴーにおいてはこの二つは、現世よりも永遠の世界に重きを置く彼の思想によって結びつけられていました。彼にあっては、忠実な学問は神秘的観想と結びつき、そしてその両者がさらに道徳的実践と結びついていたのです[42]。短い生涯[43]のうちにあれほど多くの、様々な分野にまたがる著作をなしとげた彼が、その著作の中ではほとんどまったく自身の生活や出自について語っていないのは、このような彼の思想と無関係ではないでありましょう。

---

incitavit et melliflua doctrina ad scientiam erudivit, multos autem aquarum viventium puteos effodiens libris suis, quos de fide et moribus tum subtiliter quam suaviter disserendo edidit." グラープマンの同頁以下に紹介されている、中世の著作家たちの多くの証言を参照。

[42] このようなフーゴーの思想の構造について、拙論「『教養』の問題——サン・ヴィクトルのフーゴーにおける」稲垣良典編『教養の源泉をたずねて』創文社 2000 年、特に 110 頁以下参照。

[43] フーゴーの生年は不明だが、一般にはサン・ヴィクトル入りしたと思われる年から逆算して 1096 年の生まれだとされる。だとすると 1141 年 2 月に死去したときには、44 歳か 45 歳だったことになる。

V. 13 世紀

6. トマス・アクィナス神学の現代的意味 [1]

はじめに

　トマス・アクィナス思想を現代人が学ぶことの意義についてお話するのが、本日の課題なのですが、桑原直己先生がすでにその倫理学的な意味を話してくださっていますので、私は主にその神学的な意味についてお話したいと思います。それは同時に、私がこの 30 年やってきたことをお話することでもあります。

　トマス・アクィナスの思想との出会いは、私の場合ずっと一貫して、稲垣良典先生という偉大な先達を通してでありました。今でも私はその先生の影を踏まずというか、踏めないというか、先生のトマス解釈を超えるような、独自の見解を持っているとは言えません。しかしその一方で、私は西南学院大学神学部の教員として、日常的にはプロテスタント神学の中に身を置いて、とりわけ古代から近代までの神学の歴史を学生たちに講義するという日々を送ってきました。その点で私は、トマスと稲垣先生の教えに、必ずしも全面的には従っていないというか、ルターやカルヴァンの神学もそれなりに受け入れて神学を学んでいるのです――そしてトマスと稲垣先生の神学は、私のような立場も容認する広い余地を持っていると私は信じているのですが――私のようなプロテスタントのトマスの弟子もありうるという、そのところに自分の存在意義があるのではないかと思っているわけです。

　そのような私が今日は、トマス神学の現代的意義について考えていること

1　本章は、2017 年 12 月 3 日に行われた西日本哲学会大会におけるシンポジウム「トマス・アクィナスの現代的意味」の提題である。私の前に桑原直己先生（筑波大学）が、「トマス・アクィナス倫理学の現代的意味」と題して提題してくださった。このシンポジウムの記録は、『西日本哲学年報』26、2018 年に掲載された。

をお話するわけですが、それは主に、「現代のプロテスタント神学」にとってのトマスの意義というところに中心を置かざるをえません。西日本哲学会の先生方の中には、「神学」という学問分野、とりわけプロテスタント神学についてよくご存じでない方があるかもしれません。その方はどうか、現代哲学におけるその並行現象を思い浮かべながらお聞きください。

　私の述べたいことは、トマス神学の三つの特徴が、今日の私たち、とりわけプロテスタント神学にとって重要な意味を持っているということです。最初が、修道生活との連動、第二は古代・中世の神学との対話的関係ということ、そして第三は「神の学」としての神学ということであります。

1. 修道生活との連動

　現代のプロテスタント神学から見たトマス神学の第一の特徴は、それが神学者の修養あるいは修道という「生き方」の問題と強く連動していることです。現代の神学においては、その両者が分離をせざるをえないという状況があります。プロテスタント神学の研究者は基本的に大学に籍を置く大学教員であるか、教会に生活の主軸を置く牧師であるか、いずれにしても、トマスのような修道士というわけではありません。私たちは、修道生活とはほど遠い、大学や教会における様々な業務のかたわらで、時間を捻出して聖書や神学書をひもといているにすぎないのです。書物を読む、特に聖書を読むということの人生における意味合いが中世とはまったく異なってきている。特に最近ではコンピュータの導入によって、書物を読むということ自体の意味合いが変わってきていると言わざるをえません。自らの修養のために、そして「徳」の獲得と形成のために書物を読んで役立てるというよりも、書物の中にある情報をいかに有効に能率よく処理するかが問われているのです。学会における神学の研究発表でも、あえて言うならば、発表者の人格と結びつくような何かではなく、ただ発表者の情報処理能力が問われているように思うのです。これは哲学においても問題ですが、特に神学においては、このことは深い問題をはらんでいます。

　中世における修道生活が人間の理想だと言いたいわけではありません。そ
こにはまたそれ自身の問題が数多くありました。けれども、修道院における
観想的生活（vita contemplativa）を別の選択肢（alternative）として持つから
こそ、私たちの活動的生活（vita activa）は本来の意味での活動的生活——
神のゆえに隣人を愛する——になりうるのだと思えるのです[2]。

　現代神学は、様々な倫理学的課題、ジェンダーの問題、自然科学と神学、
宗教間の対話の問題、世界平和の問題などについて、神学的にどう考えるべ
きかを議論はするのですが、神学者自身の生き方としての修道生活の問題に
ついては、めっきり語らなくなってしまっている。トマス神学は、そのよう
な私たちの現状に対して一つの問いかけをもたらしているのです。

　この最初の問題については、すでに桑原先生が、哲学的な意味においても
っと明瞭にもっと深く問題をえぐり出して述べてくださっていますので、こ
こではこのぐらいにしたいと思います。

2. 古代・中世の哲学・神学との対話

　トマス神学の第二の特徴は、それが古代の様々な哲学や神学との対話をし
ているということです。プラトンやアリストテレスの哲学、あるいはヒエロ
ニムス、アウグスティヌスなどの教会教父たちの神学、あるいはディオニシ
ウスやダマスケヌスなどの東方教会の神学、それらは近代以降の神学におい
てはほとんどまともに取り上げられることがないか、あるいは取り上げられ
ることがあっても、歴史学という枠組みの中で、そのような思想の時代があ
ったという過去への追想・追憶という仕方でしか取り上げられてこなかった
ように思うのです。

　トマス神学は——これはとりわけ今から 500 年前のルターの宗教改革
（1517 年）が結果的にそれをしてしまったのですが——古代・中世の神学と
私たちが断絶された、その絆を回復するために、一つのよきモデルを提供し

2　拙論「トマス・アクィナスにおける観想的生活と活動的生活」水波朗・阿南成一・
　稲垣良典編『自然法と宗教 2』創文社 2001 年（本書 136 頁以下に再録）参照。

ているのではないかと思うのです。

　プロテスタント神学の中にも、もちろん古代や中世を研究しておられる方はおられます。特にアウグスティヌスやそれ以前の神学を研究する人々はかなりいます。ただ全体的な傾向として、宗教改革者のとった方向が議論を規定しているという状況は隠しようがありません。ルターやカルヴァンは、哲学的に見れば明らかにプラトン主義者であって[3]、アリストテレスの哲学に対しては抑圧的でありました。この二人の中では、ルターは心身関係の規定などについてまだアリストテレスを受け入れている要素があるのですが、カルヴァンは否定的な傾向が強く[4]、したがってプラトン主義というよりは、新プラトン主義的な方向にあります。現代のプロテスタント神学は、全体として見れば、カルヴァン主義の影響が強いので、アリストテレスの哲学に対しては、全体として批判的であると思います。

　アリストテレス、特にその自然学と形而上学を失ったということは、これはプロテスタント神学のみならず現代思想全体の問題状況でもありますが、プロテスタント神学に限って言えば、いくつかの深刻な問題を引き起こしていると思います。

　その一つは、「自然神学」（自然についての神学／自然理性による神学）の喪失ということですが、これについては次の、「神の学としての神学」のところで触れたいと思います。

　もう一つは、哲学と神学の分離ということであります。これはもちろん完全に両者が切り離されたということではなくて、もしそうならこの西日本哲学会に私がいることも意味を失ってしまうのですが、しかしいずれにせよ、現代の神学は哲学との結びつきを弱めて、そのぶんだけ歴史学への依存を深めていると思います。

　トマス・アクィナスの神学は、それ自体も非常に大切な神学思想なのですが、同時に私たちがそれを通して、古代・中世の様々な思想的遺産（特に哲

3　Cf. Karl Barth, *Kirchliche Dogmatik*, I/2, S. 816f.
4　たとえば、Joh. Calvin, *Psychonannychia*, hrg. von W. Zimmerli, Leibzig 1932.

110

学）とのつながりを回復するための入り口としての役割を果たすのではない
かと思われるのです。

3. 神の学としての神学

　第三の特徴については、やや詳しく述べてみたいと思います。プロテスタ
ント神学の目から見たトマス神学の特徴は、神を主題とした神学だというこ
とであります。トマスは『神学大全』の最初で[5]、そのことを明瞭に述べてい
ます。神学（聖なる教え）の主題（subiectum）は神である。その他のすべ
てのことがらは、「神の観点のもとに」（sub ratione Dei）論じられるという
のです。「神の観点のもとに」とは、神を目的として秩序づけられるか、あ
るいは神を原因としているか、あるいは神のかたどりとして神に似ているか、
とにかく神との関係において意味を持つ限りにおいて論じられるということ
を意味します。そして実際、『神学大全』は、第 1 部（神論・創造論）、第 2
部（人間論・倫理学）、第 3 部（キリスト論・救済論）とも、神からあるい
は神へと向かうという限りにおいて、すべてのことがらが論じられているの
であります。

　神学（theologia）が神を主題としているというと、それは当たり前のよ
うにお感じになるかもしれませんが、実は必ずしもそうではない現実があ
ります。とりわけ 19 世紀以来のプロテスタント神学の歴史を振り返ります
と、その主題は明らかに「人間」に置かれている、あるいは人間に比重が
寄っているように思われる。たとえば 19 世紀最大の神学者と言われるシュ
ライエルマッハーの神学においては、神ではなくて人間と人間の信仰がこと
がらの中心を占めています。シュライエルマッハーの主著が『信仰論』です。
信仰の対象は神ですが、ここでは信仰という神に対する「絶対依存の感情」
（Gefühl schlechthinniger Abhängigkeit）が、人間の自己意識の中心にあるもの
として位置づけられているのです。神学は、神が何であるかという、神ご自

5　Thomas Aquinas, *Summa Theologiae*（以下 ST と略記），I, q.1, a.7.

V．13 世紀

身への探究ではなくて、人間にとって神は何であるかという、ある意味で人間論の最も深い部分を探究するものへと姿を変えているのです。

このシュライエルマッハーの神学は、それ以後のすべてのプロテスタント神学を規定するものでした。教義学においても、聖書神学においても、神学者たちは「神学」として形式的には神を真剣に探究しつつ、その内容においては人間の信仰、あるいは神と人間の関係について探究をしてきたのです。この神学の歴史を考えることは、近代以降の世界全体を考えることですので、ここでは扱うことができませんけれども、とにかくこのような近代の神学に対して、トマスの神学はまた別の選択肢があることを示しているように思うのです。神学の主題は端的に神である。それ以外のものは、神と関わる限りにおいてのみ論じられる。つまりトマス神学の現代神学における意味は、第一に、神学を言葉の本来の意味で「神学」つまり神を学ぶ学にするために必要な、神学の原点を指し示しているというものです。

（1）「神学」とは何か

神学は神を学ぶからこそ「神学」なのだ、という点については、それは違うのではないかという反論もあるかもしれないと思います。神を学ぶといっても、神は元来人間の認識能力を超えた存在でありますので、神認識はある意味で不可能です。精度の低い望遠鏡で火星などを眺めて地図を作っていた時代のように、神学者は自分では懸命に神を学んでいるつもりでいて、その実はずっと昔から逆に神を自分と自分のイメージに似せて作ってきたのではないか。人間は神の似姿（imago Dei）だと言いながら、実際は神こそ人間の似姿ではないのか。それゆえ、近代のプロテスタント神学者が、たとえばシュライエルマッハーのように人間と人間の信仰を主題にして神学を遂行したというのは、むしろ神学が正直になっただけであって、それこそが本来の姿ではなかったのか。だから神学は形を変えた人間学であっていい、そういう反論がすぐ思い浮かびます。

これに対して私は、「神学」という学問は本来、近代以前には決してそのような形を変えた人間学ではなかったのだと主張したいと思います。「神学」（theologia）という言葉を最初に使ったプラトンの『国家』（379a5）がすでに、

神々の物語（theologia）は人間が作ってはならないものであり、神が本当にそうであるようなものとして語られねばならない、と述べています[6]。またアリストテレスは「神学」という言葉で形而上学のことを考えているのだと思いますが、そこでは神的なことがら（theion）とは、他のすべてを包括的に基礎づけるような原理（Met. 1064b3）であります。基礎づけるものと基礎づけられるものとは逆になってはならないのですから、もし人間が自分に似せて神的なものを作り出したなら、あるいはそれが人間論の単なる変形であるなら、それは最初から「神学」という名に値しないのです。

　神は人間の認識能力を超えていて、把握することができない。それは確かです。トマス・アクィナスは、人間は神の本質（quid est）を知ることは不可能だと断言しています[7]。にもかかわらず神を認識することこそが神学であるとすると、神学はどのようにして可能なのか。キリスト教神学の世界では、神学とは伝統的に「神の啓示」に基づくものだとされます。人間のわざではない、何らかの神からの啓示（revelatio）がある。代表的には聖書ですが、神自身が何らかの仕方で自分について教えておられる。その啓示に基づくものが神学だというのです。神からの「霊感」（inspiratio）を受けて神を語る者は、彼こそが神学者である。ですから聖書を書いた聖書記者たちはすでに「神学者」と呼ばれるわけです。

　トマスはすでに述べたように、人間は神の本質を知り得ないといいます。しかもそれは、たとい神の啓示を受けたとしても、この世の生にある限りはまったく不可能だと言うのです[8]。神は人間の認識能力を端的に超えてしまっているからです。それは、神が複雑すぎて人間の情報処理能力を超えているというのではありません。複雑さと言えば人間の方が神よりもずっと複雑で、神は単純に「一」でありますけれども、その「一」なるものが「一」であることによって森羅万象を原因し、刻一刻存在せしめ、動かしている。この

6　Cf. Wolfhart Pannenberg, *Systematische Theologie,* Bd. 1, Vandenhoeck & Ruprecht, Göttingen 1988, S. 11.

7　ST. I, q.1, a.7, ad 1.

8　ST. I, q.12, a.13, ad 1.

V. 13 世紀

ような単純さというものは、われわれの理解力を超えています。しかし神の
本質、つまり「何であるか」（quid est）はわからないながらも、神について
何らかのことは知ることができる。自然理性をもってさえも、いくらかは神
を認識しうる。たとえば神の存在とか、完全性とか、無限性については知り
うる。しかしもっと大切な、神の本質に関わることがら、たとえば三位一体
とかイエス・キリストにおける言葉の受肉、この世界の始まりとか終末につ
いては、いくら聖書にそう書かれていても、それを本当に理解することはで
きない。人間の認識は不十分であると知りつつ、神からの啓示に耳を傾けて、
一心にそれを学ぶしかない。そう言うのです。ですからトマスは、神を学ぶ
ことには完成がないことを知っています。人間はこの探究においては最後ま
で途上の者でありつづけます。神学は終わりがない学問なのです。

　そもそもトマスにとって、人間が最終的に満たされる究極の至福とは、神
を見ること（visio Dei）に他なりません[9]。したがって、人間存在そのものが
少なくとも生前には自らの生の目的には到達しえないのであって、神学と同
じように未完で終わることを運命づけられています。神学は「神を知るこ
と」を目標にしつつ様々なことを論じ、そのつどの答えを出していきますが、
それらの答えはすべて暫定的であり、断片的であることを免れません。最終
的な結論は常に先に送り、神がいつか最後の石を置いてくださることを期待
しつつ、暫定的な答えを積み重ねていく。それがトマスにおける「神学」と
いうものの方法論であるわけです。神の啓示を中心にするということは、私
たちがこの暫定性に踏みとどまること——いつの日か神自身の現臨に遭う時
には、神学はつつましく沈黙せざるをえないということを覚悟しつつ——を
意味するのであります。

（2）神の啓示として聖書を読む

　プロテスタント神学はマルティン・ルター以来、聖書を神学の唯一の源泉
だと規定してきたわけですが、その理由は聖書のみが誤りなき神の啓示であ
り、神の言葉だとされたからです。いわゆる「自然啓示」は、人間の理性が

9　ST. II, q.3, a.8.

それをでっち上げる可能性があるので採用しない。このいわゆる聖書主義の
ゆえに、プロテスタント教会では聖書の歴史学的・文献学的研究が非常に発
展したという歴史があります。しかし聖書主義が成立するそもそもの根拠は、
古代・中世以来、聖書こそが神の啓示だと考えられたからです。

　今日のプロテスタント神学がトマス・アクィナスから学ぶべきことは、
「神学」の原点に立ち返って、「聖書」を神の啓示として、つまり（歴史資料
や倫理的課題の書としてのみならず）神の語る言葉として読む、ということ
ではないのかと思うのです。私はそのような神学がプロテスタント神学から
姿を消しているとは思いませんけれども、トマスのように見事な仕方で、徹
底的にそれを遂行したという例をあまり見ないのです。現代の神学は、聖書
の歴史学的研究や、神学思想史の詳細な分析や、神学的なテーゼの実践的・
倫理学的な応用については非常に発展して精密になってきたのですが、聖書
を神の啓示として読むというこの一点については、私たちはトマスから学ぶ
必要があると思います。

　このことについて、トマスとよく似ているのは、カール・バルト（1886-
1968）の神学です。バルトはトマスとは方法論がまったく異なりますが、「聖
書を神の啓示として読む」というこの一点については、共通していると思
うのです。聖書が神学の源泉ですけれども、ただ聖書が源泉だというだけで
は、それを「神の啓示」として読むということにはなりません。そこにはそ
れを可能にするような方法論が必要となります。トマスの場合のそれは、す
でに述べたように、そのつどの問題を誠実に解きつつ、最終的な解答は神に
委ねていくということ、言い換えれば神学の暫定性を固守することだったと
思うのですが、バルトの場合にはそれは、聖書解釈の基準を「聖書の中のイ
エス・キリスト」に置くということでした。解釈者の側に歴史学的方法とか、
実存論的方法といった、聖書解釈の方法論があってそれが基準になるのでは
なく、その方法は聖書自身の中にある。解釈者はこの聖書自身の中にある
方法、つまり解釈のキーでもある対象を発見するために、自分の知っている
様々な方法論——歴史学や哲学もそこには含まれます——を相対化しつつ試
すのです。マルクヴァルトはバルトのこの方法を、聖書解釈における「対象

の優位」(Vorrang des Gegenstands)[10]と呼んでいます[11]。

　もちろんどんなに方法論を相対化しようと努力しても、聖書解釈者が自分の中にある先入見（方法論としての）によってこの対象そのものでもある内容を造り出してしまうという可能性はなくならないでしょう。聖書から神学思想を学ぶというのではなく、自分の思想を聖書に読みこんでいくことになる可能性・危険性は常にあります。実際、バルトもまたそのような読みこみをしてしまったと批判されることもあります。パネンベルクは、バルトは歴史的・批判的な方法で聖書を解釈することを拒絶することで、実際には彼自身が否定したはずの19世紀の主観主義の権化になってしまったと述べています[12]。つまり初期バルトの、「神は神だ」という神の主権性の主張に、パネンベルクは「絶対精神としての神」というヘーゲル主義の反映があるのを見ているのです。

　とはいえ神学が聖書における対象の優位に忠実であろうとする限り、神学者の神学的主張は変更可能であり、また実際にも変更されます。たとえば後期のバルトは、「神の主権性」という主張を引っ込めたわけではありませんが、神の主権性に基礎づけられたところの「神の人間性」という主張に修正し発展させています[13]。

10　Friedlich-Wilhelm Marquardt, Exegese und Dogmatik in Karl Barths Theologie, in: *KD Registerband*, Zürich 1970, S. 654.

11　講演の後に、私は森田圍氏より、この「対象の優位」という解釈原理は、聖書解釈の場合には限られないのではないか、という問いかけをいただいた。現に、ヴァルター・ベンヤミンにはそういう思想があるのだという。これはなるほどそのとおりだと思う。バルトはこの原理は一般的解釈学においても通用するはずだ、とも述べているのである。「この解釈原理は、聖書解釈にとって有効であるがゆえに、人間の言葉一般の解釈にとっても有効なのであり、それゆえそれは一般的承認をもちろん要求するのである」。Barth, *Kirchliche Dogmatik,* I/2, S. 515.

12　Wolfhart Pannenberg, Heilsgeschehen und Geschichte, in: *Grundfragen Systematischer Theologie*, Vandenhoeck 1979, S. 22.

13　カール・バルト「神の人間性」（井上良雄編訳『カール・バルト戦後神学論集1946-1957』新教出版社 1989年所収）。

（3） トマスとバルトの相違

　トマスとバルトはこのように、神学の基本的な方向においては一致していると私は見ています。二人の相違と通常言われるものは、有名なアナロギア・エンティスについてのバルトの批判[14]をはじめとして、基本的には誤解としか言いようのないものであり、それなりに整理する必要はあるものの、ここでは取り上げる必要はありません。ここで私が主張したいのは、二人の神学が両方とも神の啓示を中心としつつも、まったく逆の方向から啓示と向き合っているということです。それが、この二人が完全に対立した立場の神学者だという誤った印象のもととなっており、さらに二人に代表されるカトリック神学とプロテスタント神学が対立した神学であるかのような錯覚のもととともなっていると思います。

　トマスにおいて神学は、神の啓示と形而上学との緊張関係の中で行われる対話でありました。トマスの形而上学は、もちろんアリストテレスから多くを学んでいますが、アリストテレスそのままではなくて、トマス自身の思想として拡大された「存在の形而上学」というべきものになっています[15]。技術的に複雑なのは、トマスはアリストテレスの語法に従って、神学と形而上学を同一視しているように見えるケースもあるのですが[16]、ことがらとして神の啓示にもとづくところの神学と、万物の根源たる「存在」理解としての形而上学を混同はしていません。トマスを読んでいくと、彼の叙述の背後には何か一貫した形而上学があるということは感ぜられるのですが、彼自身はそれを明示してはくれません。自分の形而上学はこういうものであり、第一から第三のテーゼがある、というふうに叙述してくれたら、トマス研究者はずいぶん楽なのですが、そのような「解説」はないのです。ですから私たちは、稲垣先生のようなトマスの思想を深く研究した方から、トマスの基本的な考えについて手ほどきを受けながらトマスを読む必要があるのです。

14　Barth, *Kirchliche Dogmatik*, I/1, Vorwort VIII.　拙論「神学の言葉、神学の場所——エーリヒ・プシュワラとアナロギア・エンティス」『哲学論文集』44 輯、2008 年参照。
15　稲垣良典『トマス・アクィナス「存在(エッセ)」の形而上学』春秋社 2013 年参照。
16　たとえば『ボエティウス「三位一体論」註解』。

　しかしそうやってトマスの『神学大全』を読んでいくと、やがては彼が考えていた神と世界、人間とその他の被造物、人間の生きることの意味などについての巨大な構想が徐々に姿を表してきます。この形而上学は、それによって彼が聖書の啓示を理解するところのカギでありますから、その意味では聖書解釈の方法論だと言えます。またそれは彼が聖書との対話によって獲得したものですから、トマス神学の内容であるとも言えます。しかしこの形而上学そのものが神学なのではありません。それは聖書の記述に取って代わることはありえないのです。

　神学はあくまで、啓示と形而上学の対話にあります。そのさい、この対話によって修正を受け、より洗練したものに磨き上げられるのは形而上学の方です。形而上学は、神学の難問を解く鍵なのですが、すべての問題を解くマスターキーではなく、新しい問題に遭遇するたびに削り直さねばならないような、未完成の鍵ではなかったかと思います。トマスが自分の形而上学を論述する書物を残していないのは、それがまだ多くの修正を必要とするものであることを知っていたからだ。私にはそう思われるのです。なぜなら、神学にとって、方法というものは最終的に暫定的・仮説的なものにとどまるように思われるからです。

　カール・バルトの方法は、トマスとは逆に、自分がこれから論述することの中心を、最初に短い「題詞」（Leitsatz）の形で明らかにします。それは彼が聖書との対話によって聖書から聞きとったと信じる内容であって、ちょうど信仰信条のように、啓示の内容の代りをつとめます。題詞につづく論述部分は、この題詞の展開であり、同時に題詞の内容を論証しようとするものです。人はよくバルトの神学を「上からの神学」と呼ぶのですが、それは彼が神の言葉である聖書から出発して、その祖術として神学を展開しているかのような印象を与えるからです。しかしもちろんそんなことはありません。バルト神学もまた神の啓示との対話です。ただし彼は、その啓示の内容をあらかじめ先取りして提示しておき、そこから出発し、またそこへと帰っていくというスタイルで論述をすすめていくということです。

　バルトの論述のスタイルは、啓示の内容からその詳論という方向ですので、

読者はトマスの場合のように、そのよって立つ解釈原理（形而上学）がわか
らず、「部分的には理解できるのだが全体像がつかめない」という状態に長
く置かれることがありません。また、神の啓示にもとづく言語用法と人間
の経験的な諸学にもとづく言語用法との間で、同じ言葉（たとえば「存在」
esse）が多義的に使用されて困るということも、基本的にありません。バル
トは近代という、概念を一義的に使うことで学問性を担保した時代以降の神
学者なのです。しかし逆にそのことによって、バルトは自分の主観的信念を
論証もなしに断言しているだけではないか、という多くの場合見当違いの非
難にもさらされることになりました。

　バルトと比較してトマスの神学の有利な点は、神学以外の諸学との対話が
そこでは可能だということです。形而上学のみならず、哲学や自然学がここ
では対話の相手として用いられ、それらは一定の「限界」をはめられながら
も有効に用いられます。むしろこの「限界」をどこに見るかがトマスにとっ
て重要な神学的問題です。自然理性はどこまで認識可能か、そしてどこから
は啓示による真理だと言わざるをえないのか。その境界線を知ることが神学
の営みなのです。「哲学は神学の婢女である」という有名な言葉は、この場
合哲学をおとしめたものではありません――神学自身もその対象である啓示
に対しては婢女以外のものではないのです。一方バルト神学は、哲学を含
む諸学との対話を部分的には試みていますが、全体としては彼の態度は無視、
あるいは最上の場合にも礼儀正しい沈黙に近いものであり、特に初期のバル
トは自然科学に対しては突き放したような態度しかとれませんでした。この
点ではバルト以降に、トマス・トランスやヴォルフハルト・パネンベルクな
どの神学者が、修正を試みています[17]。

　神学を遂行するということにおけるカール・バルトの方法とトマス・アク
ィナスの方法は、相補的なものではないかと私は考えます。神学が啓示にも

17　トマス・F・トランス『科学としての神学の基礎』（水垣渉・芦名定道訳）教文館
　　1990年、W. Pannenberg, *Systematische Theologie, Band 1*, Vandenhoeck 1988, S. 83ff.、W・
　　パネンベルク『自然と神――自然の神学に向けて』（標宣男・深井智朗訳）教文館
　　1999年参照。

とづくという独自性の主張によって、神学の場所を諸学の中に確保しようとする道（バルト）と、諸学との対話によって諸学の意味を確認しつつ、啓示を目指す神学独自の場所を明らかにしようとする道（トマス）です。トマスのとった道は、今日的状況の中で、諸学に呑み込まれてしまう危険性もありますが、神学と諸学の関係を理解するためにぜひとも必要な道だと私は考えるのです。

　以上、今日のプロテスタント神学から見たトマス・アクィナス神学の意味について、三つのことを申しました。プロテスタント神学は今日、統一的な意味での「神学」をなかなか確保しにくい現状にあります。聖書学、教義学、実践神学、歴史神学、キリスト教人文学といった諸科目がそれぞれ独自の道を行き、学科間の交流も困難さを増しています。ただ共通の課題としてのキリスト教会が、神学諸科を一つにまとめているという現状です。トマスの神学は、優れて総合的な神学として、そのような現状を克服するためのよき道しるべであるように思います。

7. トマス・アクィナスと自由学芸 [1]

1. トマスの時代の自由学芸

　トマス・アクィナスと自由学芸について、考えたことを述べたいと思います。基本的に言えることは、そもそもトマスの時代には、自由学芸（三学四科）が中等教育の中心だということは、少なくとも概念としては一般化していたということです。アルクイヌス、ラバヌス・マウルスなどを経て、中世盛期には自由学芸による教育という考え方は、多くの人々に受け入れられていました。しかしそれは、現実に西欧各地でそのような教育が統一的に行われていたということではありません [2]。統一的な教科書や、各科目の教師の養成機関などが存在して機能していたわけではないのです。自由学芸（リベラルアーツ）というパッケージの中に、どういう教育内容が含まれていたかは、それぞれの学校（修道院付属学校、司教座聖堂付属学校、その他私塾など）によって様々であったと思われるのです [3]。

　トマスが少年時代（1230-39 年）にモンテ・カッシノ修道院で具体的にどのような科目を学んだのか、またナポリの Studium Generale でどのような中等教育（1239-1244 年）を受けたのかについて、受講者名簿や開講科目表のようなはっきりした記録は残っていません。しかし当時の一般的状況から考えて、それが自由学芸を（厳密にではなくとも）いちおう基礎にしつつ、それに自然学や哲学の学びが付け加わったものであるのは、確かだと思わま

1　本章は、2014 年 11 月 9 日に行われた中世哲学会シンポジウム「中世の自由学芸 II」での提題をもとにしている。

2　岩村清太『ヨーロッパ中世の自由学芸と教育』知泉書館 2007 年、239 頁。

3　Ralph McInerny, Beyond the Liberal Arts, in: *The Seven Liberal Arts in the Middle Ages,* p. 249.

す⁴。

　それゆえ、トマスと自由学芸の関係を考えるときに、私たちには二つの課題があるということになります。一つは比較的易しくて、それはトマスが自由学芸というものをどのように考え、自分の思想の中に位置づけていたかということです。そしてもう一つは、トマスの思想形成にとって、基礎的な自由学芸の学びが、現実にどのような意味を持っていたのかということです。後者は私たちが、中世の人々にとっての自由学芸の意味という問いを超えて、ルネサンスの人文主義を経て遠く現代の教育におけるリベラル・アーツの意味を考えるという遠い目標にたどりつくためにも、大切な課題であると思われるのです。つまりそれは、現代の私たちにとって基礎的な教養とは何か、そして何であるべきか、という問題につながるでありましょう。しかしそれはまた、雲をつかむような大きな課題でもあって、実証的にテキストの分析によって焙（あぶ）りだせるようなことではありません。しかしいずれにしても、私はこの二つの課題について考えつつ述べることで、提題者の責任を果たしたいと思うのです。

2.　トマスによる自由学芸の位置づけ

　トマスが自由学芸について言及している箇所は多くないのですが、最も頼りになるのは、『ボエティウス「三位一体論」註解』第5問題第1項第3異論解答です。そこでここでは先ず、それを紹介しようと思います。

　ボエティウスは『三位一体論』の第2章で、アリストテレスの理論的哲学（思弁的学知）の三区分（自然学、数学、神学）を紹介しているのですが、この区分の是非がここでは問題になっています。第3異論は次のように問います。

　　哲学は一般に七つの自由学芸（artes liberales）に区分される。その中に

4　Cf. J. A. Weisheiple, *Friar Thomas d'Aquino*, p. 11.

は自然学も神学も含まれておらず、理性的な学知と数学だけである。それ
ゆえ、自然学と神学は、思弁的な学知の部分として措定される必要はない。

　つまり、哲学の区分は自由学芸七科で十分であって、ボエティウスの自然
学・数学・神学の区分の中で、数学以外の自然学と神学は余計であるという
のです。
　トマスはこれに対して本論で、ボエティウスの三区分の方が正しいことを
論じているのですが、それに続く第3異論解答で、以下のようにこの異論に
答えています。

　　　七つの自由学芸は、理論的哲学（philosophia theorica）を十分な仕方で
　　区分するものではなく、むしろ、サン・ヴィクトルのフーゴーがその『デ
　　ィダスカリコン』第3巻で述べているように、何らかの他のもの（学科）
　　を省くことによって、七つの学科が一つにまとめられているのである。な
　　ぜなら、哲学を学ぼうと望んだ人々は、これらの学科によって最初に教育
　　されたからである。そしてこれらが三学（trivium）と四科（quadrivium）
　　へと区分されるのは、いわばこれらの何らかの道によって、精神が生き生
　　きと哲学の秘義へと入っていくからである。
　　　そしてこのことは、哲学者（アリストテレス）の言葉とも符合している。
　　彼は『形而上学』第2巻において、学知の方法は、学知より以前に求めら
　　れなければならないと述べている。そして注釈者（アヴェロエス）は、同
　　箇所（の註解）において、すべての学知の方法を教えるところの論理学
　　（logica）を、人は誰でもすべての他の学知の前に学ばねばならないと言っ
　　ている。この論理学に、三学は関わっているのである。
　　　『ニコマコス倫理学』第6巻においても、（アリストテレスは）数学は子
　　どもたちによって知られうるが、自然学は無理だと述べている。後者（自
　　然学）は経験を必要とするのである。それゆえ次の認識が与えられる。す
　　なわち、論理学の後には、数学が学ばれるべきである。数学に関わるのが
　　四科である。こうして、いわばこれらある種の道（viae）によって、精神

は、他の哲学的諸学科へと準備されるのである。

　あるいは、これらが他の諸学知の間で技術（artes）と呼ばれるのは、これらが認識を有しているだけでなく、直接的に理性そのものに属するような何らかの仕事をするからである。たとえば、三段論法（syllogismus）の構築を、あるいは論述を形成すること、数えること、測ること、メロディーを形成すること、また星々の軌道を計算することである。

　これに対して他の諸学知は、一方では、たとえば神学や自然学のように、こうした仕事を有しておらず、ただ認識を有するだけである。それゆえ技術という名称を、それら（神学や自然学）は持つことができない。なぜなら、技術と呼ばれるのは、『形而上学』第6巻で言われるように、生産的な理性（ratio factiva）であるからである。

　あるいは（他の諸学知は）、たとえば医術（medicina）、錬金術（alchimia）、その他同様の学知のように、物体（身体）的な働きを有している。それゆえこれらは自由学芸（artes liberales）と呼ばれることはできない。なぜなら、この種の行為（医術や錬金術）が人間に属するのは、人間がそれによって自由であるのではない側面から、つまり身体の側面からだからである。

　他方、道徳的な学知は、働き・行為（operatio）のゆえに存在するのではあるが、『ニコマコス倫理学』の巻において明らかなように、その働きは、学知の働きではなく、むしろ徳の働きである。それゆえに、（道徳的な学知は）技術（ars）とは言われえず、むしろそれらの働きにおいては、徳が技術の役割を果たしているのである。それゆえ、アウグスティヌスが『神の国』第4巻で述べているように、往古の人々は、徳とは、善くそして正しく生きる技術だと定義していたのである。

ここでトマスが述べていることは、次のように整理できます。
① 　七つの自由学芸は、理論的哲学（＝学知 scientia）全体を適切に区分するものではなく、哲学よりも以前の基礎を占めるにすぎない。理論的学知全体の区分としては、トマスは、自然学、数学、神学（＝形而上学）というボエティウスの三区分を採用している。なお、学知全体の

124

　　区分としては、彼はアリストテレスに従って、理論的学知、実践的学知、制作的技術の三区分をとる。要するに、学知全体からすれば自由学芸の占める範囲は、ごくわずかである。

②　しかし同時に、自由学芸は、哲学の基礎となるべき学びとして定着している。これら七つの学科は、哲学そのものではなく、哲学への準備課程として方法、たとえば、「三段論法の構築、語り（oratio）の形成、数えること、測ること、メロディーを形成すること、また星々の軌道を計算すること」を提供するものである。

③　三学（文法、修辞、弁論）は、論理学（logica）に関わっている。論理学は、第2異論解答で述べられているが[5]、それ自体は学知ではなく、学知の道具である。

④　四科（算術、幾何、天文、音楽）は、数学に関わっている。これらもまた、哲学への準備としての方法を提供するものである。

⑤　三学四科は、それ自体は学知ではなく、学知のための手段であり、技術（ars）の一種だと見なされる。「自由学芸」（artes liberales）という名称も、そこから説明される。もちろんこれらの学科は、高度になればそれ自体が学知ともなりうるであろう。しかし「自由学芸」として、理論的・思弁的学知の基礎である限りにおいては、これらは学知（真理探究）そのものではなくて、学知のための手段であり、技術である。

⑥　医術や錬金術など、本質的には技術の範疇に入る学知が他にもあるが、これらは「自由」学芸とは呼べない。これらは身体・物体に従属す

5　第2異論解答参照。「『形而上学』冒頭において明らかなように、思弁的諸学知は、その認識がそのもの自体のゆえに獲得されるところのことがらについて行われる。しかるに、論理学の対象であることがらは、それ自体のゆえに認識が獲得されるのではなく、他の諸学知の何らかの助けになるために獲得されるのである。それゆえ、論理学は思弁的な学知の中に主要な部分として含まれるのではなく、いわば何らかの思弁的学知への還元（reductum）として、含まれるのである。それは、論理学が思弁の働きにその道具として仕えるためである。すなわち、三段論法や定義等々としてであって、それらを私たちは思弁的諸学知において必要としているのである。それゆえ、ボエティウスのポルフュリウス註解によれば、論理学は学知であるというよりはむしろ学知の道具なのである。」

V.　13世紀

るからである。道徳的な学知（倫理学）もまた、自由学芸のように認識の手段・方法・技術としての側面を持たない。ここで技術の役割を果たすのは、学知ではなく徳だ、というのである。倫理学は実践的学知に属するので、思弁的学知の分類を主題としたこの問題の範囲を出ているが、「技術」が問題になっているので、言及されたのであろう。

　以上のように、トマスにおいては、自由学芸は思弁的学知に手段を提供する予備学であるとして、限定的に位置づけられているのです。自由学芸は、それ自体が完成した体系でもないし、思弁的学知の一部でもない。それは技術の一種なのです。しかしそれは、より高い目的のために、それへ奉仕し、それへと開かれた技術であることができます。

3. 数学の位置づけという難問

　このような自由学芸の限定的な位置づけ、言い換えれば、自由学芸は予備的な教育として必要ではあるが、それ自体が高度な学知ではない、という見解は、トマスの他の著作でも一貫しています。自由学芸は、より高い完成を目指すための基礎を作る教育だったのです。

『エチカ註解』第6巻第7講 1209-1211
　続いてアリストテレスは、quia et hic ... と述べることで、問いを提示している。すなわち、なにゆえ子どもは数学者にはなれても、知者（sapiens）すなわち形而上学者（metaphysicus）もしくは自然学者（physicus つまり naturalis）になれないのか、という問いである。この問いについてアリストテレスは、自然学者に関わる限りで答えている。すなわち、これら数学的なことがらは、経験がそれに属するところの可感的諸事物からの抽象によって、認識されるからである。それゆえ、これらを認識するためには、長い時間（の経験）は必要とされない。ところが、自然的なものの諸原理は、可感的なものから抽象されていないので、経験を通して考察されるの

x

であり、この経験のためには長い時間が必要とされるのである。

　他方、知恵に関しては、アリストテレスは次のことを付け加えている。すなわち、若い人々（juvenes）は、知恵的なことがら（sapientialia）すなわち形而上学的なことがら（metaphysicalia）を信じない。つまりそれらを口で述べることはするのだが、精神によって自分のものにする（attingunt）ことがないのである。しかし数学的なことがらについては、それが何であるかは、彼らにとって不明ではないのである。なぜなら、数学的なことがらの概念（ratio）は表象可能なことがらに属しているのに対して、知恵的なことがらは純粋に知性的なことがらであるからである。若い人々は、表象力（imaginatio）のもとにやってくることがらをたやすくとらえることができるのだが、感覚や表象力を超えたことがらに関しては、精神によって自分のものにすることがない。なぜなら、彼らは、一つには時間（経験）の短さのゆえに、もう一つには自然の多様性のゆえに、そのような考察に有効で修練された知性をまだ有していないからである。

　それゆえ、教育（addiscendum）の適切な順序は以下のようである。すなわち、①最初に子どもたちは論理的なことがら（logicalia）によって教育される。なぜなら論理学は哲学全体の方法（modus）を教えるからである。②しかるに第二には、経験を必要とせず、表象力を超えることのない数学的なことがら（mathematica）によって教育される。③第三には、感覚や表象力を超えないとはいえ経験を必要としている自然的なことがら（naturalia）によって教育される。④第四には、道徳的なことがら（moralia）によって教育されるが、それらは、『エチカ』第1巻に書かれているとおり、経験および受動（感情）（passio）から自由な精神を必要としている。⑤しかるに第五には、知恵的なことがら（sapientialia）および神的なことがら（divina）によって教育されるが、それらは表象力を超えており、強い知性を必要としているのである。

　これら五つの教育課程の最初の二つ、論理学と数学は、自由学芸に対応しています。ここでもやはり、基礎教育課程だとされているのです。

　後の三つ、自然学、倫理学、神学の中で、倫理学は思弁的・理論的学知には含まれないので外すとして、その代りに「数学」が挿入されたのが、先に見た『「三位一体論」註解』の三区分であるわけです。

　ここで、数学の位置づけについて考察が必要です。数学はボエティウスにおいては、三つの思弁的学知（自然学、数学、神学）の中間に位置づけられるのですが、ここでのアリストテレスに従えば、五つの教育課程（論理学、数学、自然学、倫理学、神学）の二番目にあり、ここでの論理学と数学は、明らかに三学・四科を意味しています。この位置づけの違いは、何を意味しているのでしょうか。

　一つの説明は、四科の一つであるところの数学と、思弁的学知の三区分の中にある数学とは、別のものだという解釈です。長倉久子氏は、『「三位一体論」註解』の研究[6]の中でそのように説明しておられます。これはある意味では当然であって、トマスは三学・四科は基本的に技術（artes）であって、哲学そのものではないとしているからです。そのために長倉氏は、哲学の一部門としての数学は、伝統的な、算術と幾何学からなるものであって、四科の方は、初歩的な「勘定、計量、旋律制作、星の運行計算」のレベルなのだとされました。そのような説明も可能かもしれませんが、私は、この二つの「数学」は、現実的には同じ一つの数学であってもかまわないと思うのです。一つの数学が、技術（ars）として上位の哲学に仕える手段であることも、それ自体が哲学の一部門としての学知、つまり独立した真理の探究であることも、どちらも可能であると思われるからです。

　たとえば、『「三位一体論」註解』5, 1, ad 4 でトマスは述べているのですが、医術（medicina）は、理論的医術（theorica medicina）と実践的医術（practica medicina）に区分されるのですが、それは二つの別の医術があるのではなく、そこで論じられていることがらが、「働き（operatio）に近接しているか離れているかに応じて、（区分が）適用されている」のです。

6　長倉久子訳註『神秘と学知——「ボエティウス『三位一体論』に寄せて」翻訳と研究』創文社 1996 年、111 頁。

128

『「三位一体論」註解』5, 1, ad 4

アヴィセンナ（Avicenna）が『医術』の冒頭で述べているように、理論的なことがらと実践的なことがらが区分されるあり方は、哲学が理論的哲学と実践的哲学へと区分されるときと、たとえば医術が区分されるときのように、技術（artes）が理論的技術と実践的技術へと区分されるときとでは異なっている。というのは、哲学も技術も理論的なことがらと実践的なことがらによって区分されるのではあるが、哲学は、それらの区分を目的（finis）から得なければならないからである。それは、理論的と言われることがらは真理の認識（を目的として、それ）へと秩序づけられるのに対して、実践的と言われることがらは働き（operatio）へと秩序づけられるためである。

とはいえこのことは、哲学全体と技術が、哲学の区分において、人間の生の全体がそれへと秩序づけられているところの至福（beatitudo）という目的への関係が保持されているということにおいて、区分される場合である。というのは、アウグスティヌスが『神の国』第20巻でウァロ（Varro）の言葉に従いつつ述べているように、至福になるため以外には、人間には哲学するという行為の原因は何もないからである。それゆえ、哲学者たちによって、二つの幸福（felicitas）が措定されているのであるが、『ニコマコス倫理学』第10巻において明らかであるように、その一つは観想的（contemplativa）幸福であり、もう一つは活動的（activa）幸福である。これに対応して、哲学の二つの部分をもまた、哲学者たちは区別したのであって、彼らは道徳的な部分を実践的（practica）哲学と言い、自然学的、理性的な部分を、理論的（theoretica）哲学と呼んでいるのである。

他方、技術（artes）のうちのあるものは思弁的（speculativae）だと言われ、あるものは実践的（practicae）だと言われる場合、それらの技術のある特殊的な目的への関係が（内容的に）言い表されているのである。たとえば、もし私たちが、農業は実践的な技術であり、他方、弁証法（dialectica）は理論的な技術だと言う場合がそれである。しかるに、医術が理論的医術と実践的医術へと区分される場合には、目的に応じた区分

が適用されているのではない。というのは、医術の全体が働き（operatio）
を目的としてそれへと秩序づけられているがゆえに、それは実践的技術
の下に含まれているからである。だからここで言う区分は、医術において
論じられることがらが、働きに近接しているか離れているかに応じて、適
用されているのである。つまり、実践的医術と言われるのは、治癒のため
の処置（operandum）のあり方を教えるような医術の部分のことであって、
たとえば、これこれの腫瘍にはこれこれの薬剤（remedia）が施されるべ
きだ、というがごとくである。他方、理論的医術と言われるのは、原理を
教えるような医術の部分のことである。すなわち、それらの原理からして、
人間は治癒行為（operatio）において（健康を）整えられるのではあるが、
しかし近接した仕方ではない。たとえば、健全さ（virtutes）は三つあると
か、熱の類は数多い、というがごとくである。

　それゆえ、もしある種の活動的な学知のある一部が理論的と言われると
しても、そのことのゆえに、その部分が思弁的哲学のもとに置かれる必要
はないのである。

医術の場合には、全体としては自然学の一部分ではなく、技術なのであ
って、その中に部分的に理論的要素の濃い部分（おそらくたとえば生理学
［physiology］のような）も含まれるとトマスは言うのですが、数学の場合に
は、基礎課程としての技術的な部分と、上位の理論的な探求としての学知的
な部分があって、それらが連続的に存在したとしてもおかしくありません。
ここでは技術的な部分は、哲学とは別の何か実践的な目的のための技術なの
ではなく、まさに（数学を含む）理論的哲学を目的とした、そのための技術
であるからです。

　しかしともかく、数学は、アリストテレス『ニコマコス倫理学』によれば
自然学の下位に、ボエティウスによれば[7]自然学の上位に位置づけられてい
ます。いったい、どちらの位置が本当なのでしょうか。このことに関して、

7　ボエティウスはしかし、アリストテレス『形而上学』6巻1章あるいは『自然学』
　　2巻2章を根拠にしている。

トマスは『「三位一体論」註解』5,1, ad 10 で次のように答えています。

　自然学を数学よりも後に加えて学ぶべきだ、ということが起こるのは、自然学の普遍的な教えを学ぶには経験と時間が必要だからである。とはいえ、（自然学の対象である）自然的な事物は可感的であるのだから、可感的質料から抽象された数学的なことがらよりも、自然本性的にはより優れて知られるのである。

　つまりトマスは、われわれが学ぶ順序としては、数学を先に学ぶことがありうるが、自然本性的な順序としては、数学の方が上位にあると述べているのです。ここからも、二つの数学があるわけではないことが知られます。
　数学が学知として本質的に自然学よりも上位にあるのは、『「三位一体論」註解』5, 1c によれば、自然学の対象が質料的・感覚的実在であるのに対して、数学の対象は「その存在については質料に依存しているものの、その理解については依存していない」もの、「たとえば線や数のように、定義の中に可感的質料を含まない」ものだからです。質料からの抽象度が高いものほど、より高度なものである——それは、すべての学知の究極に「神学」があるという、トマスの学問論の全体構造に関わるものだと言えるでしょう。
　トマスの『「分析論後書」註解』の中に、次のような一節があります。

　あるいは、すべての証明（demonstratio）においては、人は、われわれにとってよりよく知られたことがらから出発しなければならないのであって、個物からではなく普遍的なものから出発しなければならないということである。というのは、ある種のことがらは、私たちにとってよりよく知られたことがらを通してでなければ、私たちに知られることはありえないからである。ところで時には、私たちにとってよりよく知られたことがらが、端的に（simpliciter）、自然本性に即して（secundum naturam）も、よりよく知られることがある。たとえば、数学的なことがらにおいて起こることだが、そこでは、質料からの抽象のゆえに、形相的諸原理によらずし

ては証明は成立しない。このようなことがらにおいては、論証は端的により
よく知られたことがらからなされるのである。同様に時には、私たちに
とってよりよく知られたことがらが、端的にはよりよく知られないことが
ある。たとえば、自然的なことがらにおいて起こることだが、そこでは事
物の本質やちからが、質料の中にあるために隠されており、外的にそれら
について現れることがらによって私たちには知られるのである。それゆえ
こうしたものにおいては、論証はほとんどの場合、私たちにとってよりよ
く知られた結果から生じるのであって、端的に知られたことがらからでは
ない。

つまり数学的なことがらは、ある意味では平易であり、ある意味では難し
い、とトマスは言うのです。数学は、経験に依存しないだけに、子どもにも
可能なのだが、逆に、ことがらそのものが抽象的であるがゆえに、本質的に
は高度であり、大人にも難しいのです。だから数学は、初等・中等教育で基
礎的技術として先ず学ばれ、自然学の学びがすすんでいった後に、理論的学
知として学び直されるべきだ。トマスはそのように考えていたと思われるの
です。そしてそれらのすべての学びは、最終的には神学（形而上学）の学び
を目的とし、それへと開かれているのです。

4. アリストテレス哲学と自由学芸

トマスがこのように、学知全体の見取り図を書き直す必要があったのはな
ぜでしょうか。彼がこのことに積極的であったのは、同時代のボナヴェント
ゥラと比較しても明らかだと思われるのですが、それはおそらく、トマスが
アリストテレスを積極的に学んだことと関係していると思われます。
　12、13 世紀にアリストテレスの著作の多くが、アラビアの哲学者たちの
註解書と共に大規模に西欧世界に流入してきます。その中で、従来、学知の
シェーマとされてきた「自由学芸」を見直さなければならなくなったのは、
必然だったと言えます。なぜなら、それまでの多分に中味のない、あるいは

盛り込まれた中味が学校によって異なっていた「自由学芸」とは違って、ア
リストテレスは中味の詰まった、一貫した高度な内容を持つ体系だったから
です。これだけ大規模なものを受け入れる体系としては、自由学芸は明らか
に役不足でした。

　トマスにとって、しかし、自由学芸を捨て去ることは問題になりませんで
した。また自由学芸からアリストテレスに乗り換えることも、考えられなか
ったのです。むしろ彼がしたのは、より大きな、根本的にはキリスト教的な
体系の中に、アリストテレスの哲学と自由学芸の両方を位置づけることだっ
たのです。

　自由学芸はこうして、世俗的な哲学のさらに準備課程として、低く位置づ
けられることになります。稲垣良典先生によると、それによって自由学芸は、
キリスト教神学との直接的な関係を失ったために、続く時代の中でそれ自体
が世俗化するという結果を招いたといいます[8]。

　Ralph McInerny によると、トマスが、あるいはスコラ主義が、初めて自由
学芸に低い位置づけを与えたわけではなく、元来自由学芸は、何か他のも
ののための道具であり、基礎教育としての性格を持っていました。ただ、12
世紀以前には、自由学芸は一般に、聖書の学びのための基礎教育であったの
が、トマスによって、哲学的学知のさらに基礎教育に位置づけられることに
なったのです[9]。

　もしそうだとすると、自由学芸が真に自立的で力強い、充実した中味を持
つにいたったのは、むしろルネサンス期以降のことではないかという推測が
成り立つことになりますが、それについてはもはや、私の報告の範囲を越え
ることになります。

8　稲垣良典「神と音楽」、片山杜秀責任編集『思想としての音楽』講談社、2010 年、
　148 頁。
9　McInerny, op. cit., p. 257.

V. 13 世紀

5. 神学と他の諸学

　トマス・アクィナスにとって、それでは自由学芸の学習は、実質的にどのような意味を持っていたのでしょうか。トマスにとって、神学よりも下位に位置づけられる諸学は、基本的に神学と対立するものではなく、むしろ本質的に、神学に従属するものでありました。『「三位一体論」註解』5, 1, c に言われるように、他の諸学は神学から自身の原理を得ているからです。

　他方、質料なしに存在しうるがゆえに、その存在に即して質料に依存していない思弁の対象がある。それは、神や天使のように、決して質料においては存在しないものであるか、あるいは実体（substantia）、質（qualitas）、存在者（ens）、可能態（potentia）、現実態（actus）、一と多（unum et multa）などのように、ある意味では質料において存在するが、他の意味では存在しないものがある。これらすべてを扱う学知こそ、テオロギア、すなわち神学（scientia divina）である。こう呼ばれるのは、神学における根源的対象にあたるのは神だからである。神学は別名、形而上学（metaphysica）とも呼ばれる。それは自然学を超える（trans physicam）との意味であるが、その理由は、私たちにとって自然学の後に（post physicam）学ばれるべきだからである。私たちは、可感的事物から非可感的事物へとすすまねばならないからである。神学はまた、第一哲学（philosophia prima）とも呼ばれる。それは、他のすべての諸学は、その原理を、この学知から受けており、この学知の後に従っているという意味においてである。

　神学と哲学の「二重真理」のようなものは、ここには見出されません。また、神学がより上位の学知だからといって、それが他のすべての学を支配しているというわけでもありません。むしろ神学は、実際にそれを遂行するためには、下位の諸学で学んだ知識を総動員しなければならないし、それでも

134

なお足りないのだと告白しなければならない宿命を負っているのです。な
ぜなら、「神学における根源的対象にあたるのは神」だからです。私たちは、
トマスが自由学芸を、上に向かって開かれた技術だと考えていたことを確認
しましたが、トマスにとって究極の学知であるところの「神学」は、さらに
本質的な意味で、無限の存在に向かって開かれた学知なのです。

　これで問題に解決がつくわけではまったくありませんが、最後に、神学と
他の諸学の関係について述べた、『「三位一体論」註解』5, 1, ad 9 を引用して、
この報告を締めくくりたいと思います。

　神学（scientia divina）は、自然本性的には（naturaliter）すべての学知の
第一の学知であるとはいえ、私たちにとっては（quoad nos）他の諸学知
の方がより先である。というのは、アヴィセンナが彼の『形而上学』の
冒頭で述べているように、この学知の順序というのは、自然学的な諸学知
において多くのことがら（概念）が定められた後で、学ばれるべきだとい
うことである。それら多くのことがら、たとえば生成（generatio）、消滅
（corruptio）、運動（motus）、その他同様のことがらを、この学知（神学＝
形而上学）は用いるのである。

　同様に、神学は数学の後でもある。というのは、この学知は分離的諸実
体（天使）の認識のために、天上的な領域の数と秩序を認識する必要があ
るのであり、このことは、それへと数学の全体が（前提として）必要とさ
れているところの、天文学（astrologia）なしには不可能だからである。

　他方、他の諸学知、たとえば音楽（musica）、道徳（morales）やその他
同様の学知は、それ自体の良き存在のために存在しているのである。

　とはいえ、神学が、他の諸学知において証明されたことがらを前提して
おり、また他の諸学知の原理を証明するからといって、それは悪しき循環
であるという必要はない。なぜなら、原理というものを、他の学知、すな
わち自然学は、第一哲学（形而上学＝神学）から受容するのであるが、そ
れらの原理は、最初の哲学者もまた同様にそれを自然学から受け取ったと
いうことを証明するわけではない。むしろそれらの原理は、自体的に知ら

れる他の諸原理によって証明されたのである。同様に最初の哲学者は、彼が自然学者にもたらした諸原理を、自然学者から受け取った諸原理によって証明したのではなく、自体的に知られる他の諸原理によって証明したのである。それゆえ、これらの区別において、ある種の循環があるわけではない。

さらに、自然学的な証明の源泉であるところの可感的な結果（自然現象）は、私たちにとっては最初により明らかであるが、しかし、それらによって私たちが第一の諸原因の認識へと進んでいくときには、これら諸原因からして、それらの結果の根拠（propter quid）が私たちに明らかになるのである。それらの結果から、これら諸原因は、理由（quia）の証明によって証明されたのではあるが。

こうして、自然学もまた、神学（scientia divina）に何らかのものをもたらすのであるが、とはいえ、神学によって、自然学自身の諸原理が知らされるのである。それゆえボエティウスは、（三つの学知の）最後に神学を置いているのであって、その理由は、神学が私たちにとっては最後の学知であるからである。

8. トマス・アクィナスにおける観想的生活と活動的生活

1. 観想的生活の優位

　観想的生活（vita contemplativa）を活動的生活（vita activa）の上位に置く
という哲学的・倫理学的な価値判断は、古代から中世にかけての多くの思想
家に共有されています。アウグスティヌス、ボエティウス、大グレゴリウ
ス、ベルナルドゥス、サン・ヴィクトールのフーゴー、ハレのアレクサンデ
ル、ボナヴェントゥーラなどの名前を挙げれば[1]、私たちはこれがいわば中世
哲学の代表者たちに共通の、一つのエートスであったと考えてもよいのでは
ないでしょうか。上に挙げた人々が、実際にその価値判断どおりに観想のみ
に明け暮れた生活をしたとは限らないのですが[2]、少なくとも彼らが観想的生
活を自らの理想としたことは疑えません。私たちはさらにこの系譜を遡って、
古代のカッパドキアの教父たちや、キリスト教神学の父オリゲネスにまでた

1　Cf. Urs von Balthasar, Kommentar zur Summa Theologica, in: *Die deutsche Thomas-Ausgabe*, Bd.23, S. 432.

2　むしろ上記の人々は（政治犯として死刑にされたボエティウスの場合は特殊だが）
すべて、教会や修道院における枢要な役割を果たしたために、静穏な観想的生活よ
りも、活動的生活に追われたと言ってよい。中でもその両者の間で引き裂かれる生
活をしたシトー会の改革者ベルナルドゥスの次の言葉は、象徴的である。「私自身
について今は語らずにいられません。私の奇怪な生活、私の悩み多き良心が、あな
たがたに向かって叫んでいるのです。私はある意味で私の時代のキマイラです。聖
職者でもなく、信徒でもない。修道服（habitus）までは捨てませんが、修道士の生
き方はとうの昔に捨ててしまいました。私は、あなたがたがたぶん他の人々から聞
いたと思われるようなことを、自分について書こうとは思いません。すなわち私が
何をし、何のために努力し、いかなる現世の危機の中にただよっているか、まさに
いかなる断崖によって追い回されているか、といったことです。もしまだ聞いてお
られないなら、問い合わせてみるようお願いします。そしてあなたがたが聞いたこ
と、忠告と祈りの決めたところに免じて、私を許してください。」（*Sancti Bernardi
Opera*, vol. VIII, p. 334, Editiones Cistercienses, Romae, 1977.）

どりつくことでしょう。

この価値判断の中世における歴史的・社会的側面は、明らかです。修道院制度の成立と展開がそれです。中世の人々は自らの救いのためには、キリスト教的な社会奉仕と、隣人愛の実践よりも（それらも重要ではありますが）、どちらかといえば修道生活に入り、神へのひたすらな観想に没入することをこそ選ぶべきだと考えたのであり、実際にも多くの人々がそれを実行しました。それは現代的な価値観[3]からするならば、あたら優れた人材を無為に費消して、役にも立たぬ（？）内的思索に明け暮れさせたとさえ思えるほどなのです。もちろん、冷静に判断すれば、この修道院制度の展開が、中世の社会的発展、たとえば都市の発展、政教分離、中世的身分制度の展開、結婚や家族制度の変化、教育制度と大学の成立などと密接に関連していることは、容易に見てとられるのですが[4]。

とはいえ、多くの現代人の目から見ると、観想とそれに明け暮れる生活が、なぜ中世の人々にとってそれほどにも魅力的であったのか、理解しがたいということも否定できません。ほとんどの修道会の会則が準拠したベネディクト会規の述べる祈りと労働の日々は、もしそれが忠実に守られたなら[5]、現代の大概の刑務所よりも苛酷な生活であり、自らの確信に基づいてそれを選んだということがなければ、とうていそれに耐えられるものではありません。

---

3 ここでカール・マルクスの有名な言葉を挙げるのは、唐突に聞こえるだろうか。「哲学者たちは世界を様々に解釈したにすぎない。肝心なのは、それを変えることである。」(Thesen über Feuerbach, 11, *Marx Engels Werke*, Bd. 3, S. 535.)

4 中世における修道院制度の展開と当時の社会、文化の関係を扱った書として、以下を参照。Peter Hawel, *Das Mönchtum im Abendland, Geschichte, Kultur, Lebensform*, Verlag Herder Freiburg im Breisgau 1993.

5 ベネディクト会規によれば、食事は基本的に一日一回で、教会暦による断食もあった。中世盛期において、ベネディクト会規を最も厳格に守ったことで知られるのはシトー会であるが、クリュニーなどにおいては、かならずしもこれが遵守されていたわけではない。Cf. *Die Regel des heiligen Benedikt,* hrg. im Auftrag der Salzburger Äbtekonferenz, Beuron 1990; C. Morris, *The Discovery of the Individual 1050-1200,* Medieval Academy of America 1987 (first publ. in 1972), p. 27. そしてそれは、ベルナルドゥスのような人からは厳しい批判を浴びている。ピエール・リシェ『聖ベルナール小伝』（稲垣良典・秋山知子訳）創文社 1994 年、23 頁参照。

8. トマス・アクィナスにおける観想的生活と活動的生活

138

　観想的生活の優位を、トマス・アクィナスもまた主張するのですが、私た
ちはこれを、単にドミニコ会修道士トマスの自己弁護と受け取ってはならな
いでしょう。トマスもまた、中世キリスト教思想の長い伝統の中に立って発
言しているのであり、その伝統は当時の新興ドミニコ会の歴史よりも古いの
はもちろん、修道院制度そのものの歴史よりも古いのです[6]。トマスの仕事は、
この伝統に、彼の発見した新しい意味を付け加えることだったのであり、私
たちはその意味をこそ問題にしなければならないのです。すなわち、トマス
はなぜ、観想的生活を活動的生活よりも上位に置いたのか。そしてこの価値
判断の帰結として、そこにはどのような倫理的判断が生ずるのか、というこ
とです。

2. 隣人愛としての活動的生活

　『神学大全』第 II-2 部第 179 問題から 182 問題において、トマスは観想
的生活と活動的生活の問題を論じるのですが、ここでの「活動的生活」と
は、修道生活でないような世俗の生活すべてを指すわけではありません。活
動的生活（vita activa）とは、他者のために奉仕する生活を意味するのであ
り、それもまたキリスト教的完徳たりうるような生活なのです。修道院生活
の中にも、当然、活動的生活の側面は存在します。人々との共同生活に関
わるような、隣人愛に基づく行為の生活が、活動的生活なのです。両者の
生活を区別するのは、善悪の別ではありませんし、聖俗の区別[7]とも正確に
は一致しません。第 171 問題の序言でトマスの与えている活動的生活と観想

6　観想的生活の優位という思想をどこまで遡らせるべきかは難しい問題であるが、
　たとえばストア派の哲学に、すでにそのような禁欲的・観想的な生活の讃美が見ら
　れるのは、Stoicism という言葉によって広く知られている。Cf. Cicero, De officiis, 1,
　5, 15-18.
7　司教や司祭などの世俗に奉仕する仕事は、聖なる職務ではあっても、観想的生活
　に属するとはみなされない。とはいえ、こうした高位聖職者たちの一種の世俗化が、
　それに抵抗する修道院運動の動機の一つだったことは確実であり、その意味では、
　観想的生活は真に聖なるものを求める生活であったとは言える。

V. 13 世紀

的生活の規定によれば、両者の相違はそれぞれの活動の努力目標（studium
operationis）の相違によります。すなわち活動的生活は、ルカ福音書 10 章の、
イエスに奉仕するためにあれこれ心遣いをし、労していたマルタによって表
され、観想的生活は、イエスの足元でただその言葉に聞き入っていたマリヤ
によって表現されるのです[8]。

　すでにこの問題設定において、答えそのものは与えられています[9]。すなわ
ち、当該の聖書箇所でイエスが述べているように、「マリヤは良い方を選ん
だ」（Maria optimam partem elegit）のです。問題は、繰り返して言いますが、
その意味づけです。

　観想的生活と活動的生活は、両者とも知性に基づく生活だとも言われます。
第 179 問題第 2 項に言われるように、知性に基づく生活として、この二つの
生活の区分は、その二つですべての「人間的」な、つまり知性的な生活[10]を
尽くしているのであり、たとえば「悦楽的生活」のようなある意味で動物的

8　観想的生活と活動的生活を象徴するもう一つの組み合わせは、旧約聖書のヤコブ
　の二人の妻、ラケルとレアである。すなわち観想的生活は美しいラケルによって、
　活動的生活は「かすんだ目」（lippis oculis）であったが多産のレアによって表される。
　ちなみに、新共同訳聖書はこの言葉を「優しい目」と訳しているが、七十人訳、ウ
　ルガタをはじめとして、現代の主な英独の聖書にいたるまで、「弱い目をしていた」
　（ophthalmoi astheneis, matte Augen）と訳すのが通例である。「優しい目」（tender eyes
　と訳した E. A. Speiser の註解（Anchor Bible, Genesis）は、その例外である。Cf. C.
　Westermann, *Genesis*, Neukirchner Verlag 1981, S. 564.
9　答えがすでに与えられている問題を問う、という神学にとっては伝統的なあり方
　は、神学が学問ではなく「高度な説得術」だとする批判（B. Russel）にさらされるが、
　それは神学の学としてのあり方に対する誤解に基づくものである。稲垣良典『神学
　的言語の研究』創文社 2000 年の諸論文を参照。
10　「人間的」ということが「知性的」だと言い換えられるということは、知性以外
　の要素、たとえば感情が人間存在から排除されることを意味しない。トマスによれ
　ば、すべての物体的存在者において、上の階梯にあるものは下の階梯の存在論的
　規定を自らの中に含んでいるのであり、人間（知性的）は同時に動物的（感覚的）、
　植物的（生成的・栄養的）、物体的（存在的）存在者でもある。しかし人間が生き
　る（生活する）ということの独自性は「知性認識し理性によって活動すること」に
　あるのであり、ここで「人間的」と呼ばれるのは、そのような人間に固有の働きの
　観点から見られた狭義の人間的なあり方のことである。Cf. Thomas Aquinas, *Summa
　Theologiae*, II-II, q.179, 1.

な生活は、この区分からはあらかじめ除外されています。

　活動的生活には、それゆえすべての倫理徳の活動が含まれます[11]。実践的な知的徳としての知慮（prudentia）も、それが倫理徳のわざを目的としてそれに秩序づけられている限りでは、同様に本来的に活動的生活に含まれるのです[12]。ただし知慮は、認識的な側面をも持つのであり、その限りでは観想的生活にも関わりを持つとされます[13]。知慮という、ある意味ですべての知的徳と倫理徳を総合する可能性を持つ徳の性格は、私たちの問題に多くの示唆を与えてくれます。つまり、観想的生活と活動的生活の相違は、知性の問題としては、思弁知性と実践知性の相違[14]に対応しているのです。この対応は広範囲に成立しており、たとえば思弁的な知と実践的な知の間に、ある意味では思弁的で、またある意味では実践的な知があるように[15]、両方の生活の間にも、時には観想的で時には活動的な中間的な生活が存在するとされます[16]。むしろほとんどの場合、私たちの生活はこの中間的な形態に含まれると言ってよいでしょう。二つの生活はすべての「人間的」（知性的）生活の両極に位置する端的な生活であって、中間にあるすべての生活は、この両者からの複合として説明されるのです。

3. アリストテレスにおける観想的生活の優位

　活動的生活が下位に置かれるのは、それが知性以外のもの、たとえば情念や欲望を基体としているからではないのです。だとすると、トマスはなぜ、観想的生活を活動的生活の上位に置くことができたのでしょうか。この問題

11　Thomas, *Summa Theologiae,* II-II, q. 181, 1.

12　II-II, q. 181, 2.

13　Ibid.

14　思弁知性と実践知性の区別は、アリストテレスの nous theoretikos と nous praktikos の区別に遡る。そもそも観想（theoria）と活動（praxis）をめぐるわれわれの問題のすべてはここに発するとさえ言えるのだが、ここではそれを展開する余裕はない。

15　I, q. 14, 16.

16　II-II, q. 179, 2, ad 2.

を論じた第 182 問題の第 1 項は、トマスにとってこの問題が、基本的にはア
リストテレスの倫理学とキリスト教の伝統との一致の発見[17]という仕方で考
察されたことを示しています。

『ニコマコス倫理学』第 10 巻（第 7、8 章）で、アリストテレスは種々の
理由を挙げて、観想活動が人間にとって最も幸福な活動であることを述べて
いるのですが、トマスはこれらの理由を八つに分類します。すなわち観想的
生活は、

1　人間にとって最高のものである知性と、固有の対象である可知的なも
のに関わる。

2　活動的生活よりもはるかに持続的である[18]。

3　活動的生活よりも歓びが大きい[19]。

4　必要とするものが少ないために、自足的である。

5　それ自体のゆえにより多く愛される[20]。

6　より大きな閑暇（vacatio）[21]と静寂がある。

17　Cf. Balthasar, op. cit., S. 433.

18　観想的生活の持続性について、トマスは第 180 問題第 8 項で論じており、そこで
はその持続性の根拠として、（1）観想はそれ自体として不滅的なものに関わり、そ
れを妨害する対立物を持たない、（2）われわれにとっても、われわれの中の不滅的
部分たる知性の活動であり、身体の労働を要しない、という理由を挙げている。た
だしトマスは、神的観想がその最高の状態には長くとどまることができないことは
認めている（第 2 異論解答）。

19　観想的生活の歓び（delectatio）については、第 180 問題第 7 項で論じられる。観
想の歓びは、基本的に、知性がその本来的対象と向かい合っていることから来るも
のであり、それはある意味で「あらゆる人間的な歓びを超え出た」歓びでもある。
途上の生においてはこの歓びは不完全なものであり、身体的（「人間的」とは、こ
こではその意味で用いられている）な欠陥によって制約されている、とされる。

20　観想的生活が活動的生活に優越しているというこれらの理由は、人間の本来的
存在は知性にあり、知性は神の観想においてその本来的対象に向かい合っている、
という観想の本質規定そのものから来るものであり、その意味では後に述べるよう
に理論的・思弁的な理由づけだと言える。つまり、経験的・実践的に「観想は楽しい」
と言っているのではなく、むしろそうした楽しさ・人間的な歓びの質を問うような
仕方で、問題にされているのである。

21　ここで「閑暇」と訳した vacatio は、余裕、自由、免除などとも訳しうる言葉であり、
強制や義務から解放された状態を言う。ギリシア語のスコレーも同様であるが、何

142

7 人間的なことがらよりも神的なことがらに関わる。

8 活動的生活には動物と共通する諸力が関わるが、（観想的生活は）人間
に固有な知性に関わる。

これらの分類、特に最後の二つが、アリストテレスの文脈にどれだけ忠実
であるかについては、細部での議論がありうるかもしれません[22]。しかしい
ずれにしても、トマスはこれらの八つの理由のそれぞれに、聖書の箇所を対
応させ、さらに第九の理由として、先に挙げたキリストの言葉、「マリヤは
良い方を選んだ」を付け加えているのです。

　私たちはしかし、ここでアリストテレスとトマスの内容的な相違をも問題
にせざるをえません。すなわちアリストテレスが問題にしているのは、当然
のことながら、修道院における観想と社会における奉仕活動というような中
世的な問題場面ではありませんでした。彼の『ニコマコス倫理学』において
は、一つのポリスにおいて、自由人がいかにふるまうべきか、ということが
最も基本的な問題だったのです。彼の言う観想的生活とは、世俗を離れた孤
住の、あるいは共同の生活の中で営まれるものではなく、自由市民として労
働から解放されている人々が、場合によって政治活動から距離を置き、「美
しいものや神的なものについて思いめぐらす」[23]ことなのです。観想的生活
に対立するのは、それゆえ彼においては「政治的生活」（bios politikos）[24]な
のであって、労働や製造などの仕事がそこに含まれているわけではないので
す。ハンナ・アレントによれば、「ギリシア人の言う意味では、労働も製造
も、そもそも bios を構成することはできなかった。bios とは、自由な人間
を価値づけるような生活の仕方であり、それにおいて自由が明らかにされる
のである」[25]。「生活」に対立するのは、ここでは何らかの強制された活動で

もすることがない無為な状態を表すわけではない。ヨーゼフ・ピーパー『余暇と祝祭』
（稲垣良典訳）講談社学術文庫 1988 年参照。

22　アリストテレスの文脈では、最後の二つは理由の枚挙であるよりも、このテー
マについての詳論であるように思われる。

23　Aristoteles, *Ethica Nicomachea*, 1177a15.

24　1095b18.

25　Hannah Arendt, *Vita Activa oder Vom tätigen Leben*, Stuttgart 1960, S. 19.

V. 13 世紀

あり、必要に迫られた行為でした。私たちの言う「労働者の生活」は、ここ
に含まれます。

　アリストテレスによれば、観想的生活は、ある意味では「人間の分を超え
た生活」[26] でもあります。それは人間的な生活というよりは神々の生活なの
であって、人間にできることは、ただ自分にできる限りこれに近づく生活を
することだとされるのです。その意味では観想的生活は、現実の生活形態で
あるよりも、生活（bios）というものの究極の理念なのです。この理念に最
も近い生活をしているのは、言うまでもなく哲学者ですが、哲学もまたソク
ラテス以来、基本的に政治的な性格を有していました[27]。要するに観想的生
活とは、政治家（＝自由人）たるものの生活が、何らかそこで意味を与えら
れるような、彼らの生活の理念そのものなのです。

　アリストテレスがこのような生活の理念としての観想的生活を設定する必
要があった理由は、おそらく次のようなことではなかったでしょうか。自由
人のなすべき倫理的・政治的な生活は、確かに労働や製造といった必然から
は解放されていますが、それ自体も、様々な必然性に満ちているのであって、
多くの「外的な善」を必要としているのです。

　　気前のよい人はその気前のよさを実行するために金銭を必要とするし、
　　正しい人も負債を支払うために金銭を必要とする。……剛毅ある人はこの
　　徳によって何ごとかをなしとげるために権力[28] を必要とするし、節制な人
　　は選択の自由を必要とする。[29]

つまり一つの行為において自由であるために、人は別の外的条件を必要と
するのであり、したがってこれらの条件は彼を制約する強制・必然となりま
す。だとすると、どこでそれは（自由な）「生活」と言えるのでしょうか。

26　1177b26.
27　Arendt, op. cit., S. 20.
28　ギリシア語 dynameos は意味の広い言葉であり、能力、権威、武力などの意味を含む。
29　1178a28.

144

それゆえアリストテレスは、どこかで一つ、これだけはほぼ無条件に「生活」という名に値するような生活の形を確保しておく必要がありました。さもなければ、自由な行為としての彼の徳の体系そのものが、その普遍性のよりどころを失ってしまう危険があったのです。先に挙げた八つの、観想的生活が最も幸福な生活であることの理由の内で第四の、観想的生活は必要な外的善が少ないためにより自足的であるということについて、彼はそれに続く章（第8章）でより詳しく再論しているのですが、他の七つの理由が理論的・思弁的な観想規定[30]であるのに対して、この理由は実践的だと言うことができます。「生活」があらゆる外的制約からできる限り解放されている場所、生活が真に生活（bios）でありうるような場所、その場所がなければ、政治的生活もまた、種々雑多な義務と職務の集積へと相対化されてしまうでありましょう。そのことを防ぐために、アリストテレスは観想的生活について彼の倫理学の中で論じておく必要があったのです。言いかえれば、倫理徳とその行為を自由な行為としてとらえるために、この可能性としての観想的生活は必要だったと思われるのです。

4. トマスにおける観想的生活の位置づけ

トマスはアリストテレスのこの枠組みを踏襲します。トマスにおいても観想的生活は活動的生活を意味づけ、それを導くべきものでした。いかなる人間も、何の前提もなくいきなり観想の生活に入ることはありえません。人々は誰でも最初、外的な雑事によって忙殺されていますが、その中からある人々は（活動的生活に属する）倫理徳によって生活を秩序づけ、観想的生活に向かうのです。活動的生活はこうして、観想的生活のための態勢づけ

30　観想が最も幸福な活動であるのは、幸福という概念が、あらかじめそれを含意するように規定されているからである。だからといって、この幸福規定が間違っているとは言えない。実践的にもそれが裏づけうるなら、その規定の正しさは現実性を持ちうる。『エチカ』の全体が、このための大いなる試みである。註20参照。

V.　13世紀

（dispositio）をし、逆に観想は活動的生活に方向づけ（directio）を与えます[31]。

二つの生活の間のこのような順序あるいは秩序（ordo）は、可能態と現実態の関係に等しいのです。活動的生活は時間的に、つまり「生成の順序」（in via generationis）においては、観想的生活に先立っています。しかし本質的あるいは自然本性的順序（secundum suam naturam）においては観想的生活の方が先立ちます[32]。活動的生活を、観想を目的とし、観想へといたる可能態としてとらえることによって、ただそのつどの外的活動の目的に引きつけられ、振り回されていた活動的生活にも統一と意味が生まれてきます。トマスによれば、「活動的生活は魂の内的情念を調停し秩序づけるという観点で考察されうる。そしてこの観点では、活動的生活は、内的情念の無秩序によって妨げられる観想に対して、援助をする」[33]のです。この意味では、本質的には活動的生活に属する倫理徳も、観想的生活に限定的な仕方で属することが可能です。

　態勢的に（dispositive）ということでは、倫理徳は観想的生活に属している。というのは、観想の働きにおいて観想的生活は本質的に成り立っているのであるが、この働きは激しい情念によって妨害されて、霊魂の意図が可知的なものから可感的なものへと引き戻されたり、また外的な騒々しさによっても妨害されるからである。ところが、倫理徳は激しい情念を抑制したり、外的な用事の騒々しさを鎮めたりする。それゆえ、倫理徳は態勢的には観想的生活に属しているのである。[34]

それゆえ、私たちはトマスにおいても、アリストテレスと同じく、活動的生活と倫理徳の内的根拠として、観想的生活とそこでの真理の観想を考えることができます。真理の観想という、そこでこそ人間の知性がその本来の対

31　II-II, q. 182, 4.

32　ibid.

33　q. 182, 3.

34　q. 180, 2.

146

象と向かい合っているとされる場面を前提して初めて、倫理的諸活動は知性に基づく働きとして位置づけられうる、という側面を持つのです。

とはいえ、トマスとアリストテレスの間には、大きな相違も存在します。それは、トマスにおいては、活動的生活とは完全に区別されるような、むしろこれとは対立するような観想的生活もまた問題になっているということです。言い換えれば、観想的な修道生活は、活動的生活に対する別の選択肢（alternative）としても位置づけられているのです。

第182問題第3項、「観想的生活は活動的生活によって妨げられるか」という問いに対して、トマスは二つの答えを与えています。一つは、先に引用したごとく、活動的生活は観想を妨げるのではなく、態勢的に観想への援助をする、というものですが、もう一つはそれが観想への妨げになる、というものです。

> 活動的生活は二つの観点で考察されうる。一つは外的諸活動の学びと訓練に関してである。そしてこの観点では、活動的生活が観想的生活を妨げるということは、人が外的な諸活動に占領されつつ、同時に神的観想の自由を得ることは不可能であるという限り、明白である。[35]

二つの生活がこうして対立した独立的生活でもありうるということは、トマスにおける活動的生活が、アリストテレスにおける「政治的生活」よりも広い概念であり、たとえば他者に奉仕するための労働などもこれに含まれていることと関わりがあるように思われます。活動的生活の概念規定として引用される聖書のマルタという女性は、イエスとその弟子たちの世話に心を砕き、その多忙さのあまりに、イエスの足元で真理の言葉の享受に専念してい

35　観想のためには富や権力のような外的善は必要なく、むしろそれらは妨げにさえなる、ということをアリストテレスも述べている（1178b3）。観想に生きる幸福な人々の生活は、ほどほどの財産の所有（1179a1）ですでに自足しているのである。しかしアリストテレスには、観想的生活に入るために所有を放棄して無一物になるというテーマはない。

た妹のマリヤを、非難することもしているのです。

　この対立は、活動的生活の貶下を意味しません。他者のために仕え、奉仕するということ（ministerium）、すなわち隣人愛の実践は、キリスト教においては、人々の僕・奴隷（doulos, servus）として奉仕の生活をしたイエス・キリストの姿[36]にその模範を置いており、それゆえこれもまた一つの完全性たりうるような行為です。

　それゆえ、トマスにおいてはアリストテレスの場合よりもはるかに、観想的生活と活動的生活の優劣の比較をめぐる問題は、微妙な問題を多く含むことになります。トマスは大グレゴリウスを引用しつつ言います。

　観想的生活は、神への愛であれば何にでも秩序づけられているのではなく、神への完全な愛へと秩序づけられているのである。しかるに活動的生活は、どのようなものであれ隣人愛へと必然的に秩序づけられている。それゆえグレゴリウスは『エゼキエル書講解』第3説教[37]で以下のように述べているのである。「観想的生活なしでも、自分にできる善を回避せずに行った人々は、天国に入ることができる。しかし、活動的生活なしでは、つまりもし自分にできる善を行うことを回避したならば、その人は天国に入ることはできない」。このことからも、活動的生活が観想的生活に先立つことは明らかである。それはちょうど、万人に共通なことがらが、生成の順序においては、完全な人々に固有なことがらよりも先立つのと同様である。[38]

36　フィリピ書2章7節。

37　グレゴリウスのこの説教（Homiliae, lib. 1, homil. 3, PL 76, 806）は、エゼキエル書1章6-10節の、ケルビムと呼ばれる四つの顔と四つの翼を持った生き物について語られた箇所の講解である。グレゴリウスによれば、四つの顔（人間、獅子、牛、鷲）は信仰の知識である四つの福音書を、翼はそれに向かって飛翔するための観想を表している。また翼の下にある四つの手は、四つの徳、知慮、剛毅、正義、節制と、それによって代表される活動的生活を表すとされ、以下、観想的生活が活動的生活に優越することの理由が種々述べられている。

38　q. 182, 4, ad 1.

　活動的生活は、場合によっては観想的生活よりも優れたものでもありえます。

　ある人が、活動的生活のわざにおいて、他の人が観想的生活のわざにおいて積むよりも多くの功徳を積むということは、起こりうることである。たとえば、神への愛の横溢のゆえに、ある人が、神の意志が神の栄光のゆえに満たされるために、時折神を観想する甘美から離れることを甘受する場合がある。たとえば使徒パウロも『ローマの信徒への手紙』[39]で、「私自身、わが兄弟たちのために自分がキリストから呪われることを望んだ」と述べている。この言葉を解説して、クリュソストモスは『痛悔について』[40]において次のように述べている。「キリストへの愛が彼の精神のすべてにあふれたために、彼は自分にとっては他の何よりも喜ばしいこと、すなわちキリストと共にあることでさえも、キリストの好意を得るために軽視したほどであった」。[41]

　しかし、観想的生活の全般的な優位は動きません。真理の観想は「神をそれ自体として愛すること」に属していますが、活動的生活は「（神のゆえに）隣人を愛すること」に属しており、この二つの愛の間の順序・秩序[42]が動かない限り、観想的生活は活動的生活よりも類的に（ex suo genere）優れているのです[43]。

39　ローマ書 9 章 3 節。パウロがここで述べる「わが兄弟たち」とは、彼の同胞であるイスラエル民族を意味している。キリスト教会では、この「イスラエル」を選択的に「教会」と解釈することによって、ある意味で普遍化したが、それによって失われたものも大きかった。

40　De Compunctione, lib. 1, PG 47, 405.

41　q. 182, 2.

42　II-II, q. 27, 8.

43　q. 182, 2.

V.　13 世紀

5. 両生活の区別と秩序

　トマスにおいて、私たちは二つの生活の独立と、にもかかわらず両者の間
にある秩序の両方を見出します。このことは、ある社会的広がりをもって考
えると、奴隷制の肯定を前提とした上での古代ギリシア人の市民的自由に対
する、中世キリスト教の理想の相違として見ることができます。すなわち、
キリスト教の理想においては、およそすべての人々が神の前で自由なのです
が、同時にすべての人々が神の一元的支配のもとにあり、その意味で神の僕
（servi）[44]なのです。神を自由に愛すること、いやむしろ神を、すなわち真理
そのものを愛する自由を獲得することは、この神に僕として仕え、奉仕する
こととしての隣人愛の前提であり、また目的でもあります。その点で、両者
の間には秩序があります。しかし神へと向かう運動（観想）が神から出る運
動（活動）と区別される限り、この二つの生活は別の生活でもあります。こ
のことを物語るのは、天使たちにおける観想と活動について述べたトマスの
次のテキストです。

　　観想的生活は、すでに述べたように、とりわけ神の観想において成立
　している。そしてこの限りではある天使が他の天使を教えるということは
　ない。なぜなら、『マタイによる福音書』[45]で、下位の序列にある「小さな
　者たちの天使」について、「彼らはいつも父の御顔を仰いでいる」と語ら
　れているからである。同様に、将来の生においても、人々の誰一人とし
　て、他の人に神について教えることはなく、むしろ『ヨハネの手紙一』[46]
　にあるように、すべての人々が「神をありのままに見る」であろう。……

44　キリスト教が人間を「神の僕」としたことについてニーチェは「奴隷の道徳」と
　　嘲笑したのだが、侮蔑と嘲笑を高貴な人間の特徴と考えたこの哲学者は、逆に奴隷
　　的な人間（民衆、女性）を常に必要としており、ネガティブに依存していた。Cf.
　　Die fröhliche Wissenschaft, S. 135, 363, 377.
45　マタイ福音書第 18 章 10 節。
46　Ⅰヨハネ書 3 章 2 節。

　しかし、神に仕える奉仕（ministeria）の配分に関わることがらについては、ある天使が他の天使に、浄め、照明し、完成することによって、教えるということがある。そしてこのことに関しては、彼らは、世界が続く限りは、活動的生活の何ほどかを有している。それは、彼らがより下位の被造物の管理（administratio）にたずさわるからである。このことは、ヤコブが梯子を「のぼる」天使たち——それは観想に属している——と、梯子を「下る」天使たち——それは活動に属している——とを見たことによって示されている。しかし、グレゴリウスが『道徳論』第 2 巻[47]で述べているように、「彼らは、内的な観想の歓びを奪われるような仕方で、神を見ることから離れ去ることはない」。それゆえ、われわれにおいては、活動的なわざによって観想が妨げられるのであるが、天使たちにおいては、活動的生活は観想的生活から切り離されないのである[48]。

　ここでは、ある意味では天使たちはギリシア人の理想とした哲学者たちに似ています。彼らは真理の観想に生きつつ、同時にその真理に促された政治的・管理的活動を行うのですが、その両者は別の生活でありつつも、それが彼らの中で矛盾や対立をもたらすことはありません。しかし現世に生きる私たちの場合には、二つの生活は往々にして対立し、現世的な何かを目的としそれに秩序づけられた活動は、観想の妨げとなりえます。現世に肉体を持って生きていることの制約、また私たちの知性自身の弱さから来る制約が、ここではより重大なこととして受けとめられているのです。

　観想的生活が活動的生活と独立的・対立的に区別されるということは、私たちがその両者の間でどちらかを選択するという、新しい倫理的問題を惹起します。具体的・社会的には、それは世俗の生活やそこでの地位・役割を放棄して修道生活に入るという決断の問題として起こってきます。またすでに修道生活に入った者にとっては、それは教区の司祭・司教や宮廷の官僚とし

47　Moralia, lib. 2, cap. 3, PL 75, 556.
48　q. 181, 4, ad 2.

V. 13 世紀

て世俗に奉仕する仕事を依頼された場合に[49]、それを受けるかどうかという
決断の問題として起こります。これらの決断の時は人々の人生の節目節目に
訪れるのであり、そこでは人は、知性の本来の対象であるべき神の観想に生
きるか、それとも隣人愛に基づく世俗への奉仕に生きるかという問いの前で、
自己自身の知性と人間としての生活の吟味を迫られるのです。
　そしてさらに、この選択肢が存在するということ自体が、人間の倫理的行
為の全体に影響を及ぼさないではおかないように思われるのです。すなわち、
現世で活動的生活をするということは、人間にとって何ら必然ではなく、む
しろそれはある根本的に自由な決断に基づくことがらだということ、したが
って、そこで彼を律する倫理もまた、逃れられないような強制的義務ではな
く、ある基本的な合意に基づくことがらだということです。観想的生活を別
の選択肢（alternative）にすることによって、トマスの倫理学とその体系は、
アリストテレスとは少し違った仕方で、自由の倫理学となるように思われる
のです。倫理的行為のすべてがある意味で相対化されるような、より高い境
位が観想の中に、すなわち神へと向かう認識の中にあるということ、そのこ
とは倫理学の限界を指し示すと同時に、それを全体として意味づけてもいる
のです。
　『神学大全』第II部で、トマスはその一般的な徳の倫理学を展開した最後
に、特殊的な倫理学の問題として、預言、異言、脱魂などの賜物、観想的生
活、職務と身分などの問題を扱います。これらが「特殊的な」問題であるの
は、それらがすべての人々に通用することがらではなく、ある限られた人々
に関わることがら（quae specialiter ad aliquos homines pertinent）[50]であるから
ですが、これらの「特殊的な」問題は、単なる補遺（Appendix）のようなも
のではなく、それぞれの仕方で「一般的な」倫理学の問題にも影響を与えて

49　修道院に入った後も、家族などの運動によりこうした公的な聖職を獲得して出
　て行くことは、当時、特に伝統のある古い修道会ではきわめて普通に行われている
　ことだった。
50　q. 171, prol.

152

いるのです[51]。

6. 地上における観想的生活の限界

　それでは、この二つの生活の間の選択に関わることがらについては、トマスはどのように述べているのでしょうか。実はそのことに関しては、トマスは目立って歯切れが悪く、ただ人による傾向と適性の違い、というとことでしか語っていないように思われるのです。

　活動的生活と観想的生活の区別は、人によって異なった目的を志向するという、人間の関心の違い（diversa studia hominum intendentium）による[52]。

　行為に対する衝動のゆえに情熱に走る傾向のある人々は、同様に、霊的な静けさを欠くがゆえに、活動的生活にむしろ適した人々である。それゆえグレゴリウスは『道徳論』第6巻[53]において、「若干の人々は、あまりにも心の静けさを欠いているので、労働から解放されるとむしろひどく苦労するほどである。なぜなら、彼らは思惟のための自由が与えられれば与えられるほど、ますます心の悪しき混乱に耐えなければならないからである」と述べているのである。他方ある人々は、生来、精神の純粋さと観想

51　トマスがこの観想的生活と活動的生活について論じたもう一つの著書、『命題論集註解』では、この論考は、聖霊の七つの賜物（畏れ、剛毅、敬虔、知恵、知性、学知、思慮）についての一連の論考の、前の三つと後の四つの間に、それを割って挿入されている。ロンバルドゥスのテキストには観想的生活と活動的生活についての論考がないので、この挿入はトマスが行ったものである。その理由はおそらく、以下の知性的な賜物を論じるために、この論考が生きるということだと思われるが、テキストを読む限りでは、大して生かされたようには思われず、この挿入には謎が残されている。しかし、観想的生活と活動的生活というテーマが人間の生活の全体に関わるものである限り、どの場所に挿入してもその直前直後の文脈からは浮くことになるであろう。

52　q. 181, 1; cf. q. 171, prol.; q. 179, 1.

53　Moralia, lib. 6, cap. 37, PL 75, 761.

に適する静けさを有している。もし彼らが完全に活動だけをするよう任じられたなら、それは彼らに害を与えるほどである。それゆえグレゴリウスは道徳論』第6巻[54]において、「ある人々の精神はあまりにも余暇に満ちているので、もし彼らを多忙な労働が捕らえたならば、働き始めたばかりで倒れてしまうほどである」と述べているのである[55]。

これまで述べてきたような、観想的生活と活動的生活の間の秩序からすれば、すべての人々が、先ず第一には（倫理徳によって態勢づけをしつつ）観想的生活を目指すべきであり、しかる後に、なお余裕のある人はもう一度活動的生活の隣人愛を実践すべきだ、ということにならないでしょうか。観想的生活がそれ自体として、活動的生活よりも「より重要であり」[56]、「より功徳が大きく」[57]、しかも究極的な「歓び」があり[58]、それが「持続的」でもある[59]とするならば、万人がそれに関わるべきではないでしょうか。それが論理一貫した答えではないでしょうか。活動的生活を選ぶべき理由は、ここでは常にある消極的な、「ある限られた意味で、場合によって」[60]でしかありません。それなのになぜ、観想的生活は、それに適した「完全な人々」[61]にのみ属するのでしょうか。トマス自身もまた、その知的生涯の大きな部分をパリ大学教授として送ったのであり、その時期も観想的生活と離れてはいなかったものの、全体としては活動的生活の中にあったと言えるし、そのことを彼は自覚していました。[62]

---

54   ibid.
55   q. 182, 4, ad 3.
56   q. 182, 1.
57   q. 182, 2.
58   q. 180, 7.
59   q. 180, 8.
60   q. 182, 1.
61   q. 182, 4, ad 1.
62   トマスはパリ大学講師、教授として前後10年間ほど教えており、また教会や修道会の顧問としての活動をしている。この点、第181問題第3項で、教えること（docere）は活動的生活と観想的生活のどちらに属するかを論じた箇所が興味深い。

154

　すべての人々が修道院入りをして観想に明け暮れたら、社会は崩壊し、修道院も結局は存在の基盤を失う、と言うことはできましょう。しかしそのような外的・社会的な理由ではなく、ことがらに内在するような理由はあるのでしょうか。トマス自身は明言していないのですが、それは結局、真理の観想ということがらが、人間にとっては、真に実現することがほとんど不可能に近いような困難な課題だったからだ、と言うしかないように思われます。

　観想的生活に主要的に関わっているのは、神的真理の観想である。なぜなら、かかる観想こそすべての人間の生命・生活（vita）の目的であるからである。それゆえアウグスティヌスは『三位一体論』第 1 巻[63]で、「神の観想はわれわれに、すべての行為の目的として、また喜びの永遠の完成として約束されている」と述べるのである。この観想は、きたるべき生においては確かに完全であり、そこではわれわれは神を「顔と顔を合わせて」見るであろう。それゆえこの観想は、完全に至福な人々を生み出すであろう。しかしこの世では（nunc）神的真理の観想はわれわれには不完全に、つまり「鏡を通しておぼろげに」[64]しか与えられない。それゆえ、この観想によってわれわれに生じるのは、ある種の不完全な至福である。この至福は現世で始まり、来るべき世において目的に達するのである[65]。

　観想的生活は、何か超自然的な助け[66]でもない限り、この世では決してその目的にまで達することはありません[67]。それは永遠に向かって絶えず跳躍をしつづけるような、恐るべき行為なのです。観想の働きを、トマスはディ

　　トマスの答えは、教えることはその内容に関しては観想的生活に属する場合があるが、誰か他の人に教えるという点では活動的生活に属する、というものである。

63　*De Trinitate,* lib. 1, cap. 8.
64　Ⅰコリント書 13 章 12 節。
65　q. 180, 4.
66　トマスがそのような超自然的な神の直接的な認識として考えているのは、Ⅱコリント書 12 章でパウロが語っている「脱魂」（raptus）である。Cf. II-II, q. 175.
67　q. 180, 5.

V.　13 世紀

オニシウス[68]に依拠しつつ、円環的、直線的、らせん的の三つの運動の比喩によって説明するのですが[69]、これらの知性の運動は、ディオニシウスの文脈が語っているように、本来は天使たちの知性認識に属するものであり、人間の知性にはある限られた仕方でしか適用できません。それでもなお、観想は、天使的な「神的本質の直観」に、途上の生の中では最も近い行為なのです。

それゆえ、観想的生活は、それがどんなに知性としての人間にとって願わしい本来的な生活であっても、地上にある限りは、それは少数の限られた人々だけが実現しうる生活であり、その彼らにしてもこの地上でそれを完成することは不可能な、ただ将来の生における完成を期待するしかないような生活なのです。この点では、地上的なものに目的を置く活動的生活が、そのつどの目的への到達を期待できるのとは対照的です。

7. 現代人は何をここから学ぶか

私たちは中世思想における観想的生活の優位という問題を、トマス・アクィナスの倫理学におけるその位置づけという観点から見てきました。観想的生活は、現実的には少数の人々にのみ可能な「神への開け」ですが、それはすべての人間の活動的生活に方向づけを与え、倫理学の全体に意味を与えるべきものとしてある、というのがここでの結論です。私たちは最後に、このような中世における「観想の優位」という思想について、二つの問いかけをして、今後の研究に備えたいと思います。一つは批判的な問いかけであり、もう一つは同じく批判的ではありますが、その批判は現代へと向けられたものです。

真理の観想とは、神をそれ自体として愛することだ、とトマスは述べます[70]。ここで「それ自体として」(secundum se) とは、あらゆる媒介を超えて、

---

68 *De Divinis Nominibus*, 4, 8 (PG 3, 704)。

69 q. 180, 6.

70 q. 182, 2.

神的本質の直視にまで到達することを意味しています。しかし同時に、トマスはそれが地上にある限りでの人間にはおよそ不可能な難事業だということを、誰よりもよく知っていました。地上の人間にとっては、媒介的な認識（事物からの抽象による理性的認識）[71]こそ自然本性に適合したあり方なのであり、したがって自らに与えられた（身体を含む）能力を最大限に活用できるあり方です。だとすると、トマスはなぜ、そのような不可能を超えてまで、観想的生活の独立にこだわるのでしょうか。むしろ観想的生活は、活動的生活との適度の関係の中にあることこそ望ましいのではないでしょうか。地上的な様々な目的に引きつけられ、それらによって場合によっては混乱させられ、翻弄され、妨害されつつも、まさにそれらの中に神とその働きを発見すること、その方が人間の分に適ったあり方であり、トマス自身がその仕事の中で遂行したことも、実際にはそのことではなかったのでしょうか。そのような疑問が湧いてくるのです。

　ある意味では、人間は隣人愛に生きれば、それで十分ではないだろうか、と言うこともできます。神をそれ自体として知る、というような大それた野望は持たず、ただそれは神の恩寵的啓示の中に予感し、あるいは将来の生に期待しつつ、地上では活動的生活に生きるということ、それが本来のキリスト教的な生活の姿であって、独立的な観想的生活というのは、二元論的な悪しき抽象、神からの流出と帰還という新プラトン主義の構図から由来する幻影ではないのか、そのようにも思えてくるのです。

　しかしこの観想的生活への疑問と批判は、他方で私たちが現代という時代を見つめるときに、逆の意味での反省を呼び起こすものでもあります。すなわち現代は、あまりにも観想的生活の可能性を忘れ去った時代、言い換えれば永遠者への開けを持たない時代ではないでしょうか。神は予感され、期待されることすらなく、ただ棚上げされたままで、私たちは活動的生活（active

---

71　「抽象」（abstractio）とは、トマスの認識理論においては、能動知性が感覚的表象から可知的スペキエスを引き出すことであり、認識の対象として質料的事物を必要とする人間に特有の認識である。これに対して、可知的なものを直接に認識する天使的な認識は、「直観」（intuitus）と呼ばれる。

life）という名の実利的・実用的生活に終始してしまっているのではないでしょうか。私たちは自分が人間であることに何の疑問も持たず、私たちの学問は自身を超える真理の可能性には目を閉ざしたまま、自らに居直っているのではないでしょうか。

　観想的生活という別の選択肢を持たない活動的生活は、結局は本来の意味での活動的生活（神のゆえに隣人を愛すること）でもありえず、どんなに理性的な言葉でその外観をよそおっても、その密かな目的を自らの欲望の充足に置いた悦楽的・動物的生活に帰着するのではないでしょうか。その疑問がある限り、私たちはトマスの提示した観想的生活の可能性を否定し去ることができません。人間が神的本質へと直接的に開かれ、そこで彼の知性としての探求がその目的地に到達し、知性が完全に充足されるということ、すなわち見神（visio Dei）の可能性を抜きにしては、およそ私たちがなにごとかを「知る」ということも、積極的な意味を持ちえないように思われるのです。

　私たちはトマスの言う観想的生活への疑問と、逆にそれに触発された現代への疑問と、その二つを並べることで、ここでの論考を終えなければなりません。この問題をさらに展開するためには、トマスの思想全体の、また現代とその思想のより詳しい検討が必要となるからであります。

158

9. 中世哲学から学んだこと[1]

1. はじめに

　昨年度（2013 年度）の後半、9 月から 3 月までのちょうど 6 か月、私は在外研究という名前の休暇をいただきまして、ドイツのミュンヘン大学に滞在いたしました。ミュンヘンは 22 年ぶりだったのですが、以前お世話になった先生方は皆、すでに引退しておられて、特に私がついて習っておりましたヴォルフハルト・パネンベルク教授は、体を壊しておられるということで、お会いすることもできませんでした[2]。そのせいもありまして、私は、この 6 か月間、大学にも多少は顔を出したのですが、ほとんどの時間は、わが家で家内と二人で過ごしていました。つまり私は、休暇というか休養というか、ぜいたくな時間を過ごしたのです。学校に行かない日は、ドイツ語の本の翻訳[3]をしたり、これまでの説教をまとめたり、論文を書いたり、それからもちろん毎日散歩をしたり、観光をしたりして、楽しい時間をたくさん持ちました。

　12 月に、神学部長の天野先生から、この開講講演をするようにご依頼をいただきましたときに、私はいろんな可能性を考えたのですが、この機会に、これまで自分が専門に勉強してきた中世哲学のお話をしてみようと考えたのです。中世哲学を研究して学ぶということは、自分にとって何を意味しているのだろうか。特にこの、西南学院大学神学部という、日本バプテスト連盟

1　本章は、同名の 2014 年度西南学院大学神学部開講講演（2014 年 4 月 3 日）に多少の変更と脚注を加えたものである。

2　その後パネンベルク先生は 2014 年 9 月に逝去された。

3　ハンス・キュンク『キリスト教思想の形成者たち——パウロからカール・バルトまで』（片山寛訳）新教出版社 2014 年（原著 Hans Küng, *Große christliche Denker*, Pieper München 1994）。

の教派神学校でもある場所において、私の存在意義（レーゾン・デートル）はどこにあるのだろうか、ということについて、ここで一度、総括してみようと思ったのであります。

　私は西南学院大学神学部教員になってから 12 年になるのですが、その間ずっと、授業においても、こうした講演会やシンポジウムなどにおいても、自分が専門にしている中世スコラ哲学、特にトマス・アクィナスという神学者のお話を、まっすぐに多くの人々にぶつけることができませんでした。というのは、ここにおられる人文学コースの方にはあまりピンと来ないかもしれないのですが、私は自分が一人、この西南神学部の教員たちの中で仲間はずれといいますか、異質な人間であるような気がしていたからです。

　私が専門にしている中世の神学あるいは中世哲学というのは、プロテスタント教会におきましては、長い間、否定されるか無視されるかしてきたものなのです。ルターなどは、論争的な文書においては、彼以前のカトリック教会を、「悪魔の教会」だと表現している箇所もあります[4]。

　つまり歴史的に言うならば、宗教改革の教会（バプテストもそこに属しているのですが）というものは、中世を否定することにおいて成立したという一面があります。悪いのは中世だ。中世の悪しき教会と神学を克服して、信仰を一人一人の信者の手に取り戻すべきだ。個人の自覚的信仰が教会の基礎である。カトリックの魔術的な儀式や、豪華なお金集めの教会や、ガウンを着た聖職者中心の教会ではなくて、質素な、小さくてもいいから真面目な信仰の教会を作る。信徒中心の教会を作る。それが宗教改革の主張の中心にはありました。だから彼らは中世の教会や神学を否定しました。

　実際には、ルターやカルヴァンの教会は、中世の教会から非常に多くのこ

4　たとえば、『ドイツのキリスト者貴族に与える書』（1520 年）に次のような一節がある。「そんなことなら、私たちは聖書を焼こうではないか。そして聖霊が内住する——しかも実はその聖霊は敬虔な心以外のどこにも内住しないのであるが——、そのローマの無学な教皇やその一派の人たちで満足しようではないか。実際ローマの悪魔がこのように不当なことを言い立て、徒党を獲得していることを、もし私が読まなかったら、そのことはとうてい私には信ぜられなかったであろう」（印具徹訳、聖文舎 1971 年）。こうした箇所は、その他書簡などにも散見する。

160

とを受け継いでいるのです。現代のキリスト教の基本的要素はむしろ、礼拝にせよ、祈りにせよ、神学にせよ、ほとんどは実は中世からきている。しかし彼らは、意識的にはそれを否定したのです。中世は悪魔的な時代である。神を見失った時代である。その結果、「暗黒の中世」というイメージが、近代人の心にはすっかり定着してしまったと言えます。

　宗教改革と同じ頃に始まった近世あるいは近代という時代そのものも、中世を否定することによって成立したと言うことができます。中世の迷信を払拭して、合理的な理性によって国家・社会を運営していくべきだ、というのが、近代の啓蒙主義の主張の一つであります。中世は迷信の時代であって、自然科学なども発達していなかったし、自然科学者は非常に迫害されていた、という誤解が、近代人の一つの固定観念になっています。たとえば非常に多くの人々が、中世には異端審問とか、魔女裁判というものがあって、ガリレオ・ガリレイなども、地動説（heliocentric theory）を唱えたために、中世の教会の異端審問にひっかかって、殺すぞと脅されて、やむなく自説を撤回せざるをえなかった。しかし彼は、小さな声で「それでも地球は回っている」と呟いたという、実は大部分は近代になってから造られた作り話を、今でも本気で信じている人々が大勢いるわけであります。

　ガリレオが、「それでも地球は回っている」と言ったというのは、史実ではありません（125年後のジュゼッペ・バレッティ［Giuseppe Baretti, 1719-89］の1757年の著作が初出）。しかしこの言葉は、今でも、中世の教会の悪しき権力に対する自然科学の闘いの象徴のように語られることが多いのです。

　ガリレオ裁判について語ることは、今日の主題ではないのですが、そもそもガリレオ（Galileo Galilei, 1564-1642）という人は、17世紀の人間であって、中世の人ではないのです。ガリレオ裁判（1633年）というのは、明らかに近世の出来事であって、イギリスでバプテストが誕生していたのと同じ時代のことなのです。ガリレオに対する異端審問も、地動説が問題になったというのは表面的なことであって、現実にはローマ教皇とフィレンツェのトスカナ大公（メディチ家）の政治的なかけひき（非常に近世的）にガリレオが巻

き込まれたというのが真相です[5]。ですから、ガリレオの異端審問を理由にして中世の教会を考えることは、まったくの時代錯誤であります。

　ガリレオよりも 100 年以前に地動説を唱えたニコラウス・コペルニクス（1473-1543）は、ポーランドの聖職者でありましたが、15 世紀後半から 16 世紀前半、つまり宗教改革者マルティン・ルターと同時代に生きた人ですので、半分ぐらいは中世人だったと言えますが、彼は地動説によって処罰されることはありませんでしたし、その著書『天体の回転について』も、禁書にはなっていません。科学史家の村上陽一郎さんによると[6]、コペルニクスは処罰されるどころか、ローマ教皇からその科学的業績を表彰されてさえいるというのです。

　中世という時代と、中世の神学については、近代に創作された非常に多くの歴史的な誤解があります。その誤解は、多くの研究者たちが誤解だったと気づくようになった現代でも、人々の心からまだ拭い去られていないのです。

　そういうわけで、これまでは何となく気おくれのようなものがあったのですが、私はここで、声を大にして言いたいのです。中世を学ぶことは非常に重要である。それは神学を学ぶためには、欠くべからざる学びである、と言いたい。私が学生として神学部で学んでいた当時は、教理史の時間には、2 世紀から古代末期のアウグスティヌスまでやって、そのあと中世を 30 分ぐらいで、神学者たちの名前だけあげて通り過ぎて、マルティン・ルターの宗教改革に行くことになっていました。とんでもないことであります。

　理由を二つ述べます。その二つは結局一つのことなのですが、キリスト教の歴史の中で、中世のキリスト教というのは、大きな川の中流にある、湖のようなものだと思うのです。古代世界においてキリスト教は始まったのですが、その源流（ユダヤ教のみならず、ギリシア哲学や、地中海世界の諸宗教など、多くの源流）から様々な流れが出ていて、それらの流れは結局合流して、中世という大きな湖に流れ込んでいった。だから私たちは、中世のキリ

5　ジョルジュ・ミノワ『ガリレオ――伝説を排した実像』（幸田礼雅訳）白水社文庫クセジュ 2011 年参照。

6　村上陽一郎『科学史からキリスト教をみる』創文社 2003 年参照。

スト教神学を学ぶことによって、最初期の（古代の）キリスト教やギリシア哲学の教えが持っていた様々な可能性の中で、中世には何が実現し、何が失われたのかを、歴史的に理解することができるのです。中世を飛び抜かして古代だけをやっていると、それがわかりませんので、結局私たちは、現代の価値観によって古代を取捨選択して、讃美したり、裁いたりするというだけに終ってしまうと思います。

　古代の、最初期のキリスト教というのは、圧倒的少数派でした。ですから、聖書が語っておりますことは、本当に突き抜けたようなすごさがあって、今でも私たちを揺り動かす根源的な力なのですが、古代の世界において、それが社会的に実現していたわけではありません。小さな、キリスト教会の内部だけで、部分的に実現していたり、あるいは掛け声だけで実現していなかったり、という状況でした。たとえば、最初期の教会においては、女性たちが男性と同等に、あるいは男性以上に活躍していたと思われるのですが、早くも 2、3 世紀には、それはほとんどなくなってしまいます。つまり 2、3 世紀にキリスト教徒の数が次第に増え続けると共に、当時の一般社会に合わせて妥協していったのです。その様子は、その当時多かった、新約聖書本文の改変の歴史の中に現れています[7]。

　それに続く時代、古代の末期は、キリスト教の成長の時代です。様々な困難を経て、いよいよキリスト教がローマ帝国社会の多数派になった、というところで古代は終わりました。というのは、その時点（476 年）で、古代ローマ帝国世界そのものが弱体化し、分裂し、崩壊してしまったからです。

　ですから、中世というのは、東西ヨーロッパのキリスト教の教えにもとづく社会が、ゆっくりとではありますが、本格的に形成された時代であります。ですから、古代の理想の何が実現され、何が失われたのかを、私たちは中世の神学を学ぶことによって知ることができるのです。中世のキリスト教神学には二つの形があって、ここでは、私は西方教会、つまりローマ・カトリック教会の中世の神学のお話しかしませんが、東方教会、つまりビザンチン神

7　バート・D・アーマン『捏造された聖書』（松田和也訳）柏書房 2006 年、225 頁以下参照。

学も非常に大事です。

　中世を勉強すべきもう一つの理由は、近・現代のキリスト教と神学との関係です。中世のキリスト教は、私たちの直接の過去であります。私たちはともすると、自分が古代のキリスト教、つまり聖書の世界と直接につながっていると錯覚してしまうのですが、私たちの直接の故郷は中世という時代であって、この大きな湖から、近代の様々な流れは流れ出ているのです。ですから私たちは、中世を批判してももちろんいいけれども、否定したり忘れてはいけない。それを忘れて、私たちが中世を飛び抜かして考えていると、自分自身の姿も見えなくなってしまうと思います。つまり自分たちが、中世の後、近代という時代に、何を獲得したのか、そして逆に何を失ったのか、ということがわからなくなってしまう。そのように思います。たとえば、バプテスト教会は近代において何を得たのか、そして何を失ったのか、ということです[8]。

　それは、自分自身の姿を見ることができないということです。たとえばバプテスト教会が、どのような意味で優れていて、どのような意味でおかしいのか、それがわからないままでは、将来のために自分を修正することもできないはずです。あるいはバルト神学が、どのような意味で優れていて、どのような意味でおかしいのか[9]、それを見るための一つの鏡が、中世の神学だと

8　私見では、バプテストが得たものは個人の自覚的信仰という理念、失ったものはそれ以外のすべて、つまり非自覚的な信仰である。私たちはそのような信仰を批判してもいいのだが、それがあることを否定すべきではない。自覚的信仰は、非常に豊かな非自覚的信仰を基盤として、そこから生命を得ているからである。それを否定した結果として、たとえばバプテストでは、知的障碍者のバプテスマが困難になっている。あるいはバプテスマは必要か、という問いが難問になる、という現象がある。『シンポジウム　バプテスマを考える――西南学院大学神学部ミッション・デー報告』西南学院大学神学部 2011 年参照。

9　バルトは、あの時代のプロテスタント神学者としては例外的に、中世を射程に入れた神学をした人である。弁証法神学と呼ばれたグループの他の代表者たちは、ゴーガルテンにしても、ブルンナーにしても、ブルトマンにしても、近代の枠内で動いているにすぎない。キュンク、前掲書（註2）314 頁以下参照。しかしバルトも十分ではなかった。彼の後の世代の神学者たちは、バルトよりも中世の文献を研究する手段をたくさん持っていた。エーベリンク、ユンゲル、パネンベルクなどは、

164

私は考えているのであります。

2. 観想的生活への憧れ

　中世の神学の基本的要素の中で、今、改めて想起したいものはたくさんあるのですが、一つの例をあげて、お話をしたいと思います。

　皆さんのお手元にお配りした資料の中に、一つの文章（以下）が載っています。それは、私が学んでおりますトマス・アクィナス（1225-1274）という中世哲学者の言葉です。ここでは、その言葉を説明するという仕方で、中世哲学・中世の神学から、私が学んだことの一つについてお話をしたいと思います。

　それは、『神学大全』第 II-2 部第 180 問題第 4 項からとった言葉です。

　　観想的生活に主要的に関わっているのは、神的真理の観想である。なぜ
　なら、かかる観想こそすべての人間の生命・生活の目的であるからである。
　それゆえアウグスティヌスは『三位一体論』第 1 巻で、「神の観想はわれ
　われに、すべての行為の目的として、また喜びの永遠の完成として約束さ
　れている」と述べるのである。この観想は、きたるべき生においては確か
　に完全であり、そこではわれわれは神を「顔と顔を合わせて」見るであろ
　う。それゆえこの観想は、完全に至福な人々を生み出すであろう。しかし
　この世では（nunc）神的真理の観想はわれわれには不完全に、つまり「鏡
　を通しておぼろげに」（I コリント書 13 章 12 節）しか与えられない。そ
　れゆえ、この観想によってわれわれに生じるのは、ある種の不完全な至福

　　その視点からバルトを批判することができたのではないだろうか。とはいえ、バル
　トの優れていた点は、彼が中世の神学者たち（アンセルムスやトマス・アクィナス）
　を客観的に研究し理解したというよりは、彼らと全力で格闘したという点にある。
　この点で、前記のバルト以後の神学者たちは、バルトに及ばない。私見だが、バル
　トの優れていた点は、信仰の客観的根拠を個人の自覚とか自己意識（シュライエル
　マッハー）にではなく、イエス・キリストに置いたことであり、残念な点は、自然
　神学を（批判のみならず）否定してしまったことではなかったろうか。

である。この至福は現世で始まり、来るべき世において目的に達するのである。

　ここでは、観想的生活（vita contemplativa）について語られています。「観想」（contemplatio）というのは、簡単に言えば、心を集中して神を見るということです。神のことを一心に集中して考える。また神の造られた世界について、その本質、自然本性（natura）について心を集中するということです。神とは何だろうか、人間とは何だろうか、そして世界とは何だろうか。それに集中して思いめぐらすことを「観想」と言います。ですから、観想的生活というのは、具体的には修道院生活のことです。修道院に入って、世俗的な生活からは遠ざかって、可能なかぎり一日中、ただ神のことを学び、神のことを想うという生活です。トマスは、これこそが、本来的に言えば人間の生活の理想だとしているのです。一行目の終りのところに書かれていますが、「なぜなら、かかる観想こそすべての人間の生命・生活（vita）の目的であるからである」。

　トマスのみならず、古代の末期から近世の初めごろまでの神学者たちは、そのほとんどが、人間の最高の行為は、神のことを観想することだと考えていました。もちろん、それは普通の人間にはなかなか実現できない理想です。たとい修道院に入ったとしても、修道院そのものが運営されるためには、修道士は静かに観想するだけではなくて、最低限の労働もしなければなりませんし、食事の支度とか、書物を筆写するとか、礼拝の準備をするなど、共同体のための活動的生活（vita activa）はどこかに残り続けます。しかしトマスがこの文章の後半で述べておりますように、修道院生活は、たとい不完全ではあったとしても、それはこの世では最も幸福に近い、神を「鏡に映して見るように、おぼろげに見る」ということだったのであります。

　これは余談ですが、「鏡に映したようにおぼろげに」というのは、聖書の言葉でありますが、現代のように、はっきりと明瞭に映る鏡のある時代には、あまりピンときません。現在のようなガラス製の鏡が発明されたのは、中世の終わり、14世紀だと言われます。それ以前は、青銅鏡のように、金属の

表面をつるつるになるまで磨いたものでしたので、ぼんやりとしか映りませんでした。トマス・アクィナスの時代（13世紀）には、ガラスの鏡はまだありませんでしたから、トマスはこの聖書の表現、「鏡に映したようにおぼろげに」を、言葉通りに受け取ることのできた世代に属しています。

　神のことを観想することが、人間にとって最高のことがらである――それは私たち現代人の考え方とはずいぶん違います。私たちは一般に、そのような、何もしないでただ考えるということが、最高のことがらだとは考えない。まあ、たまに修養会などをして、そういうぜいたくな時間を持つことは、心の健康にもいいけれども、ずっとそれを続けることはできないと考えるのが普通です。むしろ、そんな生活を続けるよりも、隣人のために何かいいことをするという方が、立派な行為なのではないか。たとえばホームレスの人々を助けたり、病人の看護をしたり、被災地の救援に行ったりすることの方が大事なことであり、尊いことではないだろうか。

　それにももちろん一理はあります。トマスもそのような隣人愛の活動を否定しているわけではありません。しかし、隣人愛の根底には、神への愛がなければならない。神への愛にもとづかないような隣人愛は、本当の隣人愛とは言えない、と考えるのです。マタイ福音書22章34-40節の二つの愛の教え[10]が、その根拠になっています。要するに、隣人愛は、神への愛によって支えられるのでなければ意味がないと言っているのです[11]。隣人愛は神への愛を、自身の前提として必要としている。しかし、神への愛の方は、必ずしも隣人愛を必要としていない。いやむしろ本当に聖なるものというのは、あらゆる人間的なものを超越したところで見えてくるのだとも考えられますので、そこでは場合によって、隣人愛でさえも切り捨てるということがあるのです。

10　並行記事として、マルコ福音書12章28-34節、ルカ福音10章25-28節を参照。

11　ここで詳述することはできないが、ここには、アウグスティヌス、大グレゴリウス、クレルヴォーのベルナールとつながる、この聖書箇所の解釈の伝統がある。すなわち、ただ単に二つの愛を並べるのではなく、第一の愛こそ第二の愛の根源であるとする伝統である。

V．13世紀

　つまり究極的に言えば、たとえば私が、ある日突然、家族の前から蒸発して、たった一人で人里離れたところに行って、ひたすら神に心を傾けて、祈り続け、神のことを想い、そのまま誰知ることもなく野垂れ死にして死んでしまう。それが極端に言えば観想的生活の理想の姿なのです。古代の終りごろに、「隠修士」（anachoreta）と呼ばれる人々が出てきて、それがキリスト教における修道院制度のもとになるのですが、彼らは明らかに、そういう生き方を理想としていました。

　私は現代人として、一方では、こうした古代・中世の考え方に対して疑問を持ってもいるのです。いくら神への愛と言っても、それがその人の内部だけで自己完結してしまって、他の人々のためにということがなければ、それはほとんど意味をなさないのではないだろうか。それは一種の自己満足であり、本当の神を愛するというよりも、結局は自分の中で作り上げた虚像の神を愛することであり、偶像礼拝の恐れさえあるのではないだろうか。そんなふうに感じている私が一方にはいるのです。

　しかし他方では私は、古代・中世の偉大なキリスト教の先達たちが、まさに本気でそのように考えていたということを否定できないのです。勉強すればするほどそのことがわかります。新約聖書の中のパウロのフィリピ書1章に、このような言葉があります。

　　キリストこそ私の生であり、死ぬことは私の益である。しかし肉において生き続ければ、良き実りを作り出せる。どちらを選ぶべきか、私にはわからない。私は両者から強く迫られている。私にとっては世から去ってキリストと共にある方がずっと望ましい。しかし肉にある方があなたがたのためにはより必要である。（フィリピ書1章21-24節）

　使徒パウロのこの言葉を聞いて、私たちは戸惑うのです。戸惑わない者があるとすれば、その人は、パウロをよく知らないのです。パウロこそ、初期のキリスト教において最も活動的な人物であったのではなかったでしょうか。彼の生涯は、地中海世界を股に掛けた、旅から旅の連続でした。パウロほど、

168

静かで観想的・瞑想的な修道生活に遠い伝道の生涯を送った人は少ないはずです。そのパウロが、そのような活動的生活よりも、「世から去って」単純にキリストと共にある生活の方が望ましいと心の内で考えていた。「死ぬことは私の益である」と考えていたとすると、いったいこの世の活動とは何でしょうか。それは事情のゆえにやむをえず引き受ける仕事であって、事情が許せば一刻も早く引退して静かな隠遁生活に戻るべきであるような、次善の道でしかないのでしょうか。いったいパウロは本気でこんなことを言っているのでしょうか。これが、活動的人物が時折見せる弱気でないとすれば、一種の自己韜晦のようなものではないのか、という疑問が湧いてきます。

　しかし私は、まさにパウロは「本気」だったと思うのです。いや、パウロだけではなく、古代から中世の終わりまでの思想家たちの発言には、この種の言葉は目白押しで、枚挙に暇がないほどなのです。単なるレトリックだったとはとうてい考えられない。いやたといレトリックだったとしても、それは古代・中世の精神の根底にあるような一つのレトリックなのです。

　こうして、古代から中世へとつながる一つの線がぼんやりと見えてきます。ここで詳しく文献を挙げることはできませんが[12]、観想的生活は、古代には人々の憧れであって、そしてごく少数の人々が、場合によっては自らの死と引き換えに、わずかに実現できたにすぎなかったのですが、それが中世になって修道院制度という形で、社会的に現実化した。それは、ヨーロッパにおいて（東方でも西方でも）、キリスト教が絶対的な少数派から、社会の中心になっていく中で実現していった制度の一つであります。そのプロセスでは、獲得されたものと失ったものの両者があったと思われます。

　古代・中世の（少なくともキリスト教的な）思想家たちは、活動的生活を観想的生活よりも何らか低いものとして見ていました。もちろん、彼らは活動的生活を否定したのではありません。身体的・具体的な活動は、生活のために欠くことのできないものであり、したがって身体によって生きる人間の本性に適っているからです。しかし彼らは、もし状況が許せば、神を観想す

12　拙論「トマス・アクィナスにおける観想的生活と活動的生活」水波朗・阿南成一・稲垣良典編『自然法と宗教2』創文社 2001 年（本書 136 頁以下に再録）、95-118 頁参照。

V. 13 世紀

る静かな生活に入り、真理を認識する無上の幸福を心ゆくまで味わおうとしたのです。

そしておそらく、このような（現代のわれわれにはもはや忘れられかけている）観想の歓びというものが、彼らにおいては人間のあらゆる行為の基準を考える場合に、欠くべからざる支点となっていたのです。すなわち彼らの倫理学の中心に、観想的生活の問題はあったと思われるのです。

3. 古代・中世の思想の背景——寿命の短さ

たしかに、このことは現代人の観点からはわかりにくい点があるのですが、古代・中世の人々の生活を考えると、ぜんぜん理解できないことではないのです。むしろそれによって逆に、私たち現代人が失ってしまった大事なもの、また失いつつあるものも見えてくるように思うのです。こうした古代・中世の思想家たちの思想の背景にあったこととして、私は二つのことを考えております。

一つは、古代・中世の人々は、近現代の私たちに比べて、ずっと短命だったということです。ある研究によると、中世の人々の寿命というのは、もちろん個人差や地域差や時代差がありますけれども、平均すると 30 歳前後だったというのです[13]。中には長生きした人もいるのですが、そういう丈夫な体の人であっても、いったん病気になれば、まず死を覚悟しなければならなかった。人生がそのように短い、たちまち過ぎ去っていくものであったということ、しかも当時は、現代のような病院などありませんから、人々は日常的に、親しい人が死んでいくという場面に立ち会っていました。そのような時代には、人は自分の人生に多くのものを詰め込むことはできません。一つのことをやっていくだけです。そしてそのたった一つのことでさえも、まだ

13　ノルベルト・オーラー『中世の死——生と死の境界から死後の世界まで』（一條麻美子訳）法政大学出版局 2005 年、34 頁、高木正道「近世ヨーロッパの人口動態（1500 ～ 1800 年）」『静岡大学経済研究』4(2)、1999 年参照。高木氏の研究によると、近世も 19 世紀にいたるまで、平均寿命はあまり伸びていなかったようである。

まだその仕事の途中で、自分の寿命の方が先に尽きてしまうことを覚悟しなければならない。そういう時代でした。

　そのような状況を頭に置いて考えると、人々の観想的生活への憧れも、よく理解できるように思うのです。この世のことがらは過ぎ去っていくのですが、私たちが心を静めて神のことに集中しているとき、それはある意味で「永遠」というものに触れているのです。私たちがこの世でした仕事は、すべて消え去っていく。跡形も残らない。個々人の仕事のみならず、この世界そのものが、消滅するという日が、必ず来るでしょう。しかしその中にあっても、私たちが神に触れた、神の言葉に触れて、神をおぼろげにではあっても見た、その幸福な体験だけは過ぎ去らない。それだけは必ず残る。そう考えるのです。そして私たちが死んだ後で、いつかもう一度よみがえったときに、その続きがある。中世の人々はそのように信じたのです。トマスの文章の最後に書いてあるのはそのことです。「この至福は現世で始まり、来るべき世において目的に達するのである」。

　このことは同時に、私たち現代人が失ってしまったものをも示しています。私たちはそのような永遠の世界への感受性を、大幅に失ってしまっているのではないでしょうか。根本的状況は、実は当時とそれほど変わっていないと思うのです。寿命が伸びて、倍以上になったのは素晴らしいことですが、しかしある意味では、単に長く引き伸ばされただけであって、人生が質的によくなったとは言えません。確かに、私たちの身の周りで、人が死ぬ現場に立ち会うことは少なくなったのですが、それは人が死ななくなったのではなくて、死んだ人や死にそうな人々が、巧妙に、私たちの目の届かないところに隠されているだけのことなのです。医療は確かによくなっていて、病気になったからといって、すぐ死を覚悟しなければならない状況ではなくなりました。しかしその代償に、医療のもたらす数多くの新しい苦しみも、私たちにはのしかかっています。寿命が伸びたからといって、私たちの老後に充実した人生が待っていると言えるでしょうか。

　そのような現代の状況について、つまり死を遠ざけてはいるけれども、それから逃れられないという状況について、特に東日本大震災以来、非常に多

くの賢明な人々が気づきはじめていると私は思います。近代人の持っている、あるいは持たされている自己幻想、一種の全能感という幻想から、覚めてきている。ポスト・モダンとはそういうことでもあるのです。給料がいいからといって、大企業に就職して、何十年か働いた後に退職して、というか企業から追い出されて、長い退屈な老後を過ごすよりも、小さくてももっと充実した、できれば生涯続けられるような仕事をしたいと考える人々が増えています。

4. 中世の身分制度

　もう一つ、中世の思想の背景として、中世は非常に制約の多い社会だったということがあります。中世の人々は、封建的な身分制度の中に生きていました。封建的身分とは、つまりは職業のことなのですが、農民なら農民、貴族なら貴族で、同じ職業身分に属する人々の集団があって、その集団の掟には、個人は逆らうことが難しかったのです。身分によって、服装から言葉遣いから、結婚の相手から、ライフスタイルから、お祭などの行事や、学ぶべき教育機関や教育の内容などが決まっていました。この職業身分というのは、近代の企業の雇用とは違って、一生涯続くものです。そして一つの身分に属する以上は、その身分の中の秩序に従わなければなりませんでした。どの身分にも、その身分の指導者たちがいて、またその指導者たちの集団というか、会議のようなものがあって、その決定には逆らえません。
　身分社会というのは、序列のある社会でした。一つの身分の中に序列があって、全員がタテ一列に並ぶような社会です。身分と身分の間の序列、たとえば貴族と農民の間の区別というものももちろんあったのですが、一般的にはあまり意識されてなくて、むしろ身分の中の序列の方が、人々の関心事でした。数多くの身分集団があって、それぞれが別のライフスタイルや教育システムを持っていました。現代と比べると、非常に多様性のある社会ですので、ある意味で面白かったと思います。
　中世は制約が多かったというと、私たちの多くは、それは不自由な、そし

172

て不幸な時代だったと一方的に考えがちですが、必ずしもそればかりではありません。なすべきことが決まっている社会というのは、全体として見れば幸福な人々の多い社会だったとも言えます。一日の労働時間は4時間から6時間ぐらい。競争社会ではありませんから、絞りかすになるまで働かされることもありません。今よりもずっとのんびりした社会だったと思います。現在、世界で最も国民が幸福と感じている国は、ブータンという国だそうですが、中世もそれと似ています。しかし、人々の中には、この身分秩序の制約を、不自由で不幸だと考える人々もいて、その人々にとっては、苦しい社会でした。あるいは一つの身分秩序の中で、たとえばパン屋ならパン屋の同業者組合（Zunft, guild）の中で最下層にある人々にとっては、苦しい時代でした。またあらゆる身分の外に置かれたユダヤ人にとっては、特に12世紀以降は、厳しい時代だったとも思います[14]。

　そういう制約の多い社会だったのですが、例外的に、そのいったん定まった身分から出ることも可能でありました。それが修道院であります。つまり、修道院で観想的生活をするということは、世俗の身分の制約から自由になるということを意味していたのです。もちろん、修道士になれば結婚はできませんし、ある程度教養がないと、聖書を読んだり、長時間観想することもできませんから、その意味での別の制約はあります。せっかく身分から出て、修道院に入っても、勉強が嫌いだったりすると、以前よりもっと苦しいことにもなりかねません。

　余談ですが、ここにおられる新入生の皆さんに申し上げたいのですが、私たちがいるこの「大学」という制度は、「修道院」制度を母体として、中世の12、13世紀ごろに、そこから生まれてきた制度の一つであります。ですから大学には、中世の修道院と同じ要素がかなり残っています。つまり、勉強が大好きな人々にとっては、ここは天国です。勉強に役立つものが、図書館をはじめとして、勉強を助けてくれる教員たちや、各種の授業や、この講演会もその一つですが、その他にもいろんな行事があるからです。しかし勉

14　第一回十字軍（1096年）以後、という意味である。

強が嫌いな人にとっては、大学は地獄みたいなものです。まあ、覚悟してお
いてください。

　中世の修道院制度というものを背景にして考えてみると、トマス・アクィ
ナスの言っていることがわかってきます。トマスはもちろん、勉強が大好き
な人でしたが、自分にとってのみならず、勉強の好きな人にとっても、嫌い
な人にとっても、人間である限りすべての人間にとって、最高の幸福は、神
を知ることだと言うのです。神と言っても、聖書の神だけとは限らなくて、
自然を知ることも、間接的に神を学ぶことです。自然を学ぶこと、そして
数学とか、天文学とか、あるいは音楽とか、様々な学問の中に、間接的に、
神がおられる。真理が存在するところには、神がおられる。真理（veritas,
truth, Wahrheit）とは神の別名だからです。ですからトマスは、神そのものを
学ぶ観想的生活はこの世における最高の幸福な生活なのだと言っているので
す。

5.　近代という時代

　近代になってからは、こうした学問のとらえ方、つまり神の観想と結びつ
いた真理論というものは、次第に顧みられなくなっていきます。神を観想す
るというのは、何かはっきりした結論が出るようなことではありませんから、
いつまでも観想し続けるということになります。それは、近代の人間にとっ
ては、理解できないことでした。

　私の大好きな言葉ですが、トマス・アクィナス自身が、あるところでこう
言ったというのです。「神について私たち人間が知る最高のことがらは、自
分は神を知らないということだ」[15]。いい言葉でしょう。神とは何だろうかと
ずっと考え続けて、その結論は、「わからん」ということだ。「神はわから
ん」ということを発見すること、それが人間にとっては最高の認識だという
のです。しかしそういうものだとすると、もし私たちがいったん、観想の世

15　Thomas Aquinas, *De Potentia Dei,* 7, 5, ad 14.

174

界に入り込んだら、そこから出ることは死ぬまでできないのだとも言えます。

　近代になると、そんなことをしても何の役にも立たないのではないか、それは社会的な無駄である、という考え方が、ゆっくりとではありますが、人々の間に浸透して、王座を占めるようになってくるのです。

　ドイツ滞在中に、私はエル・エスコリアル修道院（Monasterio de San Lorenzo de El Escorial）という、スペインのマドリードから1時間ほどのところにある、1984年に世界遺産に登録された修道院に行きました。これは、近世の初め16世紀に、スペインが世界帝国であった時代に、フェリペ2世（1527-1598）という王様によって建てられました（1563-84）。もう本当に巨大な修道院でありまして、観光ルートはそのほんの一部でありますが、それでも私と家内は、迷路のような建物の中を3時間ほどぐるぐる歩きました。しまいにはふらふらになって、二人で身体を支え合いながら出てきました。フェリペ2世は王様ですけれども、同時に自分は修道士でもありたいと思っていたのです。ですから彼は、一年のうち数か月は、マドリードから二日ほどかけてこのエル・エスコリアル修道院にやってきて、修道士と同じごく簡素な、禁欲的な生活をするのです。しかし実際には王様でもあるのですから、王様が移動するときには大変です。マドリードの宮廷の人々が、大臣や役人や召使たちが全員、王様にお供してこの修道院に滞在して、修道生活の真似事をします。その数は数千人に及んだと思われます。それは、修道生活への憧れが全社会に共有されていた最後の時代だったと言えます。

　それに続く近代という時代には、こうした神の観想への憧れは急速に衰えていきます。17世紀のジョン・ロック（1632-1704）や、ロックから影響を受けた経験論者たちや理神論者たちが、その代表です。J・H・ニューマン（1801-90）は、彼らの考え方は、基本的には功利主義だったと言っているのですが[16]、功利主義とは、何かの役に立つということがなければ、いくらそれが真理であっても、ほとんど無意味ではないだろうか、いやむしろそれは真理ではないのではないだろうか。そういう考え方です。この考え方が、い

16　拙論「ジョン・ヘンリー・ニューマンの『大学の理念』」西南学院大学『神学論集』68(1)、2011年、86頁以下参照。

V．13世紀

ろんな意味で思考の節約を生んで、現代の文明につながっていることは明らかですので、私はそれを一概に否定するつもりはないのです。中世のように、優秀な若い人々が、優秀であればあるほど修道院に入ってしまって、後は神のことだけを考えて生涯を終える、というようなことでは、現代のような文明の発展は難しかったかもしれません。

　ですから中世から近代へのこの歴史の流れは、確かにいろんな新しいものを生み出したと私は思うのですが、そこで失われた貴重なものもある、と私は言いたいのです。その失われたもの、すなわち永遠への憧れを、別の形でいいから何とかして取り戻さなければ、私たちの世界に幸福な社会はやってこないのではないでしょうか。功利主義という、役立たないことは切り捨てる、役立たないことはそもそも考えない、という思考の節約原理が、原発をはじめとして、現実に非常に多くの不幸を生んでいると思うのです。

　今日のお話は、ヴァルター・ベンヤミン（1892-1940）の次の言葉[17]によってまとめられると思います。「かつて起こったことは何ひとつ（歴史から見て）無意味なものとみなされてはならない」という言葉です。それを私は、中世という時代とそのキリスト教にあてはめて考えたと思います。なぜなら、私たちが今なおその中にいる近代という時代は、まさに中世を否定することによって始まったからであります。

17　ヴァルター・ベンヤミン「歴史哲学テーゼ」第3テーゼ。

10. ナフマニデスとバルセロナ討論[1]

1. キリスト教と平和

「キリスト教と平和」という主題については、二つの問題があろうかと思います。一つは思想の問題として、キリスト教は平和を大事にしているか、という問題です。これについては、私ははっきりと、そうだ、と答えることができます。キリスト教は平和を大事にする宗教です。平和が単に好きだというよりももっと強く、平和こそキリスト教の目的であり、キリスト教の存在意義だ、とさえいうことができます。イエス・キリストは「山上の説教」の中で、「平和を実現する人々は、幸いである。その人たちは神の子と呼ばれる」[2]と言われました。そして実際、イエスという方は徹底的に暴力や流血を避ける生き方を実践されて、その結果としてご自身が十字架につけられることを甘んじて受けられました。初期のキリスト教徒は、このイエスの生き方に倣って、「右のほおを打たれたら左のほおを向けよ」[3]「復讐してはならない」[4]という生き方を実践して、ローマ帝国の迫害の嵐の中で多くの殉教者を出しましたが、暴力的抵抗はしなかったと思われます。それゆえ非暴力の平和運動は、まことにキリスト教的な運動であります。世界が平和になること、そのときこそ神の国が地上に来る時だ、そういう信仰がキリスト教にはあります。キリスト教は、イエス・キリストがいつか再びこの地上に来られると

1　2016 年度西南学院大学前期公開講座は、神学部の担当で 5 月 9 日から 7 月 4 日まで毎週月曜日の夕方、西南学院コミュニティー・センターのホールで行われた。片山の担当はその第 5 回、2016 年 6 月 6 日で、「中世キリスト教における平和」と題して行われた。本章はその講演に加筆・訂正を加えたものである。

2　マタイ福音書 5 章 9 節。

3　マタイ福音書 5 章 39 節、ルカ福音書 6 章 29 節。

4　ローマ書 12 章 19 節。

信じることから始まりました。主の再臨を待つ、それが信仰の原点です。その日を待って、その日のために、地上を、主をお迎えするのにふさわしいものにする。平和はそのことに関わっています。

　そもそも旧約聖書の創世記によれば、神は天地万物を6日間でお造りになった後、7日目に休まれたとあります。そこから、キリスト教では一週間というリズムを守っています。6日間働いて、7日目は「安息日」としてお休みになる。で、この「安息」(requies)ということは、やはり「平和」(pax)ということでもあります。平和とは、何もなくてよかったというのではなく、もっと積極的な何かである。平和こそすべてのものの目標である。平和こそすべての被造物の完成である。キリスト教では伝統的にそんなふうに考えてきました[5]。古代末期の神学者アウグスティヌス（354-430）によりますと、天国とは「永遠の平和の国」であります[6]。そしてこの天上の国の平和こそが、地上の私たちの平和の基礎でもある。それは新約聖書によれば、クリスマスの晩に、ベツレヘムの野原で羊飼いたちが垣間見た平和の幻でもあります。「いと高きところには、栄光神にあれ、地の上では平和が、御心にかなう人にあるように」[7]。ですから、思想の問題として、キリスト教は「平和」を大事にする宗教だろうか、と問われれば、私は胸を張って、そのとおりだと言うことができます。

　それでは、もう一つの問題として、キリスト教は実際に歴史の中で平和を実現してきた宗教なのか、ということがあります。「平和を実現する人々は、幸いである」[8]とイエス・キリストがおっしゃったのですが、そのことからすると、宗教としてのキリスト教は真に「幸いな人々」の宗教であったのか、という問題です。

　この問いに関しては、私は先ほどのように胸を張って、そうだ、と答えることができません。キリスト教はその教義の根本において平和を求める宗教

5　アウグスティヌス『創世記逐語解』4, 16, 27ff.

6　アウグスティヌス『神の国』19巻14章。

7　ルカ福音書2章14節。

8　マタイ福音書5章9節。

178

ではありますが、常に平和な宗教だったとは歴史的に言えそうもない。キリスト教が平和的な宗教だったと間違いなく言えるのは、紀元1世紀から4世紀初めまでの、いわゆる迫害時代、つまりキリスト教がマイノリティーであった時代だけであって、ローマ帝国で多数派を形成してからは、平和的であった時代も、そうでなかった時代も、両方あるということなのです。支配的な宗教になってからのキリスト教は、平和や和解の原因になったこともありましたが、国家の暴力に賛成し、そのために祈り、手を貸すということもありました。イエス・キリストを十字架につけて殺した人々と同じことを、まさにそのキリストを信じているつもりの私たちの先祖がしてきたのです。そのことに弁解の余地はありません。

　私が専門にしている中世のキリスト教に関して言えば、たとえば11世紀の終り、第一回十字軍[9]のおりに偶発的に起こった民衆十字軍のユダヤ人虐殺は、教会が直接的にやったことではありませんが、当時のキリスト教に間接的に責任があると思います[10]。またそもそも十字軍そのものについても、これはローマ教皇ウルバヌス2世が呼びかけた第一回十字軍（1096年）から第八回（1280年）まで、合計で8回行われたのですが、当時のカトリック教会がどこまでこれらを主導したのかには、諸説ありますけれども、キリストの名において行われた戦争であることは、間違いありません。そしてイスラームの人々からすれば一方的な侵略戦争に他なりません。もしキリスト教が平和を大事にする宗教だ、などと主張するならば、イスラームの人々はあきれて声も出ないということになるでしょう。キリスト教ほど偽善的な宗教はない、言うこととやることがバラバラだ、と言われても仕方ありません。

　しかしそれとは矛盾するようですが、西欧中世のキリスト教社会というものは、いくつかの例外を除けば、日常的にはおおむね平和な安定した社会で

9　レオン・ポリアコフ『反ユダヤ主義の歴史1　キリストから宮廷ユダヤ人まで』（菅野賢治訳）筑摩書房2005年、63頁以下。

10　同書65-69頁、H・H・ベンサソン『ユダヤ民族史3　中世篇1』（村岡崇光訳）六興出版1977年、66-69頁、Nachum T. Gidal, *Die Juden in Deutschland,* Köln 1997, S. 34f.

V. 13世紀

あったということもできます。そもそも平和をもたらす宗教であったからこそ、キリスト教はヨーロッパの古代・中世社会に受け入れられて、ヨーロッパの基準的な宗教になったと思われるのです。西ローマ帝国が滅亡してからは、キリスト教がそれにとって代わった、とよく言われますが、そのとおりなのです。pax romana、つまり「ローマの平和」に代わって、「キリストの平和」（pax christiana）が、中世というこの千年も続いた歴史を支配していたのです。

　「ローマの平和」というのは、ローマ帝国の圧倒的な軍事力の支配による平和でありましたが、キリスト教的平和は、キリスト教という普遍的な価値を共有することによる平和でありました。ヨーロッパの各地方は、言葉も違う、民族も違う、歴史も違う。その様々な人々が、キリスト教というものを、つまり聖書という共同の物語[11]を共有することによって、平和に暮らしていた。それはもう驚きの他はありません。もちろん、利害が対立することがありますから、小さなけんかや小競り合いは何度もあります。しかし同じキリスト教の下にあるということで、人々は破局にまでいたる争いは回避して、暮らすことができたのでした。

　このような「キリスト教的平和」、それは同じ時代の東アジアにあった、「儒教的価値の共有による平和」（中華思想を共有した中国、中央アジア、モンゴル、朝鮮半島、日本、東南アジア）と比較しても、すばらしいものでしたが、それにはおのずから限界がありました。一つは、このキリスト教という「普遍的な」価値を共有しない人々に対しては、彼らは非常に残酷になり、不当に扱うことになったということです。先ほど、十字軍のことを申しましたが、十字軍の際にユダヤ人に対する虐殺があったこと、そしてイスラームの人々に対しても一方的な侵略戦争であったということが示しているとおり、キリスト教徒ではない者に対しては、キリスト教的平和（pax christiana）が成立しなかったのです。

　ユダヤ人やイスラームに対してのみならず、キリスト教内部で「異端」と

11　当時の人々にとっては、「物語」というよりも、それこそが「歴史」であり「真理」であった。

みなされた人々、カタリ派の異端やヴァルドー派[12]が、厳しい迫害の対象になりました。それは私たちが決して忘れてはならない、キリスト教の歴史上の汚点だと思います。ですから、「キリスト教と平和」という観点から重要なのは、こうしたキリスト教的価値を共有できない人々、異教や異端とされた人々との対話がどうして可能か、それを可能にする条件を考えることだと思います。

　それは今日の世界情勢下で、キリスト教やイスラームやヒンズー教といった価値観の違う人々が、平和のためにどう理解しあって対話していくか、という問題へのヒントとなるだろうと思います。

2. 宗教の違いを超えた対話──バルセロナ討論

　さて中世において、異教との敵対的関係を越えて、曲がりなりにも対話が成立したと思われるもの、それが今日ご紹介する「バルセロナ討論」であったと思います。これは、1263 年の 7 月 20、23、26、27 日に行われた、キリスト教とユダヤ教の間の討論であります。

　中世を通じて、キリスト教とユダヤ教の間の論争は何度かあった（1240年パリ、1263 年バルセロナ、1413/14 年トルトーサ）のですが、このバルセロナ論争だけが、曲がりなりにも成功した論争でした。そこでは実質的な、中味のある論争ができたと思います。この論文では、どうしてそういうことが可能だったのか、つまり宗教間対話が成立する条件について考えてみたいと思います。それは、現代における宗教間対話のためにも、ヒントになるだろうと思います。

　スペインの東部、カタルーニャ地方にバルセロナという町があります。当

12　ピエール・ヴァルドー（Pierre Valdo, 1140 -1218）に始まる清貧と信徒説教を実践した信仰者集団。「リヨンの貧者」とも呼ばれた。2015 年 6 月 22 日、教皇フランシスコが謝罪。これは今日では異端ではなくプロテスタント教会の一つだと認められています。

時そこは、アラゴンのハイメ1世[13]の治世下にありました。バルセロナ討論
が成功した第一の理由は、このハイメ1世が強力にイニシアチブをとったこ
とにあります。つまり討論の主催者がキリスト教会ではなかった。討論を計
画したのは、ハイメ1世の聴罪司祭だったラモン・ド・ペニャフォー[14]だっ
たのですが、ハイメ1世は討論の場にずっと臨席して、議論のなりゆきを管
理していました。そして単なる傍観者ではなくて、熱心に耳を傾け、時には
討論に参加しました。これに比べれば、1240年のパリ討論はユダヤ教に対
する告発状がもとになっており、教皇庁が討論を仕切っていて、ドミニコ会
の修道士が、裁判官をしていました。1413年のトルトーサでの討論は、ア
ヴィニョンの対立教皇であったベネディクト13世が仕切っており、最初か
らユダヤ教徒を弾圧し改宗させる意図のもとに行われたもので、「討論」と
は名ばかりの宗教迫害でありました。それらに比べると、1263年のバルセ
ロナでの討論はまだ、かろうじて最低限の公平性が保たれていたと思います。
教会が討論を主催すると、自分の信念や信仰がかかってくるために、どうし
ても宗教が宗教を裁くということになってしまうのではないでしょうか[15]。

　第二に重要だったのは、キリスト教とユダヤ教のそれぞれを代表して論戦
を戦わせた、いわば代表選手が優れていたということが言えます。キリスト
教側を代表したのは、パブロ・クリスティアーニという人物でした。フラン
ス南部（ラングドック地方）のモンペリエの出身でしたが、特筆すべきこと
に、彼はユダヤ人でありまして、しかも若い頃にタラスコのエリエゼル・ベ
ン・エマニュエル（Rabbin Eliezer ben Emmanuel of Tarascon）という有名な

13　James I（1208-1276）、征服王（Conquistador）。在位1213-76（アラゴン王、バル
　　セロナ伯、モンペリエ領主）、1231-76（マヨルカ王）、1236-76（バレンシア王）。

14　Raymond de Penyafort（1175/76-1275）、ドミニコ会士、教会法の大家で、ドミニ
　　コ会第3代総長。トマス・アクィナスに『対異教大全』を書くように勧めたことで
　　も有名。死後に列聖されている。

15　トルトーサと同時期、1415年のコンスタンツ公会議では、神聖ローマ皇帝ジギ
　　スムントによって身の安全を約束されていたはずのボヘミアの宗教改革者ヤン・フ
　　スが、カトリック教会によって幽閉され、異端宣告され、その後火刑にされている。

ユダヤ教のラビの弟子として学んでいたことがあったのです[16]。つまり、若
い時代には彼自身がラビの卵として、ユダヤ教の文書（ヘブライ語聖書、タ
ルムード、ミドラシュなど）を本格的に学んだ経験がありました。その後、
彼は上記のラモン・ド・ペニャフォーの説教を聞いてキリスト教に改宗し、
ドミニコ会（Ordo Praedicatorum）に入会しました。年の頃ははっきりわか
りませんが、タラスコのエリエゼルの弟子だったのが、1229 年頃だった[17]こ
とから、バルセロナ討論の時（1263 年）にはすでに 50 代の半ばにはなって
いたと思われます。彼はキリスト教への改宗後は、長くプロヴァンス地方で
伝道していましたし、バルセロナ討論の後も継続して、ユダヤ人のキリスト
教への改宗を目指して、南フランスでずっと伝道を続けました（1274 年死
去）。つまり、従来のように、ユダヤ教に対してまったく無知なキリスト教
徒が、一方的にユダヤ教をやり玉にあげて難詰したのではなく、かなりユダ
ヤ教を知った人が、タルムードやミドラシュなどのユダヤ教文書に基づいて、
議論を組み立てていたのです。

　対話が成立するためには、相手をある程度以上に理解していなければなら
ない。そうでなければ、「対話」とは名ばかりで、実際には自分の尺度で相
手を裁くだけに終ってしまう。この点で、バルセロナ討論は、キリスト教側
の代表者が、ユダヤ教をある程度以上に理解できる人であった。この点が新
しかったと思われます。

　一方、ユダヤ教側の代表選手は、この人こそ間違いなく大物で、ラビ・
モーゼス・ナフマニデス（1194-1270）[18]という人でした。彼はマイモニデス

16　Martin H. Jung, *Christen und Juden, Die Geschichte ihrer Beziehungen*, WBG Darmstadt 2008, S. 78.

17　Alex J. Navikoff, T*he Medieval Culture of Disputation, Pedagogy, Practice, and Perfor-mance*, University of Pennsylvania Press, Philadelphia 2013, p. 205 によれば、パブロ・ク
リスティアーニ（Friar Paul Christiani）は、タラスコのエリエゼルの他にヴェネツィ
アのヤコブ・ベン・エリヤ・ラッテスのもとでも学んだ後、1229 年頃にキリスト教
に改宗した。Navikoff によれば、バルセロナ討論の数年前に、パブロはユダヤ教の
高名な学者 Rabbi Meir ben Simeon of Narbonne と論争したことがあったらしい。

18　Rabbi Moses ben Nachmann、略してナフマニデス（Nachmanides）、また頭文字を
とって Ramban や RaMbaN という。晩年に設立したエルサレムのランバン・シナゴ

（1135-1204）と並んで、中世のユダヤ教を代表する大学者で、バルセロナ討論の時には、69歳でした。ナフマニデスはカタルーニャのジローナ（Girona）で生まれ、ユダヤ教のラビであり、優れた医師でもあり、ユダヤ教の神秘主義カバラの成立にも影響を与えたとされます[19]。バルセロナ討論は形式的には確かに「討論」でありましたが、ここでは二つの宗教が完全に平等に、お互いの立場を表明できたわけではありません。討論の主題そのものが、キリスト教の正しさを証明する意図の下に設定されていました。その不利な条件の中で、ナフマニデスはユダヤ教を弁明して闘い抜いたのです。それには私たちは畏敬の念を覚えざるをえません。

　キリスト教の側から言えば、ぜひともナフマニデスを討論に引っ張り出す必要がありました。なぜなら彼らは、この討論を通して、キリスト教の正しさを証明できると思っていたからです。もしナフマニデスのような大学者が、キリスト教は少なくとも間違っていない、これもユダヤ教の見地から見て、ありうる可能性だと認めたならば、フランス南部やスペインに数多くいたユダヤ人（おそらく30万人はいた）が、雪崩を打って自発的にキリスト教に改宗する可能性がありました。ですから、キリスト教側は、アラゴン王ハイメ1世に働きかけて、ナフマニデスに討論に応じるように命令を出してもらったのです。ナフマニデスは命令に応じたのですが、ただ一つだけ条件をつけました。それは、自分の欲するままに完全に自由に語ることができる、という条件でした。めったなことを語ると生命が危ないという状況下では、まともな議論はできませんから、この条件は当然です。ハイメ1世も承認しました。しかし結果的に見れば、この約束は必ずしも完全には守られませんでした。

　ーグは、彼の名を冠している。

19　ゲルショム・ショーレム『カバラとその象徴的表現』（小岸昭・岡部仁訳）法制大学出版局 1985年、53頁以下。

3. ドミニコ会側から設定されたテーマ

パブロ・クリスティアーニの側から設定されたテーマは、三つないし四つ
の主題を持っておりました。

1. ユダヤ教徒が待望していたメシアは現れたのだということ
2. 聖書が預言していたメシアは、神であってしかも人であったということ
3. 彼は、人類の救いのために受難し、死んだということ
4. 旧約聖書（ユダヤ教徒の聖書）で述べられた律法的な公的規定は、メ
   シアが来た後は終ったこと（＝ユダヤ教の使命は終わったと認めよ）。

その第一は、メシア（救い主）は現れたのかどうか、という問題でした。
ユダヤ教では、終りの日に神がメシアを地上に遣わしてくださると信じら
れていて、それはユダヤ人が地上での生活の苦しさの中で将来に向かって希
望を持って耐えていける一つの根拠になっています。タルムードなどのユダ
ヤ教文書も、メシアは必ず来てくださると述べています。しかしユダヤ教で
は、メシアは来るということは信じていますが、それがあのイエス・キリス
トという歴史的人物だったとは認めていません。

キリスト教側のパブロ・クリスティアーニは、さすがにユダヤ教をよく知
っていて、ユダヤ教とキリスト教が違っている一番中心の点を突いてきたわ
けです。確かに、この二つの宗教は本当によく似ていて、考え方というか、
神学も深いところで一致しています。ただイエス・キリストを認めるかどう
かで違うわけです。しかしなにしろイエス・キリストはキリスト教の信仰の
中心であり、信仰の対象であるわけですから、問題は簡単ではありません。

討論の第二の主題は、このメシアは神であるか、人であるか、というもの
です。キリスト教にとっては、イエスは神であると同時に人である、全宇宙
の存在の鍵になる方ですが、ユダヤ教にとっては、来るべきメシアは神から
遣わされたひとりの人間であり、ユダヤ人をその苦しい境遇から解放してく
れる理想の王様です。この点に両者の違いの中心があると見たクリスティア

ーニは正しいのです。

　第三の主題は主に、イザヤ書53章の苦難の僕^{しもべ}がメシアであることを認めるかどうか、という問題でした。メシアは苦しみを受けたのか、という問いです。これまでの三つの主題は、互いに関係しあっており、その全体がキリスト論を形作っています。

　第四の主題は、ユダヤ人とキリスト教徒の、どちらが真の信仰を保持しているか、という問いでした。これはナフマニデスにとっては、最も答えにくい問いでした。なぜなら、もしユダヤ教が正しくて、キリスト教は間違っている、と答えたならば、教会を誹謗・冒瀆した発言として、教会の異端審問にかけられる可能性も排除できなかったからです。この当時、つまり13世紀にはまだスペインの悪名高い王立の異端審問所は開設されていません[20]。また異端審問はその後の、たとえば近世17世紀を中心とした魔女裁判のように、過酷な、拷問をともなう恐ろしいものではありませんでしたが、それでもそれは恐怖だったはずです。また、ナフマニデス以外のバルセロナ在住のユダヤ人にとっても、それは恐怖でした。討論のなりゆき次第によっては、彼らも迫害されるかもしれなかったからです。

　当時、ユダヤ教徒は、ヨーロッパのキリスト教世界において、潜在的キリスト教徒として、つまりまだキリスト教を信じてはいないけれども、将来は信じるようになるはずの人々として、存在を許されていました。特にスペインは、イスラーム教徒もたくさんいたので、ユダヤ教徒はキリスト教とイスラーム教の間に位置して、両者をつないで経済活動をするものとして、貴重な存在だった面があります。そうやって存在を許されておりましたが、いつ何どきそれがひっくりかえって、ユダヤ教迫害が始まるかわからない。そういう状況の中に、バルセロナ討論はあったわけです。

20　カトリック両王（カスティーリャのイサベル1世とアラゴンのフェルナンド2世）がローマ教皇シクストゥス4世から異端審問所設立認可を受けてセビーリャに開設したのは1480年、ドミニコ会士トマス・デ・トルケマーダ（彼もまたユダヤ教からの改宗者コンベルソだった）が初代異端審問長官に就任するのが1483年である。関哲行『スペインのユダヤ人』山川出版社2003年、62頁参照。

しかし幸いながら、討論は第一と第二と第三の主題だけで時間切れになりましたので、第四の主題が論じられることはありませんでした。

4. 討論の経過

(1) メシアはすでに来たか

パブロ・クリスティアーニは、タルムード（ユダヤ教の口伝律法）にもとづいて、ファリサイ派の人々が、メシアの到来を信じていたことを論証しました。そしてこれこそがイエス・キリストである、つまりタルムードを（口伝で）伝えたユダヤ教の指導者たちは、イエスがメシアであると信じていたのである、と結論しました。

これに対してナフマニデスは、次のように答えています。

　ナザレ人〔イエス〕の〔十字架の〕事件が第二神殿の時代に起きたことは知られていないのだろうか。彼は神殿崩壊〔紀元 70 年〕以前に生まれ、そして殺されたのだ。他方、タルムードの伝承を伝えた賢者たち、ラビ・アキバ〔Rabbi Akiba, 50-c.135〕と仲間たちは、神殿崩壊の後に来たのだ。ミシュナーを編集したラビ〔Jodah ha-Nasi, 2 世紀後半-3 世紀〕や、ラビ・ナタン〔Nathan ha-Bavli, 2-3 世紀〕は神殿崩壊よりはるかに後に生きた人だ。タルムードを編集したラヴ・アシ〔Rav Ashi, c.335-427/8〕に至っては、神殿崩壊の 400 年も後に生きた人だ。もしこれらの賢者たちが、ナザレ人は特別な人〔メシア〕であって、彼の信仰と宗教は真であると信じていたのなら、そしてもし彼らが、パブロ修道士〔クリスティアーニ〕が証明を意図しているもとになっているこれらの文書を書いたのだとしたら、どうして彼らはユダヤ教の信仰の中にとどまり、以前の習俗の中にとどまったのだろうか。彼らはユダヤ人であり、一生涯ユダヤ教の中にあり、ユダヤ人として死んだのだ——彼らも、彼らの子どもたちも、彼らの教えを聞いた学生たちも。どうして彼らは、パブロ修道士のようにナザレ人の信仰に回心しなかったのだろうか。もしこれらの賢者が、ナザレ人を信じ、ナザ

レ人の信仰を信じていたのなら、どうして彼らは、彼らの教えを彼ら自身よりも理解しているらしいパブロ修道士のようにしなかったのだろうか[21]。

　ナフマニデスによれば、預言者たちは、メシアが来たときには世界が平和になり、正義が支配するようになると預言しました。しかし、イエスが来てからも、世界はいまだに暴力と不正で満ちています。それはメシアの到来を疑わせるものです。むしろすべての宗教の中で（彼の念頭には、イスラームとキリスト教があったと思われます）、クリスチャンたちは最も争いを好むのではないか、と彼は問いました[22]。これは大胆な発言でした。ナフマニデスは、「自由に語ってよい」という約束は国王からもらっていましたが、それでも場合によっては死を覚悟していたはずです。

(2) メシアは神か人間か

　パブロ・クリスティアーニは、ラビたちの聖書釈義（ミドラシュ）を引いて、古代のラビたちが、メシアはただの人ではなく神的存在だと考えていたことを論証しました。

　ナフマニデスはこれに対して、ミドラシュは聖書やタルムードほど不動の権威ではなく、読者が取捨選択可能なものだと反論しました[23]。ラビたちの一人が「メシアは神殿崩壊時に生まれた」と述べたからといって、ユダヤ教徒すべてがそれを信じなければならないわけではないのです。こういう発言は、ナフマニデスが一流のラビだからこそ言えることだったと思います。

　聖書の預言者たちは、メシアを肉も血もある人間だと見なしていた、とナフマニデスは言います。メシアが神だ、というのは、ユダヤ教にとっては、とうてい受け入れがたい主張だというのです。

　「ユダヤ人、あるいは他の信仰の者は誰も、信じることができないのだ。

21　Ramban (Nachmanides), *The Disputation at Barcelona*, Translated and Annotated by Rabbi Dr. Charles B. Chavel, Shilo Publishing House, New York 1983, pp. 4-5. これはナフマニデスがヘブライ語で書いた報告（Vikuah）の英訳である。

22　Ramban, op. cit., pp. 20-21.

23　Cf. Ramban, op. cit., p. 15.

すなわち、天地の創造者が一人のユダヤ人女性の胎に宿り、そこで7か月間
成長し、幼児として生まれ、後に成長し、裏切られて敵の手に落ち、彼らは
彼に死刑を宣告して処刑したということ、そしてその後……再び生きて〔復
活して〕元来の場所に戻った、ということである」[24]。「もしあなたが、生ま
れてからずっと祭司の説教を聞いてきて、彼があなたの脳や骨の髄をこれら
の教えで満たしてきたのなら、その教えはあなたの中で、慣れっこになった
習慣のゆえに定着するだろう。しかし大人になって初めてこれらを聞いたな
ら、あなたはそれらを受容することは決してあるまい」[25]。

（3）メシアは受難したか

　イザヤ書52章13-14節に、「見よ、私の僕（しもべ）は栄える。はるかに高く上げら
れ、あがめられる。かつて多くの人をおののかせたあなたの姿のように彼の
姿は損なわれ、人とは見えず」という言葉があります。イザヤ書53章の有
名な「苦難の僕」に続いていく導入の部分です。キリスト教側は、この箇所
こそメシアの苦難を表しているのだ、と主張しました[26]。

　　ナフマニデスの答え。「真実の意味においては、この言葉はただ単に一
　般的にイスラエルの民のことを言っているにすぎない。というのは、預言
　者たちは常々、『わが僕イスラエル』[27]『おお、わが僕ヤコブよ』[28]と呼んで
　いるからだ」。
　　パブロ修道士。「あなたがたの賢者自身が、これはメシアのことだと言
　っているのだ」。
　　ナフマニデス。「ハガダー（物語）の書の中で、われわれの幸いなるラ
　ビたちがこの箇所をメシアと関係づけて語っているのは確かだ。しかし彼

24　Ramban, op. cit., p. 19.
25　ibid.
26　Ramban, op. cit. の註解者（Rabbi Dr. C. B. Chavel）によると、これは国王の判事の
　　一人、Master Guillem の発言であった。
27　イザヤ書41章8節。
28　イザヤ書44章1節。

らは決して、彼（苦難の僕）がその敵たちによって殺害されたとは述べていない。ユダヤ教の伝統のいかなる書においても——タルムードであれ、ハガダーであれ——ダビデの子なるメシアが殺されたとか、敵どもの手に落ちたとか、悪人たちと共に葬られたなどと述べているものはないのだ」[29]。

議論の流れは、ここまでナフマニデスに優勢に流れていたように思われます。しかしここでストップの声がかかります。それは意外なことに、バルセロナのユダヤ人市民からの声でした[30]。彼らは、ユダヤ教側がキリスト教ドミニコ会を論破する形になることを恐れたのです。ドミニコ会は、バルセロナ討論よりも30年ほど前から、カトリック教会の異端審問所の責任を預かるようになっていました。この頃の「異端審問」というのは、後世の魔女裁判のように無茶苦茶な恐ろしいものではなかったのですが、それでも、ドミニコ会を刺激したくないという雰囲気はあったように思われます。彼らはナフマニデスを説得して、これ以上の討論を辞退してくれるように依頼しました。

この声を聞き入れて、ナフマニデスはアラゴン王ハイメ1世に、できたらここで討論を打ち切りたいと申し出ます。けれども、王はそれを聞き入れませんでした。せっかく話が面白くなってきたところだったから、というのが一つの理由でしょうが、ハイメ1世にはおそらく、ここらで一つドミニコ会の勢いを削いでおきたいという、政治的理由もあったように思われます。

こうして討論は最後の日も続行されました。ナフマニデスの書いた記録を読む限り、討論そのものは彼の完勝だったと思われます。すなわち、旧約聖書やタルムード、ミドラシュからは、ナザレ人イエスがメシアであるという証明はできませんでした。ハイメ王はナフマニデスに、次のように述べて賞賛したといいます。「私はいまだかつて、正しくないことをこのように見事に論じた人間を見たことがない」[31]と。ハイメ王は、当然クリスチャンです

29　Ramban, op. cit., pp. 12-13.

30　Ramban, op. cit., p. 31.

31　Ramban, op. cit., p. 40.

から、ナフマニデスの議論を承認したわけではありません。ですから「正しくない」と言いました。しかしナフマニデスの議論は見事であった。それを王が賞賛したのです。

　討論の8日後（8月4日）の土曜日、これはユダヤ教の安息日でありましたが、ハイメ1世は、バルセロナのユダヤ教シナゴーグを訪問しました。そしてもう一度上機嫌で、イエス・キリストこそ救い主だと言いました。しかしそれをシナゴーグにいたユダヤ人たちに強制したわけではありません。そしてナフマニデスに記念の褒美として、金貨300枚を与えました[32]。

5. バルセロナ討論が成功した理由

　すでに述べたように、バルセロナ討論（1263年）が成功した第一の理由は、そこにハイメ1世というレフェリーがいたことだと思います。彼自身がクリスチャンでしたが、キリスト教会を代表していたわけではありませんでした。そのためにこのレフェリーの前で、ユダヤ教とキリスト教はいわば対等な立場で論争をすることができたのでした。ハイメ1世は、その長い治世（1213-76年）の間に、イスラーム勢力が支配していたマヨルカ島を征服し（1229年）、バレンシア地方を併合する（1238年）などの業績を挙げ、征服王（Conquistador）と呼ばれた人です。この実力ある君主が関心をもって主催した討論だったことが、討論を成功させました。

　第二に、この討論は密室で行われた裁判のようなものではありませんでした。そこには相当数のハイメ1世の宮廷人や、バルセロナの市民たちがいました。教会人だけではなかったのです。何人ぐらいが参加したのか、はっきりはわかりませんが、パブロの側のドミニコ会士が書いたラテン語の報告によると、「多くの貴族、高位聖職者、修道士、騎士たち」が集まっていたといいます。またナフマニデスは、「すべてのユダヤ人の中でもとりわけ熟達していると思われる多くの他のユダヤ人」に伴われていた、とも書かれて

32　Ramban, op. cit., p. 42.

います[33]。ナフマニデスの書いた報告（英訳）によると、many from the jewish community[34] とあります。ユダヤ人の市民も大勢参加していたのです。曲がりなりにも、それは市民に開かれた討論でした。今日でも、討論が成立するためには、それが公開の討論である必要があると思います。

　第三と第四に、討論の中心になった両方の代表選手、とりわけユダヤ教側のナフマニデスが優れていました。彼は本当に信じられないほど勇敢であったと思います。王様は安全を保証してくれましたが、権力者のこの種の安全保障が、後々の安全までも保証するものではないことは、ナフマニデスもよく知っていたはずです。明らかに彼は、命がけでユダヤ教の信仰を守り抜く決心をしていたものと思われます。実際、彼はこの討論の後、身の危険を感じることがあったのでしょう。4年後の1267年に、（パレスチナの）エルサレムに転居しています。そしてその生涯の最後の3年間をエルサレムで過ごし、彼を尊敬する友人たちの協力を得て、エルサレムの旧市街にRamban Synagogueというユダヤ教の会堂を設立しました。

　第五に、ナフマニデスはあらかじめ、自分は自由に語りたいと宣言をしていました[35]。討論の中では、場合によってキリスト教を批判することになることも避けられないかもしれません。そして実際、討論から約1年後に、ドミニコ会は、ナフマニデスが討論の中で、イエス・キリストのことを悪しざまに言ったので罰するべきだ、という訴えを起こしています。ハイメ王はそれを認めて、ナフマニデスに罰金を支払うように命じていますが、同時に、その罰金の三分の二を免除しています[36]。

　第六に、これは外的状況なのですが、このバルセロナ討論が対等の討論として成立したのは、バルセロナ市をはじめとして、カタルーニャ地方に住んでいたユダヤ人共同体の経済的実力が、当時はまだかなりあったからだ、ということができます。当時のユダヤ人人口がどのくらいあったのか、はっ

33　Navikoff, op. cit., p. 206.
34　Ramban, op. cit., p. 31; Navikoff, op. cit., p. 206.
35　Ramban, op. cit., p. 4.
36　*13th-Century Rabbis,* Books LLC, Wiki Series, Memphis 2011, p. 31.

192

きりはわかりませんが、後のイベリア半島の歴史を見ても、おそらく 10 万
人を超えるユダヤ教徒がアラゴン王国に住んでいました。そのことの例証と
して、ナフマニデスには実は兄弟がいて、この兄弟、ベンベニステ・デ・ポ
ルタはバルセロナ市の重要な役人をしていて、ハイメ 1 世のために税金を集
める役所の責任者だったようなのです[37]。そして彼は、ユダヤ人共同体を代
表して、相当額の金をハイメ王のために用立てていることが判明しています。
ですから、当時のユダヤ人共同体の実力が、討論に現れているという見方も
成立するかと思います。ユダヤ人共同体は、ハイメ王から見て、無視できな
い勢力を保持していたのです。当時は、イベリア半島にはまだ多くのイスラ
ーム教徒が住んでいましたから、ユダヤ教を弾圧したならば、下手するとイ
スラーム教徒まで敵にしかねない、という事情もあったはずです[38]。

　第七に、これも外的状況なのですが、私にとっては非常に大切なことがあ
ります。それは、1263 年というこの時期が、中世の大学において「スコラ
哲学」が最も栄えた時代だったということです。トマス・アクィナス（1225-
1274）、ボナヴェントゥーラ（1221-1274）などの名前で有名な「スコラ哲学」
は、まさにこの「バルセロナ討論」と同じ時代に、パリ大学やイタリアの大
学で展開されておりました。そして「討論」(disputatio) という方法は、こ
のスコラ哲学の方法であったわけです。バルセロナでなされたことは、典型
的なスコラの討論の方法と同じではありませんが、大勢の人々が参加して共
同で真理を探究していくという点で、共通点もあります。私は、まさにこの
13 世紀に始まった「大学」とそこでの学問の方法が、バルセロナ討論を実
り多いものにした原因の一つではないかと考えています。

　バルセロナ討論は、西欧中世という、キリスト教が支配的であった時代の、

37　ibid. p. 28. Benveniste de Porta（?-1268）の事績については、手元に他の資料がな
　かったので、Wikipedia（英文）の記事を参照した。

38　イスラーム教徒の最後の牙城グラナダが陥落して、イベリア半島のレコンキス
　タが完成するのが 1492 年、同年にカトリック両王からユダヤ人追放令が出て、ユ
　ダヤ人は改宗か退去かの 2 者択一を迫られた。このときイスラーム教徒にはグラナ
　ダ条約により信教の自由が認められたが、1501 年以降は、この約束は次々に反故に
　されていった。

V. 13 世紀

非常に珍しい充実した宗教対話でした。後にも先にも、このような宗教間対話は実現していません[39]。たとえばこれより 150 年後のトルトーサでのユダヤ教・キリスト教の討論（1413 年）は、露骨にユダヤ教徒をキリスト教に改宗させようという目的の下に行われたもので、恐怖と強制の空気の中で、ユダヤ教側はまともな議論をすることができませんでした。実際にこの時期、スペインに住んでいたユダヤ教徒の三分の一がキリスト教に改宗したと言われています[40]。

　バルセロナ討論においては、ナフマニデスは互角以上の闘いをしました。そしてそれは現代でも、ユダヤ教とキリスト教のどこが共通でどこが違うかを考える上で、参考になる、ある意味で模範的な解答を提供しているのです。

39　Novikoff, op. cit., p. 208 によれば、1269 年頃にも、パリでドミニコ会が主催してバルセロナと同じ主題を掲げて討論が行われたらしい。このときはラモン・ド・ペニャフォーの指導下にあったドミニコ会の聖カタリナ修道院が会場であった。ここでもパブロ・クリスティアーニが討論を主導したらしいが、詳細は伝わっていない。

40　関哲行、前掲書、57 頁。

Ⅵ. 14 世紀

11. 「中世の秋」を生きた教会の希望

1. はじめに

最近読んだ本ですが、『銃・病原菌・鉄』[1]というのがあります。今年度の文庫本のベストセラーになっておりますので、皆さまの中にもお読みになった方があるかもしれません。非常に面白い本なのですが、そこに書かれていることを私なりに要約しますと、これまで地球上には様々な文明が存在したわけですが、自分たちにふりかかった様々な歴史的試練を受けとめて、その試練からよく学んで、社会的な変革をなしとげていった文明は存続し、それをしなかった、あるいはできなかった文明や民族は滅亡した、あるいは文明と文明の闘争の中で敗北していった、ということなのです。その人々が過去にどんなに偉大な文明を築き上げていたとしても、ただ漫然と、今までどおりで大丈夫だ、まだ何とかやれると考えて、将来の世代につけ回しをしていった文明は、滅亡しました。

しかしまた、時にはあまりにも大きな試練であったので、人間のどんな努力も無駄に終わって、滅亡した文明もあります。この本によると、たとえば16世紀に、スペイン人の掠奪者ピサロとその軍隊は、たった168人で、南米ペルーのインカ帝国を征服してしまったのですが、インカ帝国の軍隊が8万人もいたのに、168人に負けてしまったのは、両者の武器の格差が大きかったことが一因でした。インカ帝国側はこん棒ぐらいしかなかったのに、スペイン側は馬とか鉄製の武器とかがあった。数少ないながら銃（12丁）まであって、これは戦争というよりほとんど一方的な殺戮、屠殺に近い状況

1　ジャレド・ダイヤモンド『銃・病原菌・鉄―― 一万三〇〇〇年にわたる人類史の謎』（上下巻）（倉骨彰訳）草思社 2000 年（草思社文庫版は、2012 年）。

だったということなのです[2]。しかしもっと大きかったのは、それに先立って、スペイン人が新大陸にもたらした天然痘という病気が猛威をふるっていて、この本によると、結局、最終的には新大陸の住民の95%がこの病気によって死亡したということなのだそうです。新大陸の住民には、この病気に対する抵抗力ができていなかった。病原菌に対して抵抗力、いわゆる「抗体」（Antikörper, antibody）ができて、多くの人々に免疫ができるまでには長い時間がかかります。それが間に合わなくて、病気が一つの文明をほとんど葬り去ってしまった。その実例がここにあります[3]。

　今日の日本も、自然災害と原発事故という、大きな試練の中にありますが、私たちがもしこの試練から学んで、よく考えて適切な社会変革をなしとげたならば、……たとえば、原発を必要としないような、エネルギーの消費を抑えた低エネルギー社会を作り上げるならば、あるいは南海トラフの巨大地震に備えるような街づくりに成功するならば、私たちの文明はなおも何百年も存続するかもしれません。しかしただ漫然と、まだまだこれまでどおりでやれると考えて将来への備えを怠るならば、やがては日本のみならず地球の人類文明全体の滅亡ということになるかもしれません。その可能性は否定できないように思うのです。

2. 黒死病の恐怖

　今回私は、先週の金丸先生の講座に引き続いて、中世ヨーロッパの14世紀に大流行した黒死病というペスト（疫病 plague, pandemic, epidemic）についてお話いたします。金丸先生と私の主題が重なってしまったのは、それ自体は偶然でありまして、打ち合わせを十分にしないで、この講座の準備をしてしまったということにすぎないのですが、しかしまたある意味では必然的でもあります。というのは、この黒死病（the black death, der schwarze Tod）

2　同書上巻99頁以下。
3　同書上巻114頁以下、288頁以下、下巻226頁以下。

という病気こそ、キリスト教社会が過去に経験した、おそらく最大の自然災害であり、最大の試練であったということは、多くの学者の一致した見解であるからです。今回の連続講座のテーマは「自然災害とキリスト教信仰」ということでありますので、黒死病をキリスト教会がどのように受けとめたかをテーマにすることは、ごく自然ななりゆきだと言えます。

　様々な情報を総合しますと、それは当時のヨーロッパ社会のおよそ三分の一の人々が死亡した、というものすごい被害でありました。全人口の三分の一というのはもちろん平均値でありまして、一般に都市部ではもっと大きな被害が出ました。たとえばローマは、人口の約半分が死亡した、と当時の記録にあります[4]。

　当時のヨーロッパの総人口をどのように考えるかで、犠牲者の数は変わってきますが、およそ 2 千万人から 3 千万人の人々が、命を落としたと考えられています。しかもその人々は、非常に苦しい、無残な仕方で死んでいったのです。最初、脇の下や鼠蹊部のぐりぐりが膨れて、それが血のかたまりのように黒くなり、さらにそれが全身に広がっていく。ひどい場合にはいたるところにこの斑点ができて、身体中まっ黒になって死んでいく。また多くの記録に、理由はよくわからないのですが、死ぬ直前の人々はものすごく臭かった、と言われています。黒死病の発病から死亡まではわずか数日でした。発病して、死ぬ確率はほぼ 7 割。発病したらまず助からない病気だったのです。これもいまだになぜかはわかりませんが、胸部の激しい痛み、あるいは激しい頭痛があり、患者の多くは最後には錯乱状態になって、大声で意味のわからないことを叫びながら、家族とまともにお別れを言うこともできずに、苦しんで苦しんで死んだのです。中世の人々にとっては、死ぬことそのものよりも、このような死に方の方が怖かった。「黒死病」（the black death）という言葉は、その恐ろしさと絶望を伝えています。

　中世ヨーロッパの人々にとって、死ぬことそのものは、もちろん怖いです

4　Klaus Bergdolt, *Der schwarze Tod in Europa: Die Große Pest und das Ende des Mittelalters*, Verlag C. H. Beck, München 1994, S. 50（邦訳『ヨーロッパの黒死病──大ペストと中世ヨーロッパの終焉』（宮原啓子・渡邊芳子訳）国文社 1997 年）.

けれども、しかし一般に彼らは、私たち現代人ほど死を怖がってはいません
でした。時が来たら誰でも死ぬわけですし、場合によっては死ぬ方が救いで
もあった。フィリップ・アリエスというお墓の学者が言っておりますけれど
も、中世の人々には、いわば「死に方の作法」というべきものがあって、そ
れを守って死んでいく。それをきちんと守れる限りにおいて、天国に行くの
はいわば約束されておりまして、人によって早い遅いの違いはありますけれ
ども、最後には間違いなく天国に行ける、大丈夫だ、と信じられておりまし
た[5]。

　当時は医療技術が発達しておりませんから、病気になったら先ず死を覚悟
しなければなりませんでした。いよいよ最期が近づいたと知ると、中世の
人々は、先ず家族や友人など、親しい人々を枕辺に呼び寄せる。そして一
人一人にお別れを言うのです。それから教会の司祭つまり神父さまに来てい
ただいて、「終油」（unctio extrema）という儀式をする。これは、「病者塗油」
とも言って、香油（においあぶら）を額に塗ってもらう儀式なのです。それ
から最期の聖体拝領をする、つまりホスティアと呼ばれるパンを口に入れて
もらう。聖餐式をするわけです。こうした仕事がすべて済みましたら、後は、
身体を東の方角に向けてもらって、死が訪れるのを待つのです。東の方を向
くのは、イエス・キリストがやがて終りの日に再臨なさるのですが、その場
所は、エルサレムだと信じられていたからです。ヨーロッパから見てエルサ
レムは東の方角にありましたから、彼らはキリストの再臨をお迎えする姿勢
で死ぬことを願ったのです[6]。

　これが「死に方の作法」というものでありまして、それを守ることができ
れば安らかに死んでいけるのですが、黒死病の場合には、それが守れないの
です。むしろ、もしかしたらこの人は地獄に真っ逆さまに落ちて行くのでは
ないか、と思えるような死に方しかできない。そのことが、中世の人々を本

5　フィリップ・アリエス『死と歴史──西欧中世から現代へ』みすず書房 2006 年、
　15 頁以下。

6　TRE, S. 744f. 拙論「古代・中世の教理史における死と葬儀」『神学論集』66、2009 年、
　35 頁以下参照（本書 54 頁以下に再録）。

当に苦しめたのでありました[7]。

3. 黒死病の流行

　中世には様々な疫病つまりペストがヨーロッパを襲ったのですが、14 世紀半ばのこのペスト、黒死病ほどすさまじいもので、多くの命を奪い、深刻な影響を後々の社会に与えたものは他にありません。

　黒死病という病気の流行の経過そのものについては、先週、金丸先生がお話くださいましたことに付け加えるような内容は何もないのですが、ただ皆さまが先週の内容を思い出してくださるために、ここでごく簡単に、ドイツで作られました映像[8]を使って、この黒死病の流行についてご紹介しようと思います。

　この映像の最初に、これは本題とは関係ないのですが、ドイツのケルン大聖堂を現代からずっと遡って、写真と絵で追ったものがありますので、これもお見せしたいと思います。ケルン大聖堂は 700 年もかけて建築された教会ですので、その変化が面白いのです。現代とはずいぶん違う中世の世界に、旅をするような気持でご覧ください。

（1）前兆

　西欧中世の数多くの出来事の中で、ペストほど人々の心に強い印象を残したものはありません。現代になってもなお、このペストという病名は身震いするような恐怖を呼び起こすのです。今日では、この悲劇の原因はほぼ突き止められているのですが、中世の人々にとっては原因はまったくわからず、ただ世の終わり（Apokalypse）、つまり神から人間に下された罰を思わせるものでした。1346 年から 1350 年にかけての流行で、ヨーロッパの人口の約三分の一が失われました。

　14 世紀の初めごろから、様々な気候の異変が見られて、人々は非常に不

7　Cf. Bergdolt, op. cit., S. 88.

8　*Die Stadt im Mittelalter, Alltagsleben hinter Turm und Mauern*, Verlag Sauerländer Aarau, Bergisch Gladbach/Köln 1995.

安を感じていました。何か月も雨が続いたり、気温が下がって農業被害がありました。また各地で戦争が続いたり、彗星が観測されたりしました。これらは、聖書の黙示録に言う、最後の審判の始まりではないかと思われました。ペストの襲来の少し前（1348年1月25日）には北イタリアのフリウリ（Friuli）で大地震があって、イタリアとオーストリアで1万人ほどの人が亡くなりました。これらは後に、ペストの前兆であったと理解されました。

今日では、ペストが起こった本当の原因はかなりよくわかっています[9]。

（2）原因

ペストの原因であるペスト菌は、最初はネズミにたかるネズミノミを宿主としていますが、この細菌はノミ自体には害を及ぼしません。ネズミは中世の家々や物置や貨物船には非常に多く生息しており、これがペストの温床になりました。ネズミは一つの家や地区に何千匹もいたのです。

ノミの媒介によって家ネズミにペスト菌が感染します。そして家ネズミがペストに感染して死ぬと、行き場を失ったノミは仮の宿主を求めて、近くの人間にたかるようになります。ノミによって皮膚から感染するのを腺ペスト（Beulenpest）といい、人間から人間へと空気感染するものを肺ペスト（Lungenpest）といいます。どちらも人間にとっては致命的でした。

（3）治療法

中世の医者たちは、ペスト菌についてもその危険性についても何も知りませんでした。彼らは他の人々と同じく、この病気に対してどうしたらよいのかわからず、ただ慌てることしかできませんでした。ただ、もちろん様々な理論が生まれて主張されました。彼らは、それは恐ろしい南風から来るのだとしたり、不潔な水の蒸気が疫病を運んでくるのだと主張しました。それに対して多くの人々は、ペストが腐った食べ物から来るのだと考えて、それを

9　黒死病の原因については、1894年に香港での疫病の際に発見された「ペスト菌」によるものというのが定説だが、1984年に英国で炭疽菌説、次いでウィルス性の出血熱説が出て以来、議論がつづいている。14世紀の黒死病は、ペスト菌によるものとしては被害が大きすぎるというのが主たる理由である。未知の病原菌によるとの可能性は否定できないが、ここでは定説に従いたい。ジョン・ケリー『黒死病——ペストの中世史』（野中邦子訳）中央公論新社2008年、358頁以下参照。

避けることを主張しました。お酢がそのためによいと主張して、これを飲む
と予防になるとする人々もいました。

　医者たちは治療法を求めて、少しでも害になりそうなものを患者から遠ざ
けたり、逆にありとあらゆる薬草や香水や粉末などを混ぜ合わせたりして、
何か隠れた効能があるのではないかと期待しました。しかしすべての努力は
空しく、患者たちの救いにはなりませんでした。

（4）経路

　1346 年から 1350 年までにヨーロッパを襲ったペストが、どういう経路を
たどってやってきたのかについて、現代の科学はかなり詳しくその跡をたど
ることができます。この時代に商業が発達して、遠くの国々との交易が盛ん
になったのはよいことだったのですが、それが同時に疫病という災いを遠く
に運ぶことになりました。ペストは、中国（中央アジア）から出発し、シル
クロードを通ってやってきました。1347 年の初めに、ペストは黒海北部の
カファに到達し、その数か月後にはコンスタンティノープルに到達しました。
その勢いは非常に強く、たちまち広がって、アドリア海岸にまで疫病は広が
ります。ヨーロッパは非常な危険にさらされました。

　その年の秋には、病気はシチリア島のメッシーナに上陸します。つづい
てジェノヴァ、ヴェネツィア、マルセイユなどの港町が襲われます。次の
年、1348 年の夏にはアルプスを越えて最初の犠牲が出ます。ミュールドルフ、
冬にはバーゼル、一か月遅れでケルン、そのさらに 1 年後、1349 年にはス
カンディナヴィアとイングランドでもペストが荒れ狂いました。ヨーロッパ
を「黒い死」が支配したのです。

（5）社会的影響

　ペストは、ただ単に、パニックや不安や驚きだけを引き起こしたのではあ
りませんでした。それはすべての公共の福祉を破壊しました。各人が、自分
が生き延びることだけを考えるようになったのです。この時代を自ら語る証
人の言葉をいくつか聞いてみましょう。

　　（死体を片付けようとする者は誰もいなかったので）人々はとうとう必

要に迫られて、国の費用で何人かの男たちを雇い入れた。彼らはヴェネ
ツィアの町々を縦横につなぐ運河を小船で回り、放置された家から死体を
運び出し、それをサン・マルコ・ボッカマーラ、あるいはサン・レオナ
ルド・フォッサマーラといった島々に運んだ。そして、そこにあらかじめ
掘っておいた広くて深い穴の中に、死体を積み重ねるようにして投げ込ん
だ。家から運び出す時点では多くの人々がまだ死んでおらず、小船の上に
乗せられてからこときれる者があったかと思うと、それでもまだ生きてお
り、墓穴の中で絶命した者さえもあった。小船を漕いでいった人々の多
くも、やはり後にペストに侵された。放置された家の中には、高級な家具、
お金、金や銀などがそのまま置いてあることもあったが、泥棒がそれを盗
んでいくこともなかった。すべての人々が、信じられないほどの脱力感と
パニックに陥ったからである[10]。

都市部でも田舎でも不安と驚きが人々を支配しました。人々はお互いに非
常に警戒して、必要があっても会わないようにしました。教会では絶え間な
く葬儀があり、しまいには葬儀をすることそのものを放棄してしまいました。

　多くの人が誰にも看取られずに死に、非常に多くの人々が飢えた。つ
まり、もし誰かが病床についてしまうと、家族の者は恐怖にかられて、家
の中の病人に向かって「医者を呼んでくる」と言って、そっと道路側の戸
口のドアから出て行き、二度と戻ってはこなかった。こうして病人は先ず
家族から裏切られ、次いで食糧からも断ち切られた。さらに熱が出てくる
と、状態はもっと悪くなった。夜毎に、多くの病人が近親者に見捨てない
でくれと訴えた。すると近親者は、「自分でパンとワインと水を食べなさ
い。そうすれば世話してくれる者を夜中にそのつど起こさずにすむ。そし
て昼夜分かたずその人の世話にならずにすむ。これらの品をベッドの枕元
の椅子の上に置いておくから、自分で何とかしなさい」。病人が眠り込む

10　Bergdolt, op. cit., S. 52.

ユダヤ教徒の焼殺（1349 年）
Die Annalen de Gilles li Muisit, Tournai, um 1353 の手写本の中の挿絵

と、近親者は出て行き、戻ってはこなかった[11]。

　病人が出た家の中に入っていく勇気のある者はほとんどいませんでした。
そこで家の周辺にはいつまでも死体が腐敗した臭いがただよっていました。
教会の司祭も、息子も、父親も、近所の人々も入ってゆこうとはしなかった
のです。

（6）ユダヤ人ポグロム

　ペストの日常は、人々の正気を失わせました。そして他人への配慮なく自
分のことだけを考える人々が多く出ました。ペストは神からの罰ではないか
と思われ、その説明がつかないために、誰かが罪を犯したためにこの災難が
起こったのだという犯人探しが始まりました。この場合には、ユダヤ人たち
がその罪ある者だと彼らには見えました。恐ろしいユダヤ人迫害（ポグロ
ム）が、この迷信の結果として起きたのです。

11　ibid. S. 62.

暴徒がユダヤ人を襲い、ユダヤ人の女性、子ども、そして男たちを、その信仰のゆえに焼き殺しました[12]。この当時すでに、人間こそ人間の敵であったのです。死があらゆる恐怖によってヨーロッパを支配しました。そしてその百年後になっても、人々は激しい身震いと共に、このことを思い出すのでした。

(7) ペトラルカ

フランドルの画家ピーテル・ブリューゲル（1525-69）は、黒死病の終焉から160年後に「死の勝利」という絵を描いています。その中でブリューゲルは確かに意識して、この巨大なペストの伝説を題材にして、それが町々や民衆や家族をバラバラにしてしまい、多くの無実の人々が命を失ったようすを描いているのです。

中世の偉大な文人ペトラルカ（1304-74）は、このペストを直接に経験した人々の一人でした。彼は1348年にペストの流行のただ中で、次のように書いています。

> ああ、私は何を耐え忍ばねばならないのか
> いかなる激しい苦しみが、運命として私の前に立ち塞がるのか
> 私は、滅びに向かって突進していく世界を見ている
> 若者も老人も、いたるところで群れをなして死に向かっていく
> 安全な場所はどこにもなく、すべての港がその湾口を閉ざす
> 救いを待ち焦がれても、希望はもはやない
> ただ無数の葬列を見るだけだ、どこを見回しても
> それが私の目をさまよわせる
> 教会は嘆きに満ち、棺桶がいたるところにある

---

12 「ユダヤ教徒には、キリスト教徒を殺害するためにいたるところで井戸に毒を投げ入れたとの嫌疑がかけられた。この火炙り（異端者とユダヤ人によく行われた処刑方法）は、燃える薪で満たされた穴の中で行われている。それは、この人々のグループを待っている地獄の罰を導入する序曲だと考えられていた」。Heinz Schreckenberg, *Die Juden in der Kunst Europas. Ein historischer Bildatlas*, Göttingen/Freiburg im Breisgau 1996, S. 371.

206

ピーテル・ブリューゲル「死の勝利」1562年頃

生前の身分には関わりなく、高位の者も卑しい者のかたわらに横たわる
今、魂は自身の終りの時を見つめている
私もまた自分の終りを数えねばならぬ
ああ、愛する友らは逝ってしまった、快い会話は消え失せた
愛らしき人々の顔が、突然、色あせてしまったのだ
地上はすでに、墓を掘る余地すらもないのだ[13]。

4. 黒死病後の西欧社会

　以上、映像の助けを借りつつ、黒死病の襲来の簡単な経過をお話しました。
ここに、人類をかつて襲った最大の、とは言わないまでも、最大の災害の一

13　ペトラルカ「自分自身へ」（Ad se ipsum）、1348年。Francesco Petrarca, *Epistola Metrica* I, 14, l. 1-14.

つがあるのは間違いありません。それはヨーロッパの人々の心に、何世紀もの間、消えない印象を植え付けました。それは「トラウマ」という言葉がぴったりします。今にいたるまで、「ペスト」という言葉には恐ろしい、ぞっとするような響きがへばりついているのです。

ペスト（黒死病）が西欧のキリスト教社会にもたらした影響については、先週の金丸先生の講義が、正確に述べてくださっています。私はそれに何か付け加えるようなものを持たないのですが、最初に述べましたテーマ、つまり中世のキリスト教社会、そして中世のカトリック教会は、ペストから何を学んだのか、そしてそれを教訓にして、何かよい社会変革をなしとげたのか、ということに関して、自分なりに二、三のことを述べさせていただこうと思います。

（1）封建制を支えていた互酬関係のゆるみ

一つは、中世の封建制を支えていたものが、黒死病を一つのきっかけにして、がたがたと崩れていったということです。これは研究者たちによりますと、ペストだけが原因ではなくて、それ以前からゆっくりと進行してきていたプロセスなのですが、ペストがそれを決定的に早めた、ということには、疑いありません。

そもそも封建制とはどういうことかというと、それは基本的には親から子へと仕事が受け継がれていく社会だということです。親子代々その同じ仕事をしている。親子と言っても、実子とは限らなくて、養子をとる場合もありますし、弟子たちを育てて、その中で出来のよい者を自分の娘と結婚させる場合もありますが、とにかく、親あるいは擬制的な親であるところの親方が子どもを育てる、教育する、そして一人前になったら仕事を譲っていく、それが基本構造をなしている社会なのです。「身分社会」とはそういうことです。それは「家」というものが基本的に生産共同体であり、仕事場であった時代でした。貴族の家から庶民の家まで、基本的には同じです。そこでは、親が子どもを愛して土地・財産（生産財）や知識を与えることと、子どもが親を尊敬し、親が年老いたならば介護する、といういわゆる封建的互酬関係が、家族の中だけでなくて、社会全体のルールでもあったのです。

　ペストはそれを、一時的にではありますが、完全に破壊しました。ペストが一つの町で荒れ狂うのは数か月から長くて1年ぐらいですが、その間、人々は、先ほどの映像にもありましたように、たとえ子どもでも見殺しにして逃げる、親でも捨てる、そうでなければ生き残れない、という状況にさらされたのです。

　やがてペストが去って、秩序が回復したときに、生き残った人々はそれまでよりもお金持ちになっていました。封建社会において3分の1もの人々が一挙に亡くなれば、生き残った人々の財産は当然増えます。もちろんそれ以降も封建社会は続きますから、親子の互酬関係も回復いたします。しかし人々の心は、以前のように平和ではなかったのです。

　黒死病が荒れ狂ったのは、1347年から50年ぐらいで、これを「大ペスト」（die große Pest）と呼んでいるのですが、その後もこの病気が完全に消滅したわけではありませんでした。その後も小規模ながら各地で、思い出したようにこれが流行して、その噂を聞くたびに人々をぞっとさせます。特に最初の流行で被害が少なかったか、あるいは幸運にも被害を免れた町、たとえばニュルンベルクとか、ヴュルツブルクとか、プラハ（1359年）なども、遅かれ早かれやがてはペストに襲われることになります。ヨーロッパで黒死病が唯一来ていなかったアイスランド、これはずっと北の方の島だったからですが、その島にも結局、50数年後の1402年に大流行が起こって、人口の約半分が死亡しました[14]。

　要するに、ヨーロッパの人々は、ペストの恐怖を忘れようにも忘れられなかったのです。たとい日頃は忘れていても、いつまたあの恐ろしい災害が起こって、親が子を捨て、子が親を捨てることになるのではないか。ユダヤ人のような罪のない人々を虐殺してしまうことになるのではないか。その恐怖

14　William Naphy, Andrew Spicer, *Der Schwarze Tod. Die Pest in Europa*, Magnus Verlag, Essen 2003 (original: *The Black Death. A History of Plagues 1345-1730,* Tempus Publishing Ltd, Stroud 2000), S. 30. ただし、アイスランドのペストについては、黒死病ではなかったとの見解もある。Cf. Ole J. Benedictow, *The Black Death 1346-1353. The Complete History*, The Boydell Press, Woodbridge (UK) 2004, p. 216.

は長く残ったのです。もしかすると、今でも残っているかもしれません。

当時の証言に、次のようなものがあります。

昼夜を分かたずに、街頭で息絶える者の数は知れず……自分の家で息を
引き取る者の数はさらに多かったが、遺体が腐敗し悪臭が漏れ出てきて、
初めて近所の人に気づいてもらえるようなありさまだった。こういうふう
に所かまわず死んだ者たちの臭いがあたりには満ちていた。

隣人同士がお互いを避けるだけではなかった。……この疫病は、男女を
問わず、人々の心に大きな恐怖を植え付けたので、兄が弟を、叔父が甥を、
妹が兄を、さらには妻が夫を捨てることもざらだった。だが、もっと忌わ
しく、ほとんど信じ難いのは、父母が実の子に対して、まるで赤の他人で
あるかのように、看病や世話を放棄したことだ[15]。

ペストはヨーロッパの人々のトラウマだ、と述べる人が多くいます。

ちょうど現代の私たちが、あの東日本大震災と福島第一原発の悪夢を抱え
て生きているように、ヨーロッパには長く、ペストへの恐怖が生きていまし
た。ある意味でペストこそが中世の封建社会を終わらせ、宗教改革、そして
近代社会を生み出したのかもしれないのです[16]。

(2) 激しい現世的喜びへの希求と、（厭世感と結びついた）敬虔な信仰の併存

オランダの歴史学者であったヨハン・ホイジンガ（1872-1945）が、『中世
の秋』という古典的名著（1919 年）の中で書いているのですが、中世の末期、
ペスト以降に生きていた人々の多くに共通して、激しい現世的喜びを求める
心情と、敬虔な信仰とが同居していたというのです。同じ一人の人間が、現
世的快楽主義者であり、同時にこの上なく敬虔な信仰者である、という矛盾

15　ボッカッチョ『デカメロン』第一日より。ケリー、前掲書146-147頁参照。

16　Cf. David Herlihy, *The Black Death and the Transformation of the West,* Harvard
University Press 1997, pp. 59-81.

が、矛盾ではなかった時代が、中世の秋なのでした。

　ほとんど私たちには理解しがたい矛盾は、そのまま矛盾としてうけとる
べきである。
　この時代、異様なまでのはで好みに、きびしい信心がふしぎにまざり
あっていたという状況も、すべてこの矛盾に発しているのである。信仰は、
絵画、貴金属細工、彫刻に、はでに飾りつけられていたが、人生、思想の
諸相を、あますところなく、いろどりはなやかに飾り立てたいという、と
うてい制御不能の欲求は、なおそれ以上を望んだ。聖職者の生活のよそお
いにさえも、ときとすると、色と輝きへの渇きが認められるのである。
　修道士トマは、ぜいたくをはげしく攻撃し、過度をきびしくいましめた。
ところが、そのかれが説教のときに立つ木組みの壇は、民衆の寄進になる、
とてもこれ以上のものはなかろうというほどの、ぜいをつくしたつづれ織
りでおおわれていた、とモンストレルは報じている[17]。

　ペストの後、社会倫理のたがが外れて、非常にきわどい服装が流行ってみ
たり、たとえば女性の服装でほとんど胸を丸出しにした服装が流行ったり、
そうかと思うと、逆にこの世のすべてを捨てて巡礼の旅に出る人々が増えた
り、極端な場合には、鞭打運動に参加したりする[18]。そういう二極化したも
のが併存したのです。
　全財産を教会に寄付する人が出るかと思うと、教会の堕落した聖職者たち
を嘲笑したり糾弾したりする文書がたくさん出回りました。それはホイジン
ガの言うように、単なる矛盾ではなくて、これこそがペストの後の時代の特
徴だったのです。

　マッテオ・ヴィラーニ（Matteo Villani）によれば、「多くの人々が疫病

17　ヨハン・ホイジンガ『中世の秋』第13章、中公文庫版（堀越孝一訳）下巻16頁。
18　鞭打苦行者については、蔵持不三也『ペストの文化史——ヨーロッパの民衆文化
と疫病』朝日選書1995年、80頁以下参照。

VI.　14世紀

発生以前には決してしなかったような、恥知らずな振る舞いをしたり、奔放な生活を送っていた。人々は何もしないということに没頭し、無制限に飲食にふけり、宴会と酒場を好み、楽しいこと、ぜいたくな食事や賭博を重んじた。ためらいなくぜいたくに打ち込み、目立つ衣装を身に着け、異常な流行に熱中した。ふしだらに振る舞い、次から次へと新たな刺激にも順応した……」とある[19]。

5. 中世の教会と黒死病

それでは、当時のキリスト教会は、ペストをどのように受けとめたのでしょうか。ペストから何を学んで、それを何か有効な社会改革に結びつけたのでしょうか。これが今回の講座のテーマですので、私はいろいろ調べてみたのですが、その結論は、「彼らは何もできなかった」ということであります。実際に何もできなかった。当時の一般の人々と同じです。客観的にみれば教会はただただ狼狽して、慌てていただけだったと言えます。

私は、当時の教会の公会議や教皇教書の記録が残っておりますので、これを探してみました。当時は、ローマ教皇クレメンス6世（1291-1352）の時代（在位1342-1352年）なのですが、ペストに関わるような公会議は一度も開かれていません。クレメンス6世はこの時代の教皇としては良心的にふるまった人だと評価されている人なのですが、ペストの猛威の前では無力でした。彼ができたことはただ、（1348年9月の教書で）ユダヤ人への迫害を禁止したことと、ペストが終るようにと公の礼拝で神に祈ったことぐらいであり、両方とも効果はありませんでした。

クレメンス6世は、アヴィニヨンがペストに襲われた1348年5月に、市民を捨てて逃げ出したことでも知られています。インテリで自信たっぷりで良心的な人でしたが、個人的には臆病な人でもありました。

ペストの流行した時期の彼の簡単な年表を掲げます。

19　Bergdolt, op. cit., S. 154f.

クレメンス 6 世（在位 1342-1352）

1348 クレメンス 6 世、天文学者に命じてペストの天体学上の原因を研究
させる。また外科医に命じてペストの犠牲者の解剖をさせるが、原
因はわからなかった。

1348 5 月、クレメンス 6 世、黒死病のさ中のアヴィニヨンから避難する。

1348 7 月 6 日、教皇教書「……ユダヤ人がペストの原因だとする説には
信憑性がない。ユダヤ人自身がペストの被害者になっているからで
ある」。

1348 秋、クレメンス 6 世、アヴィニヨンに帰還。司祭たちの死亡率の
高さに驚き、病人が最期の告悔や終油の秘跡を受けずに死んでいる
現状を打開するため、そのことによる霊的な罰を免責した（総赦免）。

1348 9 月 26 日、教皇教書でスペインからドイツにかけて広まっていた
ユダヤ人への強制改宗、財産没収、不法な殺害を禁止。しかしほと
んど効果はなかった。

1349 10 月 20 日、教皇教書で鞭打苦行者を地方の司教が取り締まるよう
命ずる。「鞭打苦行者たちは信仰を口実に、ユダヤ人の血を流して
いる……そして時にはキリスト教徒の血も……。大司教、付属司教
……に命ずる。あの一団とは距離を置け、決して関わりを持つな」。

　ペストとはいったい何であるのか。圧倒的に多くの人々が信じていたのは、
これが神からの罰だということなのですが、クレメンス 6 世はそのことにつ
いては、教書の中では何も述べていません。説教の中で、人間の罪深さが神
の怒りを蒙ったのだ、ということは言っているようなのですが[20]、公文書と
しては残っていないのです。
　教会が有効な対策をとれないでいた大きな原因は、聖職者の死亡率が非常
に高かったことです。特に、地域の教会で働く司祭たちは、病人が臨終のと

20　Joseph P. Byrne, *Encyclopedia of the Black Death,* ABC-CLIO 2012, art. Clement VI.

きに、そこに立ち会って最期の告白を聞き、彼らの生涯に犯した罪を軽減するという役割がありましたから、ペストが流行し始めると、患者から告白を聞くうちに感染して、真っ先に倒れてしまいました。ペストの感染には二種類あって、腺ペストと肺ペストというのですが、腺ペストはネズミノミから感染するもので、1週間ほどの潜伏期を経て、黒死病が発症してから三日ほどで死に至るのが普通ですが、肺ペストは空気感染するもので、先ず肺をやられて、呼吸困難になり、激しく血を吐きながら二日ほどで死にいたります。教会の司祭たちが死んだのは、主にこの肺ペストだったと考えられ、時には自分が看取って臨終の告白を聞いた患者より先に死亡する司祭もあったと伝えられています。

　司祭たちの多くは良心的にみずからの責務を果たした。そしてペスト患者に恐れることなく臨終の秘跡を与えた。そのあとで司祭たちは、経験がそれを教えたのだが、多少の早い遅いはあるものの自分も間もなく死ぬだろうと予感していた。シモン・ド・クヴァン（Simon de Couvin）はアヴィニヨンの教区聖職者の勇気を次のように記している。「荒れ狂う疫病は、聖なる魂の救済者すなわち司祭たちが病人に恵みの賜物を与えようとするまさにその瞬間に彼らを不意打ちした。突然司祭たちは死に見舞われた。時々、当の病人より早く、病人の身体に触れたか、ペスト患者の息を吸ったかした、というだけで」[21]。

　当時の一般人のペストによる死亡率はおよそ三分の一でしたが、司祭に限っては半分から60％の死亡率だったと言われています。特に、修道院の修道士たちの犠牲者が多くて、全滅したという修道院も珍しくありません。平の修道士は大部屋で共同生活をしていましたから、一人が感染すると、あっという間に全員に広がったのです。また日頃から、たとえば受難節の断食などで栄養状態が悪かったということも、生存率が悪かった原因です。また修

21　Bergdolt, op. cit., S. 163.

道会の中には、たとえばフランチェスコ会やドミニコ会のように、病人の世話をしたり、貧民救済事業に使命感を持っている修道会が多く、その人々はほとんど生き残れませんでした。イタリアのヴェネツィアのスクオーラ・デラ・カリタというのは、正式の修道会ではなく、在俗の慈善団体ですが、300 人ほどのメンバーの中で、生き残ったのはたった一人だったと伝えられています[22]。フィレンツェのドミニコ会修道院サンタ・マリア・ノヴェッラでは 130 人の修道士のうち 80 名が死亡しています[23]。アヴィニヨンのカルメル会修道員では 66 人の全員が死亡[24]。北ドイツのマリエンフェルデの修道院も全滅してしまいました[25]。

　中世は、聖職者の養成には非常に長い期間が必要でした。通常は 10 年以上の間、多くの学問を学ぶ必要があったのです。その人々が一挙に半分以下に減ってしまったのですから、当時の教会がまともに機能しなくなったことは十分想像できます。

　この危機の時にあたって、教会は社会の指導的な役割を果たせませんでした。ペスト以後の時代、司祭不足を埋め合わせるために、粗製乱造された司祭たちが大勢生み出されて、教会の評判をますます落としてゆきます。それは 15 世紀から 17 世紀の宗教改革運動の始まる一つの原因であったと思われるのです。

6. まとめ（希望なき場所での希望）

　以上、私たちは 14 世紀のヨーロッパを襲ったペスト（黒死病）について学んできました。当時の教会は、これに対して有効な対策をとることができませんでした。ペストの原因ですらわからなかったのです。この病気はヨーロッパのすべての町々を襲い、荒れ狂い、人々の苦しみ嘆きと、大きな死

22　ibid. S. 57.

23　ibid. S. 61.

24　ibid. S. 67.

25　ibid. S. 83.

体の山を残して、何か月か後に、やはり原因を説明できないままに去ってい
きました。それは、台風がやってきて、やがて去っていくようなものであり、
まさに巨大な自然災害であったのです。

　黒死病の原因がネズミノミの媒介するペスト菌（異説もある）だとわかる
のは、19世紀の終わりでした。ですから、中世の教会が有効な対策をとる
ことができなかったのは当然であり、この点で彼らを責めることはできませ
ん。

　彼らに責任はないとしても、それでは彼らは、この自然災害から何を学ん
だのでしょうか。私はそれについて二つのことを述べて、この講演の締めく
くりにしたいと思います。

（1）記憶し続けるということ

　一つは、これは中世ヨーロッパ社会を称賛して言うのですが、彼らはこの
病気を理解できなかったけれども、しかしそれを記憶しつづけたということ
です。それは恐怖に満ちた記憶であり、明瞭な記憶ではなくて、むしろトラ
ウマのようなものだったのですが、とにかくそれを忘れなかったということ
です。そしてそのことから、ヨーロッパの近代というものは始まったのだと
いうことができます。

　考えてみると、黒死病という病気は、ヨーロッパに入ってくるよりも前に、
黒海沿岸地方とビザンチン帝国、さらにその前には中央アジアから中国に
かけて、非常に多くの国々で荒れ狂ったはずです。しかしそれらの国々では、
もちろんまだこれからいろんな記録が発見される可能性はありますけれども、
ヨーロッパ社会のようにこの疫病を人々の記憶や記録に残すことができませ
んでした。ペストの記念碑を立てたり、文書を残したり、絵に描いたり、歌
に歌ったりするということがありませんでした。

　ヨーロッパでは、疫病を直接嘆いた詩もありますけれども、たとえばマザ
ーグースのいくつかの童謡にも、ペストとの関係が指摘されています。

Ring-a-Ring o' Roses

Ring-a-Ring o' roses,	バラの花輪になって踊ろうよ
A pocket full of posies,	ポケットには花がいっぱい
A-tishoo! A-tishoo!	ハックション！　ハックション！
We all fall down.	みんな　一緒に倒れよう

　この歌の中のバラはペストの発疹を、花束は薬草を、ハックションは病気の末期に起こるくしゃみを表し、最後には全員倒れる、つまり死ぬのだというのです。これは子どものお遊戯歌でありまして、手をつないで輪をつくって回りながらこの歌を歌う。最後に「みんな一緒に倒れよう」のところでいっせいに尻もちをつくのです。これがペストを歌ったのだとすると確かに不気味です。

　この歌が本当にペストの思い出を歌ったのかどうかは、はっきりしません。歴史的にはそうではないという意見も多くあるのです[26]。しかし大事なのは、ことの真偽よりも、イギリスの多くの人々が今でもそう信じている、という事実です。ペストを忘れない、忘れられないという文化がそこにあるのだと思うのです。

　私たちもまた、今、大きな自然災害と原発事故の悪夢の後にいます。そしてあれを過ぎ去った悪夢として忘れたい、片付けたいと考える人々は、電力関係をはじめとして多くいるのです。しかし、忘れないということこそ、私たちが歴史的な試練を通じて学び、必要な社会改革をしていくための出発点であります。

　私は、アメリカの哲学者、ジョージ・サンタヤーナ（George Santayana, 1863-1952）の言葉を思い出します。

　過去を心に刻み付けることのできない者は、それをもう一度経験することになる

26　たとえば、夏目康子・藤野紀男編著『マザーグース　イラストレーション事典』柊風舎 2008 年、427 頁参照。

Those who cannnot remember the past, are condemned to repeat it.

Die sich des Vergangenen nicht erinnern, sind dazu verurteilt, es noch einmal zu erleben.

(2) 試みに遭わせないでください

　もう一つは、ペストによる三分の一という死亡率についてです。これは確かに恐るべき数字でありますので、黒死病を人類がこれまでに蒙った最大の災害だと言う人々も多くおられます。確かに、一つの疫病によって2千万人から3千万人の死というのは、最大に近い規模の災害であるのは間違いありません。しかし私は、最大ではないと思うのです。現実にも、第一次大戦中のスペインかぜは、世界中で6億人が感染し、5000万人の死亡者があったと言われています。死亡者のパーセンテージで言うならば、最初に述べた、天然痘による米国原住民の死亡率（95%）は、もっと高いのではないかと考えられているわけです。

　ですから、死亡率三分の一というのは、むしろ、一つの社会が災害を受けて、そこからもう一度立ちあがっていくことのできた、限界の数字ではないかとも思うのです。人類の歴史の中には、もっと苛酷な状況があった。あまりにも被害がひどすぎて、もはや立ちあがれずに滅亡してしまった民族がいくらでもあるように思うのです。

　旧約聖書を読んでおりますと、そのようにして滅亡してしまった民族はいくつも数え上げることができます。巨大な文明でも同じです。

　ですから私たちにできることは、ある意味では今も変わりなく、「主の祈り」を祈ることだと私は思うのです。「われらを（あまりにも大きな、再び立ち上がれないほどの）試みには遭わせないでください」と祈ること。私たちが自分の力を過信しないで、様々に努力をしつつも、神に救いを祈り求めること、それが今日の状況における私たちの希望の根拠だと私は思うのです。

Ⅶ. 15-16 世紀

12. 「死の舞踏」の向こうに見える救い [1]

1. 現代人と「救い」の問題

　連続公開講座で「救い」あるいは「救済」というテーマについて、考えているのですが、今回の私のお話は、まあ本当に、恥ずかしくなるくらい単純なお話ですので、もっと学問的な、神学的に深い内容を求めておられる方はがっかりなさるかもわかりません。しかし、そういう単純なお話が、連続講座の中に一つぐらいあってもいいのではないかと思いました。

　その単純なお話というのは、現代に生きている私たちにとって、「救い」とは何であるのかがよくわからなくなってきているのではないか、ということなのです。救いとはいったい何であるのか。どういうことが私たちにとって「救い」なのだろうか。

　私は、神学部の授業の他に、「キリスト教学」という一般教育科目を担当しておりまして、これは神学部の学生ではなくて、西南学院の他の学部に入学しておられる一般の学生の、主に 1 年生の皆さんに、「キリスト教」を授業として教えているわけです。それでその私のクラスの、18 歳か 19 歳の、まあおおむねかわいらしい男の子や女の子たちの顔を思い浮かべながら考えるのですが、いったい彼らにとって「救い」「救済」とは何だろうか。彼らの多くは、たとえばファッションであるとか、スポーツであるとか、テレ

<hr>

1　本章の元になったのは、2009 年に行われた神学部公開講座「現代人にとっての救い」の一環として、2009 年 6 月 1 日に行われた同名の講演である。その後東日本大震災を経て、私は、この「死と救い」の問題は現代の日本人にとってすでにリアルで深刻な問題となっているのだから、今さら中世の人々から学ぶ必要はないと考えて発表をあきらめた。しかしその後、この時の講演が印象深かったと言ってくださる方があり、また日本の問題としても、この主題を風化させてはならぬという考えから、『神学論集』に発表することにしたものである。

ビ・タレントについてであるとかは、私などが足もとにも及ばないほどよく知っているのです。しかし歴史とか文学にはあまり関心がありません。まして宗教のことなど本気で考えたこともない、そのような若者たちにとって、救いとはいったい何でしょうか。

「救い」のことをドイツ語で Erlösung と言います。それは「解き放つ」「解放する」ということを意味します。ギリシア語では sôtêria、ラテン語では salvatio とか liberatio と言います。salvatio とは、病気を癒して健康にするという意味であり、liberaito とは奴隷状態から解放するという意味です。それでは私の学生の彼ら、彼女らは、いったい何から救われたいと思っているのでしょうか。彼らのかかっている病気とは何で、彼らは何の奴隷状態、とりこになっているのでしょうか。

私の判断が正しければ、もし私が自分の学生たちに、キリスト教の救済、救いということを言っても、彼らの多くにとってはピンと来ないだろうなあと思うのです。「キューサイって青汁のこと？」と言われるのが関の山で、「イエスさまを信じて、救われましょう」と言っても、大部分の学生たちはいつものように優しい笑顔で私を見てはくれますが、心の中ではきっと、この先生も所詮はキリスト教の先生だなあと、憐れむような気持で私を見るに違いありません。

今私は、学生たちのことを例にしたのですが、学生たちだけのことではもちろんありません。私たちにとっても、「救い」とはいったい何であるのかが、とてもわかりにくくなっている。この社会の中の苦しみや閉塞感は、今日的な状況の中で非常に深くなっているのでありますが、それが「救い」ということに結びつきにくくなっているような、そういう社会的構造があるように思われるのです。

救いとは、困難や苦しい状況、特に奴隷状態からの解放を意味します。ですから、苦しみがわからないということと、救いがわからないということは、同じことがらです。多くの人が考えるように、苦しみがわからないから救いがわからなくなっているのか、それとも逆に、神学者カール・バルトが考えましたように、救いがわからないから、結局苦しみや罪もわからなくなった

のか、その順序の問題はあるのですが、ともかく私たちは、自分はいったい何から救われたいのか、何が私たちを閉じ込めている檻であるのか、それがわかりにくくなっているのだと思うのです。

　私はこのごろ、日本社会はここ10数年の間で非常に荒れすさんできていると、とみに思うようになりました。貧富の差が拡大して、少数の人々に富が集中するようなシステムが作られている。他方で、貧しい人々や弱い立場にある人々が切り捨てられて、あまりにも大きな自己負担を迫られるようなシステムもできあがってきている。ある意味で閉塞した状況なのです。けれどもそのような状況の中で、多くの人々は、手をつなぎあって社会改革に立ち上がるとか、お互いに助け合うとかという方向に向うのではなくて、何とか自分だけを守ろうという方向に向っている。インターネットや何やらで、情報だけは人々の間をよく飛び交う状況になったのですが、個々人はかえってバラバラで、一億総ひきこもりという状況に近づきつつあるのではないだろうか。そう思われるのです。

　現代人にとって「救い」がよくわからないとは、私たちにとって、罪とか苦悩とか絶望というものがよくわからなくなっているということです。

　そしてこのような救いのわかりにくさというのは、何もつい最近始まったことではなくて、かなり昔からその兆候はありました。それは現代の精神性、現代人の心のありようそのものと結びついていると思うのです。ですから、たとえば優れた詩人たちは、そのことを早くから予感して、それを歌にしているように思います。

　　ニューヨークの東二十八丁目十四番地で書いた詩　　　　谷川俊太郎

　　それから W・H・オーデン[2] が
　　その大きな手で
　　アルミニウムの歯磨きコップに入った

2　Wystan Hugh Auden（1907-73）。英国出身の、おそらく20世紀最大の詩人。

熱いコーヒーを運んできたんだ

それからその前の晩の食卓では
誰かが箸の起源を問題にした
一九一〇年に突然発明されたのさなんて
冗談は言ったが誰も何も知らなかった

それから人気(ひとけ)のない小さな映画館で
〈ブルーフィルムの歴史〉を観た
誰の家か白い壁に弱々しくつたがからまり
その下に無残な裂け目が口を開けていた

それからラジオではいつもどこかの局が
J・S・バッハの音楽を流していたな
僕のホテルの窓からは空はおろか
陽の光さえ見えなかったのさ

それから風邪をひいた田村夫人のために
僕等はプラスチックの箱に
刺身と御飯とお新香をいれて持って帰った
テレビではまだマリリンモンローが生きていて

それからもちろん旅行者小切手に
くり返し自分の名前を記して
人間は今あるがままで
救われるんだろうか

もし救われないのなら
今夜死ぬ人をどうすればいいんだい

12.「死の舞踏」の向こうに見える救い

もし救われるのなら
未来は何のためにあるんだろう

救うのが自分の魂だけならば
どんなに楽だろうね
他人の魂が否応なしに侵入してくるので
僕には自分の魂がよく見えないな

それからまた夜があけて
僕は東京からの電話で起されたんだ
僕はお早うと言い
娘と息子はおやすみなさいと言ったのさ[3]

　現代人にだって「救い」という問題はあるのだと、この詩は物語っています。いやむしろ、現代人こそ、本当に救いを必要としているのかもしれない。ある日ふと、日常生活のこまごましたあれやこれやの出来事の中で、突然その問題、「救い」の問題が心に浮かび上がって迫ってきて、のっぴきならない問題になることがある。「人間は今あるがままで／救われるんだろうか／／もし救われないのなら／今夜死ぬ人をどうすればいいんだい／もし救われるのなら／未来は何のためにあるんだろう」。

　それは何か、ずっと昔に受けた心の傷口が、失恋だとか、愛する人に死なれた経験だとか、そういった心の痛みが、突然よみがえってきたようなものであります。胸がキリキリと痛むのです。「人間は今あるがままで／救われるんだろうか」。

　けれどもそうした心の痛み、胸の鋭い痛みも、日常生活の人間関係の中で、やがてまたどこかに紛れ込んで、わからなくなってしまう。私たちには、「自分の魂」というものがよく見えないからであります。谷川俊太郎は歌っ

3　谷川俊太郎『夜中に台所でぼくはきみに話しかけたかった』青土社 1975 年より。

ています。「他人の魂が否応なしに侵入してくるので／僕には自分の魂がよく見えないな」。朝になって、東京の家族からの電話で、私たちはちょっぴり優しくなって、救われたような気分になるのですが、それだけで終ってしまうのです。

谷川俊太郎という詩人は、人間の根源的な孤独とか、無知であるとか、心の痛みであるとか、そういったものをごく初期の頃から歌っていました。彼の最初の詩集は、『二十億光年の孤独』というのです。私は最近気づいたのですが、谷川俊太郎は宗教的な詩人なのです。しかしこの孤独とか無知といったものは、絶望や罪や苦悩へと結晶化することがありません。それゆえそこでは「救い」ということも始まっていないのだと思われるのです。

2. パリの「死の舞踏」図

実は以上述べましたことだけで、私の今日のお話はもう終っているのです。現代人には、救いということがよくわからなくなってしまっている。救いがわからないし、だから人間の罪だとか苦しみだとか、私が私であるとか、私が私でないとか、そういったことがよくわからないのだ、と。そしてこの問題というのは、後でもう一度この問題について考えてみますが、私は今より少しでも先に行けるのかどうか、答えを見出せるのかどうか、よくわかりません。心もとない感じであります。

しかし、その前に私は、「時間つぶし」というわけでもないのですが、ずっと昔の、ヨーロッパ中世のことを考えてみたいと思うのです。中世の末期に流行いたしました絵、「死の舞踏」（danse macabre）という名前で呼ばれております絵を、ご覧に入れようと思うのです。つまり、中世ヨーロッパという時代には、人々はどのように救いということを考えていたのかを学んで、その後で、そこから逆に、私たち現代人にとっての救いということを考えてみたいのです。その大きな理由は、私が「中世哲学」の専門家であって、中世の社会とその思想についていつも考えているということでありますが、またある意味では、キリスト教の「救い」というものがもっと元気であった時

代、救いがもっと生き生きと感じられていた時代の息吹のようなものを感じ
取りたいのです。

　その場合、中世の人々にとって「救い」というものがわかりきった、当た
り前のものであったわけではありません。もし「救い」がよくわかっていた
らば、このような「死の舞踏」という絵が描かれる必要はなかったのです。
けれども、この絵が現われたときに、中世の人々はそれに強く惹きつけられ
たということ、それは間違いのないところであります。といいますのは、こ
の絵は、最初パリで始まったと考えられておりますが、その後ヨーロッパ中
にこの絵柄は広がっていくからです。つまりある意味で一世を風靡した、流
行の画題であったと言えるのです。そしてその時代というのは、15世紀か
ら16世紀という、つまりは中世という時代が終って、近世・近代が始まっ
ていく時代とぴったり重なっています。

　「死の舞踏」というこの絵柄は、皆さまのお手元にあるプリントをご覧に
なったらわかりますように、人間たちと死者たちが手をつないで踊っている
という図であります。現在、およそ80ほどの「死の舞踏」図が、中世末期
の15世紀から16世紀にかけて、ヨーロッパ各地の教会や墓地に描かれてい
たことが確認されておりますが、そのうちで現存いたしますのはごくわずか
で、ほとんどは壊されてしまいました。一時期、非常に流行して、各地にた
くさん描かれたのですが、やがて人気がなくなり、壁ごととり壊されたり、
塗りつぶされてしまったものだと考えられています。まあ、ちょっと気味
の悪いというか、趣味の悪い感じもする絵でありますから、流行の最初にあ
った精神性や時代の気分のようなものが失われると、すたれてしまうのも早
かったわけです。

　ごく初期のものだと考えられているのは、パリのサン・イノサン墓地の、
墓地を取り囲むようにしてあった回廊（Arkade）に描かれた「パリの死の舞
踏」図（danse macabre）です。これは1425年にできましたが、残念ながら
約100年後の1529年に破壊されてしまって、実物は現存しません。けれど
も、描かれた当初は大評判だったらしくて、大勢の人々が見物に来たような
のです。それでその人気を当て込んだ、マルシャンという出版業者がこれを

木版にして、1485年に出版をいたしましたので、幸い今日でもその様子を想像することができます。お配りしたプリントの最初の1枚（全16枚）がその絵です。

　たとえば、上の絵をご覧ください。そこにはローマ教皇（三重冠をかぶり、杖を手にしている）の傍に死人が立っておりまして、教皇の杖をつかんで、一緒に踊ろうと誘っておりますが、教皇は左手を少しあげて、「いえ、あの、わたくし結構です」というふうに尻込みしているように見えます。その右側には、神聖ローマ帝国皇帝（帝冠をかぶり、手に世界を表す球と長い剣を持っている）の傍に、やはり死人が立っていて、皇帝の右ひじのところを触っています。皇帝は明らかに迷惑そうで、「向こうへ行け」とでも言いたそうな顔をしていますが、振り払うことはできません。この死人は、つるはしを肩にかついでおりますが、これは墓掘りのための道具です。

　こんなふうに、「死の舞踏」図では、身分の高い人々から始まって身分の低い人々にいたるまで、社会のあらゆる階層の人々が死人たちと手に手をとって踊りを踊っている、あるいはいやいや踊らされているのであります。死人たちは多くの場合、完全な骸骨というわけではなくて、まだ身体に肉がへ

ばりついている、まだ死んでからそれほど時間が経っていないと思われる生々しい姿でありまして、内臓を掻き出した後なのでしょう、お腹のところが裂けていたりします。手にはつるはしや、スコップなどの土を掘る道具、あるいは棺桶や棺台など、いずれにしても墓地に備えてある道具を手にしております。

なぜこんな気味の悪い図像を、しかも、ただでさえ気味の悪い墓地の周囲を取り囲む回廊に描くというのは、いったいどういう神経だったのか不思議にも思えてくるのですが、その謎を解く鍵は、この一連の絵の左端と右端、つまり最初と最後に描かれた絵と、そこに書かれていたと思われるせりふにあります。

最初の、つまり左端の絵が上図です。

実はこれらの「死の舞踏」図の下には、それぞれの登場人物たちのせりふが、書かれていたのです。この最初の絵では、一人の修道士とおぼしき説教者が書見台に向って座っています。右上に天使が現われて、その前に、巻き物を広げるような感じで天使のせりふが書かれておりますが、これはラテン語です。

Hec pictura decus, pompam, luxumque relegat:
Inque choris nostris ducere festa monet.
この絵は華美な飾りや葬祭の行列やぜいたくを遠ざける。
そしてわれわれの踊りの群れの中で、祝祭をせよと忠告するのである。

　この絵の下には、この修道士のせりふが書いてあるのですが、これはラテン語ではなくて古いフランス語です。小池寿子先生の翻訳[4]を載せておきます。

　　永遠の生を望む理性ある者
　　死すべき生を善く終えるにあたり
　　この著名な教えを心せよ
　　ダンス・マカーブルと言われしは
　　各々ダンスを学ぶこと
　　男女問わず自明なるは
　　死は大なる者も小なる者も容赦せぬことなり。

　　この鏡の中に人々は看て取らん
　　かく踊ることこそ適わしと
　　そこにしかと己れを見定めるは賢き者
　　死者は生者を進ましむる
　　汝、最も偉大なる者より始まるを知る
　　死をおいて他に委ねるものなきゆえに
　　ここで想うべきは哀れなる万事
　　すべて一物より造られ出にけり

　つまり、ここに書かれておりますのは、第一には、どんな人間でも死ぬのだ、という明白な教えであります。死なない者はいない。ですから私たち人間はいつか必ず、この死者たちのダンスの群れの中に加わって、一緒に踊りを踊ることになるのだ、というのです。ですから、この踊りの中に自分はいるのだと、そう思い定める者こそ賢明な者だと言える。「そこにしかと己れを見定めるは賢き者」と書かれています。

4　小池寿子『死者たちの回廊──よみがえる「死の舞踏」』平凡社ライブラリー 1994年、155頁。

230

　そして第二に、死というものは、ある意味で平等だということが言われています。「男女問わず自明なるは、死は大なる者も小なる者も容赦せぬことなり」。すなわち、ローマ教皇や神聖ローマ帝国皇帝といった、この世における聖界と俗界の最高の身分の者でさえ、死の前ではまったく無力だということなのです。

　だから、絵の上で天使が告げているように、葬儀を派手にすることではなく、ただ死をしっかりと自覚せよ、とこの絵は告げています。中世の標語のようにしてよく言われる memento mori、「死ぬことを心に覚えよ」というのがこの絵の主題であるわけです。

　実は、この絵や他の「死の舞踏」図を研究していて、私の学生の一人が、おもしろいことを言ったのです。つまり、これらの「死の舞踏図」は確かに不気味なものであって、たとえば、昼間ならまだしも、夜間の墓地に行って墓地を取り囲む壁に、あるいは教会（それ自体が一つの墓地でもあった）の内壁に、ほの暗い明かりに照らされてこういった図柄が並んでいるのを見たとしたら、身の毛もよだつような恐怖を感じるに違いないのでありますが、しかしこの学生の言うには、ここにはまた一種のユーモアというか、滑稽さのようなものが感じられるというのです。ブラック・ユーモアではありますが、ある奇妙な味わいの滑稽さ、楽しみのようなものが見てとれるというのです。

　私は、これは一つのすぐれた見方であると思いました。そもそも「死の舞踏」図に描かれているのは、一つのダンス（Tanz, dance）であり、輪舞（Reigen, ronde）なのです。ピーテル・ブリューゲルの絵で『農民の踊り』というのがございますが、中世社会に暮らす庶民にとって、一年で一番楽しかったのは、お祭などでみんなで陽気に踊る踊りであったのではないでしょうか。

　ブリューゲルの絵には、左の方に、バグパイプを抱えて演奏している太った男が描かれているのですが、同じように、「死の舞踏」図には、しばしばバグパイプを演奏する死人が登場することがあります。

　バグパイプの他にも、ギター、ラッパ、太鼓、木琴、バイオリンなど、い

左から、木琴、ラッパと太鼓、琴を奏し、農夫を手伝う死神（ハンス・ホルバイン）

ろんな楽器が出てくるのです。そこには、ただ単に「おそろしい」というだけには収まり切れないような、楽しさがあって、だからこそ人々は「死の舞踏図」を見るために、そして楽しむために集まってきたのではないだろうか、と思われるのです。

　オランダの歴史学者であったヨハン・ホイジンガは、『中世の秋』という書物の中でこのように書いています。

　　イノッサン墓地は、だんぜん人気があった。だれしもが、ここで永遠の眠りにつきたいと願っていたのである。あるパリの司教などは、ここに埋葬されることができないからというので、この墓場の土をひとつかみ、自分の墓のなかに入れさせたという[5]。

　つまりここは、淋しい墓地というよりは、観光地のようだったというのであります。

　　当時のうわさでは、ここに葬られた死体は、九日後にはもう骨になるとのことであった。その頭蓋骨、その他の骨は、墓地の三方をとりかこむ回廊上部の納骨棚に積みあげられ、むきだしのまま、幾千もの人の目に公然とさらされて、万人平等の教えを説いていたのである。回廊の下方には、

5　ホイジンガ『中世の秋1』（堀越孝一訳）中公クラシックス 2001 年、360 頁。

『死の舞踏』の絵図と詩文がかかれていて、人々は、その教えを絵にも見、言葉にも読んだのであった。

　埋葬と掘り返しがたえまなく行われているというのに、この墓地は、かれらの遊歩場であり、会合の場所であったのだ。納骨堂のわきには、商人が店を出し、回廊には、いかがわしい女がたむろしていた。教会堂のわきには、壁囲いした女隠者の姿のみえないときはなかった[6]。

3. ベルリンの「死の舞踏」図

　もう一つ、「死の舞踏」図を見ていただきたいのですが、それはベルリンの「死の舞踏」図であります。

　すでに申しましたとおり、ヨーロッパの各地の「死の舞踏」図は、特に古いものはほとんどすでに失われているのですが、このベルリンの「死の舞踏」図は、一部が欠けておりますものの、ほとんど全体が保存されているという点で、非常に貴重なものなのです。というのは、この図は、ベルリンの中心部のアレクサンダー広場の「聖マリア教会」の、正面入り口から入ってすぐ左側の部屋の壁に描かれていたのですが、長い間、しっくいで上塗りして消されておりましたのが、1860 年に偶然発見されたという経緯があるか

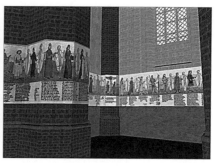

聖マリア教会（ベルリン）
「死の舞踏」図は、正面入り口から入ってすぐ左側の Turmhalle（塔の脇にできるホール）の壁に描かれている。長さ 22 メートル、高さ約 2 メートルである。

6　同書 361 頁。

らです。

　1860 年当時、この壁は白いしっくいで上塗りされていたのですが、その
しっくいを剥がすと、その下から、高さ約 2 メートルで長さ 22 メートルの
絵が発見されました。その時点で、この絵は少なくとも 130 年間はしっくい
の下に隠れていたと思われます。絵はすでにかなり痛んでおりましたので、
その後何度か上から絵の具を塗って補修されました。ところがこの補修は間
違いが多いものでしたので、現在は、1955 年から 58 年に、19 世紀になされ
た上塗りを剥がして、15 世紀の終わり（1486 年）に描かれた当時の状態に
戻されています。

12.「死の舞踏」の向こうに見える救い

234

ベルリンの「死の舞踏」に関わる年表

1490 頃　ベルリンの「死の舞踏」が描かれた時代（画家は不明）。描かれた後それほどたたないうちに、絵の何箇所かで、すでに絵の具の上塗りで補修された形跡がある。

1539　11 月、ベルリンで宗教改革が始まる。「死の舞踏」は、おそらくその後まもなくしっくいで上塗りされたと思われる。

1729　教会の文書に、「死の舞踏」がここにあったがしっくいで上塗りされたとの記述がある。

1833　Francis Douce（英国の歴史家、1757-1834）の著書（*The Dance of Death*）がベルリンの「死の舞踏」図について言及している。しかしそれが引き合いに出している資料には、「死の舞踏」についての記述は含まれていない。1849 年に出た Adolf Ellissen の詩集『（ホルバインの）死の舞踏のアルファベット』の中では、ベルリンの「死の舞踏」は、「いくらかは重要でない、いくらかは疑わしい、そしてほとんどはもはや存在しない死の舞踏図」の中に数えられている。

1860　（プロイセンの）王室上級建築顧問官 August Stueler が、しっくいの層の下から中世の絵を発見した。Wilhelm Luebke の指導の下に、そして Hans Ferdinand Massmann の文献学的援助によって、絵は先ず露出させられ、続いて Fischbach によって「補足的に上塗り」された。その結果は、10 分の 1 の縮尺で、Rudolph Schick によって記録された。

1892/93　修復が行われ、Fischbach の施した上塗りが歴史的でないとして除去された。教会の内部の改修の結果、「死者-道化師」のペアが破壊された。

1926　新しい修復（加筆）。

1945　ベルリン爆撃の際、教会の西側の壁が相当破壊された。しかし「死の舞踏」図は、間接的な被害だけですんだ。

1955-58　修復（加筆）の除去作業が、Friedrich Leonhardi の指揮の下に行われて、それまでになされたあらゆる修復が、写真で記録された後に除去された。

1986　絵の劣化を防ぐため、湿度を管理し始めた。

1992　ガラス構造物による絵の保護が始まる[7]。

このベルリンの「死の舞踏」図でも、左端にフランチェスコ会修道士が立っていて、講壇から説教をしています。「死の舞踏」というのは、この説教の内容でもあるのです。古いドイツ語の表記法で書かれており、また欠落も多いのですが、次のように復元されています[8]。

(Hyr ste)et dy bruder van sunte franciscus orden

　ここに聖フランチェスコ会修道士が

(uppe) eyneme predickstul unde seeth:

　説教壇に立って言う

(leven wold)e gy sunder grot(e not)

　汝らは大きな苦労もなく生きようとしている

(nu mute gi lide)n den bitteren doet

　今や苦い死を受けねばならない

den konde an liuen konnte im Leben

.................t syner .....

.........unde met myne.. und mit

.................litche......

...............redyen..ik.......

...............den pypen wike den Pfeifen weiche

(bytterlyken s)terven ys dy erste sanck

　苦く死することこそ第一の歌

(dy ande)r alzo dy klokkenklanck.

　第二の歌は鐘の音のようだ。

7　年表は、Peter Walther, *Der Berliner Totentanz zu St. Marien*, Lukas Verlag, S. 85 による。

8　藤代幸一『「死の舞踏」への旅』八坂書房 2002 年、232 頁参照。

236

(dy drudde van) frunden syn vorgeten
　第三は、友人たちに忘れられること
(al)tydes dat svlle gy weten
　いつでも、それを汝らは知らねばならぬ

　ここでも、「死を覚えよ」という歌が基調低音のように流れています。
　一番右端の「道化師」の像は、19 世紀の終りに教会が新しい入口をつく
ったために、破壊されてしまっており、現存しません。元来はそのさらに右
側に「母親と子ども」の像があったと推測されているのですが、それがどん
な図であったかは完全に不明です。
　この道化師図を（下半分だけですが）実見できたのは、1860 年に「死の
舞踏」図が再発見されたときにこれを調査したヴィルヘルム・リュープケ
（Wilhelm Luebke）だけなのですが、リュープケは道化師の足元にあるもの
を「深鍋」だと解釈して、この図を「料理人」だと述べました。つまり当時
からすでにこの図は相当保存状態が悪かったことがわかります。
　リュープケは言います。「ここには青色の足と（見たところ）灰色の足だ
けがあると認識される。さらに、小さな玉あるいは鈴が先端についた衣装の
裾が見える。これは、もしこの像の足元に黄色の鍋の痕跡がなければ、とり
あえず道化師だと判断されたかもしれないが、テキストとの整合で料理人が
指示されている」[9]。ここで「テキストとの整合」と言っているのは、図の下
にある「死者の像」のせりふのことなのですが、その中に bunghen という言
葉が出てくるのを、リュプケは「深鍋」のことだと解釈したということです。
しかし今日の研究者は bunghen をむしろ「太鼓」（Bunge）のことだと考え
ています。そして死者と道化師のそれぞれのせりふを、次のように復元して
います。

　　死者の像

9　Walther, op. cit., S. 57.

Ⅶ. 15 - 16 世紀

…………………………お前の太鼓で

……………………………に成功した

…………………………スリッパを脱げ

そして……………………お前の帽子

お前はかつてひどくふざけた奴でもあったが、

お前はしかしこの数を増やさなければならぬ。

道化師

ああ、あなたは何をなさろうというのですか、怪しいふざけ屋さん

私にもっと生きさせてください、もしできることなら！

私はあなたに、ささやかな場所を準備しましょう。

それは哀れなしもべの私を助けることができない。

それゆえ私は、キリストさまあなたに呼びかけます、

　すぐに救ってください。

なぜなら、私は怪しい詐欺師だったのですから。

　パリの「死の舞踏」図と違って、ここでは死者たちがあんまり恐くないのです。生々しい死体ではなくて、ひょろ長いやせた人間のようで、しかも生々しい裸ではなくて、白い衣をまとっています。これは一種の漫画のようなものなのです。このために「死の舞踏」のユーモラスな性格がいっそう際立っています。

4. 死の舞踏が書かれた動機

　「死の舞踏」図が「死を忘れるな」（memento mori）という教会の説教を主題として書かれたことは事実だと思います。またそれは 1347 年から 53 年の大ペスト、いわゆる黒死病の流行や、その後も断続的に続いたペスト（疫病）の記憶を直接的な原因にしているという説も説得力があります。ベルリンでは 1484 年にペストがあり、「死の舞踏」図はおそらくこれを契機として

1490 年頃に描かれたものと思われます。

　しかし Peter Walther によると、「死の舞踏」図が描かれた一般的背景としては、他にも次のようなことがらがあると言います[10]。

　(1)　経済的な行き詰まり　人口の減少、農村の荒廃

　(2)　中世的身分秩序への批判——清貧の思想

　(3)　宗教の世俗化と、煉獄思想に代表される来世観の変化

　(4)　終末意識の高まり

　これらの個々の要因について論じる余裕はもはやないのですが、要するに社会全体の閉塞感と、既存の秩序への不満が背景にあった、ということなのです。たといこの世での生活が厳しく、苦悩に満ちたものであっても、永遠の世界での浄福が約束されていれば、人は希望を持って最期まで生きることができます。けれどもペスト以来、人々はもはや教会のそのような約束をまともには信じられないようになっていました。世界に絶望しつつ、その世界での豪奢や華美を求めずにはおられないという矛盾した心情が、「中世の秋」を生きた人々に共有されていたのです。

　「死の舞踏」に含まれている微妙なユーモアは、人々の心のそのような矛盾を表現しているのではないか。私にはそのように思われるのです。「死の舞踏」図の死者たちは、生者のそのような矛盾を指摘してからかう道化師のような役割を果たしているのであります。

　ゲーテ（1739-1832）は、「死の舞踏」図が流行した時代よりはずっと後の人ですが、彼の「死者たちの踊り」は、「死の舞踏」の死者たちのユーモラスな性格を表現したものとして有名ですので、最後にそれを読んでみたいと思います。

10　　ibid. S. 7ff.

Johann Wolfgang von Goethe

ヨハン・ヴォルフガンク・フォン・ゲーテ

Der Totentanz（1813）

　死者たちの踊り

Der Türmer, der schaut zu mitten der Nacht

　教会の塔の番人が真夜中に、

Hinab auf die Gräber in Lage;

　整然と並んだ墓地を見下ろした。

Der Mond, der hat alles ins Helle gebracht:

　月は煌々、すべてを照らし、

Der Kirchhof, er liegt wie am Tage.

　墓場は真昼のような明るさだ。

Da regt sich ein Grab und ein anderes dann:

　すると墓石が一つ動いた、また一つ

Sie kommen hervor, ein Weib da, ein Mann,

　そこから出てくる、男が女が

in weißen und schleppenden Hemden.

　死装束を引きずりながら

Das reckt nun, es will sich ergötzen sogleich,

　手足を伸ばし、すぐさま興じようと

Die Knöchel zur Runde, zum Kranze,

　骨と骨で手をつなぎ、輪になって

So arm und so jung und so alt und so reich;

　貧しきも若きも、老いたるも富めるも。

Doch hindern die Schleppen am Tanze.

　とはいえ踊るには裳裾が邪魔だ。

Und weil nun die Scham hier nun nicht weiter gebeut,

　またここではもはや恥じなど無用ゆえ、

Sie schütteln sich alle: da liegen zerstreut

　身体をゆすり、ふりほどいてしまった

Die Hemdlein über den Hügeln.

　死装束は塚に散乱。

Nun hebt sich der Schenkel, nun wackelt das Bein,

　さても腿を高く挙げ、今度は脚を踏み鳴らし

Gebärden da gibt es, vertrackte;

　おかしな身振り、おかしな手振り

Dann klippert's und klappert's mitunter hinein,

　ときおりカタカタ、またコトコトと

Als schlüg' man die Hölzlein zum Takte.

　拍子木をたたくように合の手がはいる

Das kommt nun dem Türmer so lächerlich vor;

　塔の番人は笑いがこみあげてきて

Da raunt ihm der Schalk, der Versucher, ins Ohr:

　遊び心についそそのかされる

Geh! hole dir einen der Laken.

　行って、衣を一枚くすねてやろう

Getan wie gedacht! und er flüchtet sich schnell

　思惑どおり実行して、番人は急いで

Nun hinter geheiligte Türen.

　教会の扉のうしろに姿を隠す。

Der Mond, und noch immer er scheinet so hell

　月は依然、煌々と照らし出している

Zum Tanz, den sie schauderlich führen.

　身の毛もよだつ彼らの踊りを。

Doch endlich verlieret sich dieser und der,

　しかしやがては一人、また一人と

Schleicht eins nach dem andern gekleidet einher,

順繰りに衣を身に着け、こっそりと

Und husch! ist es unter dem Rasen.

たちまちみんな、芝生の下へと消えていく。

Nur einer, der trippelt und stolpert zuletzt

ただ一人だけ、よたよたとよろめきながら

Und tappet und grapst an den Grüften;

墓から墓へさまよい歩く。

Doch hat kein Geselle so schwer ihn verletzt,

それにしても仲間がこんなひどいことを

Er wittert das Tuch in den Lüften.

と思ううちに、布の匂いをかぎつけて

Er rüttelt die Turmtür, sie schlägt ihn zurück,

塔の扉を揺すってみるが、はねかえされる。

Geziert und gesegnet, dem Türmer zum Glück:

番人にとってはもっけの幸い

Sie blinkt von metallenen Kreuzen.

扉には聖別された十字架の金具が飾ってあった。

Das Hemd muß er haben, da rastet er nicht,

死装束はどうしても要る、それがなくては安らげぬ

Da gilt auch kein langes Besinnen,

だとすればもはや思案の暇はない

Den gotischen Zierat ergreift nun der Wicht

ゴシック様式の壁飾りを手でつかみ

Und klettert von Zinnen zu Zinnen.

こ奴は壁をつたってよじのぼる。

Nun ist's um den armen, den Türmer getan!

さても哀れな番人はもはや運のつき、

Es ruckt sich von Schnörkel zu Schnörkel hinan,

亡者は唐草模様をじわり、またじわりと

Langbeinigen Spinnen vergleichbar.

まるで脚長蜘蛛のように近づいてくる。

Der Türmer erbleichet, der Türmer erbebt,

番人は真っ青、番人はぶるぶる震え、

Gern gäb' er ihn wieder, den Laken.

死人の衣を返そうと投げつける

Da häkelt - jetzt hat er am längsten gelebt -

ところが——これこそ百年目——

Den Zipfel ein eiserner Zacken.

布の端が鉄の忍び返しにひっかかる。

Schon trübet der Mond sich verschwindenden Scheins,

もはや月は雲に隠れ、光は失せたそのとき、

Die Glocke, sie donnert ein mächtiges Eins,

鐘が鳴った、力強く一つ、

Und unten zerschellt das Gerippe.

すると骸骨は落ちて、砕け散ったのだ。

5. おわりに——私たちにとっての「救い」

　最初に私は、現代人にとっては「救い」という言葉がどうもピンと来なくなってしまっているのではないか、というお話をしました。しかし「救い」がよくわからないということは、「救い」が必要なくなったということではありません。むしろ現代人はよりいっそう救いを必要としていると思うのです。

　つまり現代人は、ある意味では昔の人々よりももっと絶望的な状態にあって、そもそも自分が何から救われたいのかが、よくわからないでいるのです。現代人も相変わらず「死の舞踏」の中にいるのですが、ただその自分自身をうまく認識できないでいるのだと思います。生者というよりも、ゲーテの描く、死に装束を失った骸骨のようなものです。

243

　「死の舞踏」を見ていた中世末期の人々は、そこから救われたいことが一杯あったと思います。ペストのような病気をはじめとして、経済的な行き詰まり、農村の崩壊、封建的身分社会の矛盾、それらはすべて、彼らにはうまく解決ができない、ある意味ではどうしようもないような状況にありました。いったん病気になったら、多くの場合はもうあきらめるしかない。じたばたしないで死ぬのを待つ。ただそれを彼らは、共同社会の中でお互いに支えあいながら行ったのであります。救いのない状況だからこそ、彼らは救いを信じたのです。「死の舞踏」という絵には、恐怖と笑い、絶望と希望の両方があります。あの死者たちは、恐くもありますが、ユーモラスないたずらっぽい存在でもあって、そのようないわゆるトリックスター的な性格は、後の時代になるほど強調されていきました。

　「死の舞踏」は、言うならば中世末期の人々が、自分自身を見るための鏡であって、それだからこそ多くの人々がこの絵を見るために墓地に足を運んだのだと思われます。同じような意味で、人々は教会に足を運んで、司祭の語る説教に耳を傾けたのです。「死の舞踏」図は、当時の「民衆説教師」の説教の内容そのものでもありました[11]。

　現代人である私たちもまた、私たち自身にとっての「救い」の意味を取り戻さなければならない、と思います。それはまた私たちが、個々バラバラにされた個人ではなくて、「私たち」という複数であるということ、愛し合い、助け合う共同社会の一員であるということの意味を取り戻すことでもあります。

11　ホイジンガ、前掲書、9頁以下。

12.「死の舞踏」の向こうに見える救い

13. 煉獄をめぐる黙想 [1]

——中世人にとっての死——

はじめに

　死とは何か。人間はずいぶん昔から、おそらくは私どもの想像も及ばない太古の昔から、死について考えてきたと思われます。人間のあらゆる宗教は、人間が死について考えたということにその遠い淵源を持っているに違いありません。いや、宗教（religio、敬神）だけでなく、芸術や文学などを含めてすべての文化は、そもそも人間が死すべき者であるという、その一点から始まったのだと言えないでしょうか。

　けれども他方、死について考えることができない、どうしても死を理解することができないということ、それもまた人間の姿であったのです。愛する人に死に別れたとき、私たちは死を本当に理解できるでしょうか。ルネサンスの詩人ペトラルカ（Francesco Petrarca, 1304-74）は、心から愛する女性や愛する人々を 1348 年のペスト（大ペスト）で失ったとき、次のように書いています。

　　わざわいだ、私は何を耐え忍ばなければならないのか。いかにすさまじい責め苦が、運命によって私の前に立ちふさがることか。私は目の前に、世界がその終りに向かって突進していく時代を見ている。そこでは、私の周囲で老いも若きも群れをなして死んでいく。安全な場所はもはやなく、

1　本章は、元来「キリスト教史概論」の授業の原稿として書かれたものに、今回全面的に手を入れたものである。

私に開かれた港もない。救いに憧れても、希望はないように思える。目を
いずこに向けても、無数の葬列しか見えず、それが私の視界をぼやけさせ
る。教会は嘆きの声で反響し、死者たちの棺台で満たされている。身分に
は関わりなく、高貴の人々も死んで、卑しき民と並んで横たわる。魂はそ
の最後の時を思い、私もまた自らの終りの日を指折り数えなければならぬ。
ああ、愛する友らは死んでしまった。心地よき会話も過ぎ去った。愛らし
い顔の数々が突然色あせてしまったのだ。地上はすでに墓にするにも手狭
になってしまった。……私の頭すら、どこにも隠せはしない。大海も陸地
も隠れた洞穴さえも、避難者に安全を与えることはない。なぜなら、死は
すべてに打ち勝つからだ。死は恐怖と共に来る。そしてどのような隠れ家
も安全ではないのだ[2]。

死は理解できないのです。人はなぜ死なねばならないのか。しかしまた人
はそれでも、死を何とか理解しようとせずにはいられないものでもあります。
今日は、私が専門にしております中世ヨーロッパにおいて、人々が死をどの
ように考えていたのか、どのように理解しようと試みたのかを、ご一緒に考
えてみたいと思います。

1. 万聖節前夜

10月31日は「ハロウィーン」(万聖節前夜) で、アメリカではよくこの
晩に、カボチャをくりぬいてつくった提灯を、窓際に飾ったりします。この
習慣は今ではドイツにまで広がっておりまして、私は何年か前にドイツに滞
在しているときに、この時期、オレンジ色のカボチャがたくさん道端で売ら
れているのを見て、驚いたことがありました。アメリカでは、子どもたちは
この晩、お化けとか魔女とかの扮装をして家々を回って、お家の人が玄関に
出てくると Trick or treat!(いたずらかもてなしか)と叫ぶことになっていま

2　Francesco Petrarca, *Epistola Metrica*, I, 14, 1(Ad se ipsum),1-14; 30-34, cf. K. Bergdolt,
Der Schwarze Tod in Europa, S. 101.

す。すると家の人々はいたずらを恐れて、チョコレートとかキャンディをくれるという寸法であります。

　最初にこのお話をいたしますのは、実はこのハロウィーンというお祭は、アイルランドのケルト族の古いお祭に起源があると言われておりまして、サムハイン（Samhain）という死の神の到来をお祝いする祭であったらしいのです。死神が来るのをお祝いするというのはちょっと奇妙な感じもいたしますけれども、それは同時に冬（当時は冬から新年でした）が来たのを祝うことでもありました。そしてこの晩には——これが大事なことですが——死者たちの魂が家に帰ってくると信じられていました。子どもたちが仮装をして家々を回るという風習は、これと結びついています。そして人々は、死者たちのいたずらや災いを恐れて、これをもてなさなければならない、と信じていたらしいのです。

　キリスト教がヨーロッパで支配的な信仰になる中で、このサムハインの祭はアイルランドのキリスト教に取り入れられて、11月1日の万聖節（All Saints' Day, Allhallows）の前夜祭（Allhallows' Even → Halloween）となりました。そしてさらに、アイルランドからアメリカに移民した人々を通じてアメリカに伝えられて、今日に至っているわけです。

2.　死後の世界の近さ

　ここで私は、ヨーロッパ中世の人々が、「死」ということをどんなふうに考えていたのか、あるいは「死の向こうの世界」、「あの世」というものをどんなふうに考えていたのかについて、お話しようとしているのですが、正直に言ってそれは非常に複雑で、時代や地域によっても多様でありまして、とうていこの小さな論文で述べられるものではありません。そこには死についてのキリスト教の教えと、ケルトとかゲルマンなどの古い信仰の観念などが入り混じっていて、判然とは区別することもできません。

　しかしきわめて大雑把に言って、中世ヨーロッパの人々は、キリスト教の本来の教えよりも、死者たちの世界というものをずっと身近に感じていたと

いうことは言えるかもしれません。死後の世界はこの世と完全には断絶して
なくて、つまり天国や地獄のように隔絶した場所ではなくて、平面上で地続
きであるような、つまり森の奥深くかあるいは海の彼方のような場所であっ
て、時々はそこから死者たちがこの世に戻ってくると思っていました。ゲル
マンやケルトの人々は、キリスト教が入ってくる以前は、ある意味で、死者
たちと共に生きていたのです。それは彼らの祖先崇拝の信仰と関係がありま
す。そのような、キリスト教にとっては異教的な死後の観念が人々の間に広
く残存しておりまして、キリスト教会はそのような人々の死後についての観
念と戦い、基本的には斥けつつも、部分的にはそれを受け入れ、習合してい
ったということができます。中世ヨーロッパの人々にとって、ちょうど昼と
夜のように、あるいは意識と無意識のように、教会の教えと古い異教の教え
が裏表に重なり合っていて、その重なりの緊張関係の中から様々な新しい思
想や神話や観念が生まれてきたと言えるように思います。

3. 煉獄——時間のある世界

　キリスト教の教えがヨーロッパ中世の人々の生活の隅々にまで浸透し、彼
らの生活をあらゆる意味で支配するようになったのは、12 世紀頃だと言わ
れます。それは特別な世紀でした。今日まで続いておりますキリスト教の
様々な儀式や習慣のうち、数多くのものがこの 12 世紀に始まった、あるい
はこの時期に西欧社会に定着したと言えます。それはたとえば、教会で結
婚式をする習慣とか、教区教会制度とか、聖職者独身制度（グレゴリウス改
革）とか、様々なものがあります。教会の尖塔に鐘がとりつけられて一日の
時刻を告げるようになったのも、およそ 12 世紀のことです。
　ここでの主題であります「煉獄」（purgatorium）という、人間の死後の世
界として三つ目の世界の存在が定着するのも、12 世紀から 13 世紀にかけて
のことです。煉獄というのは、天国と地獄の間に第三の場所があって、死ん
でいきなり天国に行くほど善い人間でもなく、かと言って永遠に地獄で苦し
み続けるほど悪い人間でもない、言うなれば白でも黒でもない灰色の人々が、

248

死んだのちに行く場所だとされています。

　それは、本来のキリスト教の教え（世界観）にはなかったものでありまして、聖書の中には出てきません。聖書にあるのは、天国と地獄だけであり、人間は死んだ後、神の裁判といいますか審判を受けて、それぞれの生前の所業の報いとして、天国と地獄のどちらかに行くのだと考えられておりました。

　煉獄というのは天国でも地獄でもない、第三の場所であります。そして煉獄という存在を考えるときに大事なのは、そこには時間があるということなのです。天国と地獄はそれぞれ永遠の世界でありまして、時間がないというよりも、時間を越えた世界です。そこではすべてのものが永遠に続く。天国においては喜びが、地獄では苦しみが永遠に続く。そこでは、いずれにしても永遠の世界ですから、時間が支配しているのではなくて、神様との距離がすべての尺度になっています。天国においては、神との近さが、地獄では神からの遠さが尺度になって、すべてのものが位置づけられています。ところが煉獄においては、魂は時間の中にあって生き続け、変化をし続け、より低い段階から高い段階へと動いていきます。その意味では煉獄は現世の続きであり、現世と同じ平面上にはないものの、何らかの関係のある世界として考えられていました。つまり煉獄は、先ほど申しましたゲルマンとかケルトの（地続きの彼方にある）死後の世界と、キリスト教的な天国・地獄の入り混じった世界だったのです。

　「煉獄」（purgatorium）という言葉は、ラテン語の purgo（purus＋ago）、つまり「洗い清める」「純粋（pure）なものにする」という言葉から来ているのですが、そこでは死後の魂が洗い清められて、浄化されていくのです。ですから、「浄罪界」とか「浄罪天」と訳されることもあります。そして魂が十分浄化されて、天国に入るにふさわしいものになると、魂は煉獄をいわば卒業して、天国へと昇っていくと考えられていました。つまり、煉獄というものは、死後の魂が一定期間そこに滞在して、生前の罪を洗い清める場所であり、始まりと終りがある世界、入り口と出口のある世界、成長と発展のある世界であります。煉獄は、この世と同じく「過渡的な世界」「過ぎ行く場所」なのであります。人間の死後にいきなり永遠の世界があるのではなくて、

中間的な世界、時間的な世界がある。いわば一種の敗者復活戦のようなものがある、というのが煉獄の基本的なイメージです。

　この教えは、西欧中世に特徴的なものでありまして、同じキリスト教でも、ギリシア正教にはありません。プロテスタント教会もその聖書主義のゆえに、聖書にはない「煉獄」を否定しました。よく煉獄の聖書的根拠として、Ⅰコリント書3章10節から17節が挙げられるのですが、そこでは、私たちの生前の所業が終末の裁きに耐えられず、自分自身（神の家）が燃え尽きても、「ただ、その人は、火の中をくぐり抜けて来た者のように、救われます」（15節）と言う逆説的な神の救いが述べられているだけで、「煉獄」という一つの世界を暗示するものは何もありません[3]。

4. ダンテ『神曲』における煉獄

　煉獄というものに、最終的に明瞭なイメージを与えたのは、ダンテ（Dante Alighieri, 1265-1321）の『神曲』という文学作品でした。『神曲』は、主人公のダンテ自身がヴェルギリウス（ヴィルジリオ）というローマの詩人に案内されて、地獄、煉獄、天国の三つの世界を旅していくという、一種の巡礼物語なのですが、その中では煉獄は、一つの大きな山としてイメージされています。『神曲』の世界では、ちょうど地上のエルサレムの真下に深いすり鉢状の地獄があって、地球の中心にまで達しています。そしてその中心をくぐりぬけて地球の反対側にまで登っていくと、そこには巨大な山がそびえていて、それが煉獄の山であります。エルサレムとは、ちょうど地球の反対側でありますから、当然南半球に属しておりまして、現在の世界地図では南太平洋のタヒチ島の南2000キロほどの海上になってしまいます[4]。その煉獄の

3　聖書の中では、この浄化の火（Ⅰコリント書3章10-17節）を暗示する記事の他、来るべき世での罪の赦しの暗示「人が犯す罪や冒瀆はどんなものでも赦されるが、"霊"に対する冒瀆は赦されない」（マタイ福音書12章31-32節）、「金持ちとラザロ」（ルカ福音書16書19-31節）、死者たちのための贖罪の祈り（Ⅱマカバイ書12章38-45節）などが煉獄と関係づけられて語られることがあります。
4　とはいえその当時、人々は地球を今よりもずっと小さいものと考えていたことも

250

ドメニコ・ディ・ミケリーノ
「ダンテ、『神曲』の詩人」1465 年

山は（左の絵にありますように）ほぼ円錐形をしておりまして、その周囲に二つの台地と七つの円環が取り巻いています。罪人の魂はそれぞれの場所で自分の生前犯した罪の償いとして苦しみを負いながら、次第に重荷を下ろして軽くなっていきます。最後の第七の円環では猛烈な炎が燃えていて、魂はここで炎の中をくぐって、最後まで残った地上の罪を焼き尽くさなければなりません。そしていよいよ煉獄山の頂上に登ると、そこが地上の楽園でありまして、今や軽くなった魂は、そこからさらに天上の世界、星々の世界を目指して昇っていくのであります。煉獄の構造をダンテ『神曲』によって説明しますと、次のようになります。

煉獄前域……煉獄山の麓では、古代随一の道徳家小カトーが、やってくる
　死者たちを見張る。

第一の台地　破門者……教会から一度破門され、臨終に際して悔い改めた
　者は、煉獄山の最下部から贖罪の道を登ることになる。

第二の台地　遅悔者……生前に信仰を怠って、臨終に際してようやく悔い
　改めた者はここから登る。

ペトロの門……煉獄の入口。白、紫、赤の三段の階段（悔い改めの三段階、
　痛悔、告悔、贖罪を表す）を上り、天使が金と銀の鍵で開く扉を通って
　進む。

第一の環道　高慢者……生前、高慢であった者が重い岩を背負い、（高慢
　の償いとして）腰をかがめる。地上の名声の空しいことが語られる。

確かでありまして、ダンテはエルサレム（東経 35 度）を中心にして、スペインの
エブロ川（西経 3 度）とインドのガンジス川（東経 73 度）まで（経度差 76 度）で、
地球の半球にあたると考えていました。Cf. *Divina Comedia*, Purg. 27.

第二の環道　嫉妬者……生前、嫉妬に狂った者が、瞼を針金で縫いつけられて、かつて羨望のまなざしで見たことの償いをしている。瞼の間からは絶え間なく涙が流れ出る。

第三の環道　憤怒者……怒りの罪を悔い改めるべき人々が、濃い煙の雲の中でさまよいつつ祈っている。

第四の環道　怠惰者……怠惰は善への愛がないことから生じる。この環道では、怠惰であった者たちが立ち止まることもせず、愛に鞭打たれてひたすら走っている。

第五の環道　貪欲者……貪欲の罪を贖うために、人々は地面に倒れ伏し、腹ばいになって生前の罪を悔いている。教皇ハドリアヌス５世やフランス王祖ユーグ・カペーもここにいる。

第六の環道　貪食者……おいしそうな果実をたわわに実らせた環道で、生前、暴食に明け暮れた者が、決して口に入らぬ果実を前にして、飢餓に耐えている。

第七の環道　愛欲者……好色の罪にふけった者たちが、猛烈な火の中で清められている。ダンテが好色を最も軽い罪だと考えていたことは興味深い。

山頂　地上楽園……美しい木々に覆われた楽園。ここは地上で最も天国に近い場所である。ダンテによると、ここにはヤコブの妻レアもいるとされる。

　ヤコブの二人の妻のうち、ラケルは天国にいるのですが、レアは地上楽園にいるのです。なぜなら、大グレゴリウス『道徳論』第6巻[5]によれば、ラケルは観想的生活を、レアは活動的生活を代表しているからです。観想とはもっぱら神を愛することであり、活動とは隣人を愛することです。マタイ福音書の22章34-40節から、観想は隣人愛よりもより大きな功徳のある行為だと考えられていました。

5　Gregorius I Magnus, *Moralia*, VI. 37.

5. 煉獄はなぜ誕生したのか

　それでは「煉獄」という思想あるいは世界観は、聖書には書かれていない
にもかかわらず、キリスト教世界である西ヨーロッパにおいてなぜ誕生した
のでしょうか。フランスの歴史学者ジャック・ル・ゴッフは古代から14世
紀にいたる煉獄誕生の歴史を詳しく調べています。そこで以下では主にル・
ゴッフの『煉獄の誕生』[6]という本によりながら、煉獄という思想が生まれ
た背景を考えてみたいと思います。

　第一に言えることは、人間は死んだらそれでおしまい、天国か地獄かどち
らかに決まってしまうというだけでは、人々は満足できなかったということ
です。生まれてすぐに死んでしまった子どもたちはどうなるのか。あるいは、
生涯にいくつか罪を犯して、その罪を教会に告白することなく死んでしまっ
た魂はどうなるのか。あるいは、キリスト教徒以外にも立派な人々は当然数
多くいるわけでありまして、中世の教会でも非常に尊敬されていたプラトン
やアリストテレスなどの古代ギリシアの哲学者たち、あるいはイスラム教徒
でもサラディンという知恵のある王様などはキリスト教世界でも尊敬された
人ですが、彼らはキリスト教徒でないというだけで、地獄で永遠に苦しむこ
とになるのか。

　すでにユダヤ教黙示文学（『エチオピア語エノク書』）の中に、最後の審判
以前に死者たちの魂が留め置かれる世界が描かれており、そこでは死者た
ちが四つの等級に分けられて、審判の時を待っているとされています[7]。キリ
スト教でも、3世紀の『パウロの黙示録』という外典文書には、地獄の魂が、
その責め苦を軽減される様子が書かれています[8]。

　ですから、死後の世界にもある程度の変化の可能性があるのではないか、
生前の罪が多少は赦されたり、軽減されるかもしれない、という思想が、す

6　ジャック・ル・ゴッフ『煉獄の誕生』（渡辺香根夫訳）法政大学出版局 1988 年。
7　『エチオピア語エノク書』17 章。ル・ゴッフ、前掲書 47 頁参照。
8　地獄については、『パウロの黙示録』31 章 -44 章、特に 44 章参照。

でに古代の末期ごろからユダヤ教・キリスト教の中に生まれていて、それが
後の煉獄思想の成立の母胎になったということであります。

　このような死後の赦しという思想は、アレクサンドリアのクレメンス
（150-215）、およびその学派であるオリゲネス（185-254）において頂点に達
しておりまして、特にオリゲネスにおいては、最終的にはすべての魂が救済
されるとされます。オリゲネスの思想はこの万人救済説のゆえに、後の教
会——西方教会では特にヒエロニムス——からは否定されてしまうのですが、
その影響は残り続けて、それがやがて煉獄の教えにおいて全面的にではない
ものの復活したのだと言うことができます。

　アウグスティヌス（356-430）は、ル・ゴッフによれば、後世の煉獄思想
の直接的な父だとされています。彼は、キリスト教徒以外の者、すなわちカ
トリック教会の洗礼を受けなかった者が（幼児を含めて）天国に行くことを
否定しているのですが、しかしキリスト教徒で自分の犯した罪について生前
に教会で悔い改めた者は、死後にいきなり天国に行くことはないにしても、
何らかの浄罪に与る可能性があることを認めています。しかし総じてヒッポ
司教アウグスティヌスにおいては、牧会的な理由があると思われますが、罪
の赦しよりも裁きの方を強調する傾向があって、死後の救いの可能性に期待
することなく、この世にいる間にいち早く悔い改めること、そして正しい生
活に立ち戻ることを要求しています。死後の刑罰についても、アウグスティ
ヌスは、刑罰に二種類あることは認めているのですが、つまり永遠の滅びの
ような懲罰的な刑罰と、罪を償いそれによって救われるためのいわば教育的
な刑罰（浄罪）があることを認めているのですが、その教育的な刑罰にして
も、彼はそれが非常に苛酷なものであることを強調しています[9]。

　そもそも煉獄思想というものは、神の最終的な審判までにはまだ時間的余
裕があるという世界観を前提しておりますので、アウグスティヌスのような、
現世の状態について非常な危機感の中に、終末論的に生きていた人は、死後
の世界における敗者復活戦のようなものには、あまり深い関心を払っていな

9　ル・ゴッフ、前掲書104頁参照。

いということができます。

　煉獄思想が誕生した第二の理由は、生きている人々がある意味で死者たち
と共に生きることを欲したからであります。死んだ人々のために何かしてや
りたい、何かできることはないだろうか。それが死者たちのためのとりなし
の祈りであり、贖罪のための施しでした。

　この考え方はすでにアウグスティヌスにもありますが、これを多くの人々
にも分かりやすい仕方で広めたのは、中世初期のローマ教皇で、後の中世
のカトリック教会の礎を築いたとされる大教皇グレゴリウス（Gregorius I
Magnus, c.540-604）でした。彼は『対話』（Dialogi）という書物の中で、次
のような例話をひいて、小さな罪については死後に、現世の人々の祈りのと
りなしによって救われることを物語っています。

　　ローマの助祭パスカシウスは、謙遜な生涯を送り、人々に施しをした
　立派な人物であったが、498 年から 505 年まで（グレゴリウスの生きた約
　100 年前）、正統派の教皇シュンマクスに対して対立教皇ラウレンティウ
　スが立ったときに、ラウレンティウスを支持するという過ちを犯した。パ
　スカシウスが亡くなった後、カプアの司教ゲルマヌスがアウグロンという
　ところの浴場に湯治にでかけたとき、ゲルマヌスはその浴場の使用人の中
　に、パスカシウス（の亡霊）を見つけて驚いた。あなたはここで何をして
　いるのか、とゲルマヌスがたずねると、パスカシウスは「自分がこの懲罰
　の場所に送られたのは、私が唯一犯した過ち、偽教皇ラウレンティウスを
　支持したためである。どうか私の罪のために祈っていただきたい。そして
　あなたがもう一度ここに来られた時に、私がいなかったら、私は救われた
　と思ってください」と答えた。ゲルマヌスは熱心な祈りを捧げ、数日後に
　戻ってみると、パスカシウスはいなかった[10]。

　もう一つの例は、グレゴリウス自身の体験談であります。

10　*Dialogi*, IV, 42. ル・ゴッフ、前掲書 137 頁参照。

　グレゴリウスの以前司牧していた修道院に、ユストゥスという医術にたけた修道士がいた。彼は真面目な修道士であったが、自身が重病にかかって死を前にしたとき、自分の肉親（兄弟）であり、医師でもあった修道士コピオススに、自分は金貨を 3 枚持っているということを打ち明けた。その金貨は、薬の包みの間に隠してあった。グレゴリウスはコピオススからその報告を受けてひどく驚いたが、ユストゥスの救いのために、また他の修道士たちの教育のために、次のように命じた。すなわち、他の修道士には、ユストゥスが会いたいと言ってきても、会ってはならないということ、そしてコピオススからユストゥスに、修道士たちは彼が修道院の規則を破って金貨を隠していたことを知って、彼を軽蔑している、と伝えさせた。死を前にして、悔い改めさせるためである。そして彼が死んだとき、グレゴリウスはその死体を修道士たちの墓地には埋葬させず、掃き溜めに投げ捨てさせ、修道士たちはその上に 3 枚の金貨を投げつけて、「お前の金を地獄の道連れにするがいい」と叫ばせた。この厳しい処置は、修道士たちを恐れさせ、修道院の風紀は改まった。ユストゥスが死んで 30 日目、グレゴリウスは憐れなユストゥスのためにミサをすることを提案し、それから毎日、修道士たちは彼のためにミサを行った。さらに 30 日が過ぎて、コピオススの夢にユストゥスが現れ、今日まで自分は苦しみぬいてきたが、たった今、赦されて地獄の苦しみから免れることができたと語った。ユストゥスの遺体は掃き溜めから墓地に埋葬し直された[11]。

　これらの物語の中には、死者の魂のために生者が祈るということ、死者のためのミサ（礼拝）が行なわれて、それが死んだ人々の彼岸における状況を改善するという思想がはっきりと表れています。煉獄という言葉はまだ使われていませんが、何かそのようなものを予想させる、死後の世界観が姿を現しつつあると言ってよいと思います。

11　*Dialogi* IV, 57. ル・ゴッフ、前掲書 139 頁参照。

6. 煉獄思想が中世に一般化した理由

　以上、ジャック・ル・ゴッフによりながら、煉獄思想の基礎が古代末期から中世初期（7世紀）にかけて準備されたことを述べたのですが、しかしそのような基礎あるいは萌芽がすでに存在したということと、それがなぜ後に12世紀の中世社会において急に受け入れられ一般化したのか、そして明確に「煉獄」という名前さえつけられて（煉獄という名称は、ル・ゴッフ（556頁）によると1270年と1280年の間に誕生したと推測されています）、強く信じられるようになったのか、という問題は、もちろん別であります。

　煉獄思想が定着した理由につきまして、ここでは二つのことを申し上げたいと思います。一つは歴史的・社会的な理由であり、もう一つは思想的・哲学的な理由です。

① 歴史的・社会的理由

　すでに述べましたように、12世紀という時代は、キリスト教が西欧社会に本格的に根付いた時代であり、人々の社会生活の隅々にまでキリスト教が行き渡った時代だということができます。別の言葉で言えば、12世紀は、西欧の中世社会、西欧型の封建社会が完成した時代です。大きな町にのみならず小さな村社会にも、ヨーロッパの津々浦々に教会堂が建てられ、教区教会制度が整備されました。すなわちすべての人々が（唯一の公認の異教徒であるユダヤ人を除いて）身分の上下にかかわらずどこかの教会の一員になるということが始まりました。カトリック教会の七つの秘跡（sacramenta）、すなわち洗礼、堅信礼、聖餐式、告悔、結婚、終油、叙階という儀式が制度化され、教会の鐘楼の上では鐘が鳴り響き始めました。つまり人々は、教会の鐘の音によって一日を区切られて生き、日曜日ごとの礼拝に区切られて一週間を生き、クリスマスや復活祭、聖霊降臨祭、収穫感謝祭、地方ごとの聖人の祝日などに区切られて一年を生き、洗礼から終油までの七つの秘跡に区切られて一生を生きるようになったのであります。

　つまり12世紀は、キリスト教がそれまでの西欧社会と合体し統合した時

代であります。それは、キリスト教が人々の心の隅々にまで浸透したということと同時に、キリスト教自身が、人々の心にそれまでずっとあった信仰に合わせて、ある程度モデルチェンジをしたということでもあったのです。

それまでの古いヨーロッパの人々は、血のつながりの中に生きていました。血族社会です。そこでは親族が力を持ち、人々は家族や親族の中に生き、家長や一族の長の決定に従って、財産を相続し、結婚をし、戦争に赴いて戦ったりもしたのです。そういったゲルマンやケルトの古い社会の数々の掟は、中世前期の長い歴史の中で大幅に壊れてきてはいたのですが、人々の心の中にはまだ色濃く残っていたと考えられます。

血族社会というものは、ある意味では生者と死者が共に生きる社会でもありました。一族というものは、死者たちによって結び合わされた集団であるからです。五代も六代も昔の共通の祖先によって、私たちは同じ氏族の人間として結びつけられています（13世紀初めの教皇インノケンティウス3世の勅令によれば、六代以内が近親であって、相互の結婚が禁じられています）。ですから血族社会は、先祖を大切にする社会でもあります。

私はこの講義の最初に、ハロウィーンのお話をいたしましたが、それは11月の初め、冬の始まる季節に、死者たちがこの世に帰ってくる、というケルト族の古い信仰から来たのでした。そこで表わされているように、死者たちは、一方では恐ろしい存在でもありましたが、他方では生者に多くの恵みを与えてくれる存在でもあったのです。そもそも死者たちが世を去ってくれたおかげで、生きている者たちの社会は成立しています。中世初期の社会は、あまり大きな経済発展のない社会でありましたから、年長者が死んでくれないと、孫たちの世代は結婚することもできません。一定の土地で生きられる人間の数は決まっていたからです。中世前期は大体において男性の結婚年齢は高く、30歳頃まで独身者が多かったと言われます。一方、女性は13歳から15歳頃に婚約し、結婚するのが普通でした。これもまた、生産性の低い、経済的発展の少ない社会から由来しています。

パトリック・ギアリによりますと、中世初期の社会には、死者との贈与交

258

換の習慣があったと言われます[12]。死者から土地や財産や名前（その名前に関わる人間関係も含めて）を譲ってもらったお返しに、生者は死者をお祭りし、死者のために祈るのです。

　煉獄という教会の新しい教えは、このようなゲルマンやケルトの古い社会をキリスト教の中に取り込むために、非常に有効であったということができます。教会はそれ自体がお墓でもあり、また広大な墓地を抱えてもおりましたから、人々は先祖を祭るために教会に集い、彼らのために祈ります。ではその死者たちの魂はどこにいるのか。彼らの多くは今はまだ天国でも地獄でもない第三の場所、煉獄にいて、生者たちが自分のために祈ってくれるのを願っている。その教えは、人々の心に大きく訴えるものを持っていたのであります。

　カトリック教会では、この死者たちのための記念日を、11 月 2 日としておりまして、11 月 1 日が諸聖人のための記念日、万聖節（All Saints' Day, Allerheiligen）であるのに対して、「万霊節」（All Souls' Day, Allerseelen）と呼んでいます。それは 11 世紀半ばに、クリュニー修道院で始まったお祭であります[13]。

②　思想的・哲学的理由

　煉獄が 12 世紀に一般化した第二の理由は、思想的・哲学的なものだと思われます。これについては詳しく述べませんが、スコラ哲学がこの頃に隆盛して、罪とか罰について概念的に厳密に考えるようになった結果、現世で償い切れなかった罪の罰は、どこかで償わねばならず、それをしないうちは天国に行く、つまり神を直接に認識することはできない、と論理的に考えられたからであります。大罪とか小罪といった罪の軽重が認識されるようになり、またその罪とは本質的には何であるのかが厳密に考えられれば考えられるほど、小罪すなわち赦されうる罪（peccatum veniale）については、死後においてどこかで償いの機会がなければならない、というわけです。

12　パトリック・ギアリ『死者と生きる中世――ヨーロッパ封建社会における死生観の変遷』（杉崎泰一郎訳）白水社 1999 年、80 頁。

13　ル・ゴッフ、前掲書 185 頁。

　もちろんそれだけでは、「煉獄」が存在することの証明にはなりませんけれども、煉獄の可能性を示すことにはなります。以下に示すトマス・アクィナスのテキストは、そのことを語っております。魂は浄められなくては、神にお会いすることができない。だからそのための場所として、「煉獄があると私たちは考える」（haec est ratio quare Purgatorium ponimus）というのです。

　とはいえ善人の側からして、身体から分かれた霊魂が直ちに最終的な報酬（merces）、すなわち神を見ること（見神）に存するところの報酬を受けることがないような、何らかの障害（impedimentum）がありうるということが考慮されねばならない。というのは、そのような見神に理性的被造物が高められるのは、それが完全に清められることなしには不可能であるからである。かかる見神は被造物の自然的能力の全体を超え出ているからである。それゆえ、知恵の書7章25節には、知恵について、「汚れたものは何ひとつそれ（知恵）の内に入ることはない」と言われており、またイザヤ書35章8節には、「汚れた者がそれ（道）を通ることはない」と言われているのである。

　しかるに、霊魂は罪によって、秩序に反してより低いものに結び付けられる限りにおいて、汚染される。確かに霊魂は、すでに述べたように、現世において、悔悛やその他の秘跡によって浄化される。しかし他方、何らかの怠慢のゆえにか、あるいは多忙のゆえにか、あるいはまたその人が急死したかにより、こうした浄化が現世で全面的に完成されないときには、なおも負うべき罰が残ることになる。とはいえ、このことのゆえに全面的に報償から除外されるに相当するわけではない。なぜなら、第3巻で言われたことから明らかなように、こうした事態は大罪（peccatum mortale）なしにも起こりうるのであるが、永遠の生命という報償がそれにふさわしいところの愛徳は、大罪によってのみ取り去られるからである。

　それゆえ、現世の後、最終的な報償に至るよりも前に、霊魂は浄められる（purgentur）必要がある。しかるにこの浄罪（purgatio）は、ちょうど現世においても償罪的な罰によって十分な浄罪があったように、罰によって

260

生じる。さもなければ、すなわちもし彼らが現世で罪のゆえに償うことがなかった罰を将来においても受けることがないならば、怠慢な者たちが注意深い者たちよりもよりよい状態に置かれることになる。それゆえ、現世において何か清められるべきことがらの残った善人の霊魂は、浄化の罰を受けてしまうまで、報償という結果を得ることを引き伸ばされる。われわれが煉獄（浄罪界）があるとする理由は、このことである[14]。

7. 煉獄の崩壊

以上、私たちは「煉獄」という世界観が中世において生まれてきた原因と、それが12世紀において人々の間に一般化した理由について考えてきました。最後に私は、煉獄思想の崩壊について述べなければならないのですが、それについて十分な議論をする材料は私にはまだありません。「煉獄」の教義は、現代もカトリック教会において否定されたわけではありません[15]ので、そ

14　Thomas Aquinas, Summa Contra Gentiles, lib. 4 cap. 91 n. 6: Considerandum tamen est quod ex parte bonorum aliquod impedimentum esse potest, ne animae statim a corpore absolutae ultimam mercedem recipiant, quae in Dei visione consistit. Ad illam enim visionem creatura rationalis elevari non potest nisi totaliter fuerit depurata: cum illa visio totam facultatem naturalem creaturae excedat. Unde Sap. 7-25, dicitur de sapientia quod nihil inquinatum incurrit in illam et Isaiae 35-8, dicitur: non transibit per eam pollutus.

　　Polluitur autem anima per peccatum, inquantum rebus inferioribus inordinate coniungitur. A qua quidem pollutione purificatur in hac vita per poenitentiam et alia sacramenta, ut supra dictum est. Quandoque vero contingit quod purificatio talis non totaliter perficitur in hac vita, sed remanet adhuc debitor poenae: vel propter negligentiam aliquam aut occupationem; aut etiam quia homo morte praevenitur. Nec tamen propter hoc meretur totaliter excludi a praemio: quia haec absque peccato mortali contingere possunt, per quod solum tollitur caritas, cui praemium vitae aeternae debetur, ut apparet ex his quae in tertio dicta sunt.

　　Oportet igitur quod post hanc vitam purgentur, antequam finale praemium consequantur. Purgatio autem haec fit per poenas, sicut et in hac vita per poenas satisfactorias purgatio completa fuisset: alioquin melioris conditionis essent negligentes quam solliciti, si poenam quam hic pro peccatis non implent, non sustineant in futuro. Retardantur igitur animae bonorum qui habent aliquid purgabile in hoc mundo, a praemii consecutione, quousque poenas purgatorias sustineant. Et haec est ratio quare Purgatorium ponimus.

15　『新カトリック大事典4』研究社2009年、「煉獄」および「リンブス」の項参照。

Ⅶ. 15－16世紀

れはまだ「崩壊」したわけではない、と考えることもできます。しかしここ
では簡単に、プロテスタントの立場から自分の考えを述べておきたいと思い
ます。

　煉獄という考え方が否定されるに至ったのは、マルティン・ルターの宗教
改革によるという見方がプロテスタントでは一般的です。ルターが煉獄を否
定した論拠は、簡単に言って二つあります。一つは、煉獄には聖書的根拠が
ないということで、それについてはすでに述べました。そしてもう一つは、
煉獄にいる死者たちの状況を生者の祈りが改善するという思想を利用するこ
とによって、カトリック教会は死者たちを人質にして人々からお金を絞り上
げてきたということ、つまりカトリック教会に対する強い批判でありました。
死者のためのミサを挙行したり、高額の贖宥状を販売したりする。それは
確かに、16世紀においては特にマインツ大司教座をめぐる取引と関わって、
カトリック教会が金もうけをする手段になっていました。ルターによる批判
の結果、今日では、カトリック教会でさえも、煉獄ということはあまり言い
ません。私は、宗教改革が煉獄思想の息の根を止めたということに反対する
わけではありませんが、しかしここではむしろ、中世末期において、煉獄と
いう考え方を支えていたものがすでに崩壊し始めていた、ということを強調
したいと思います。ルターはただ、その結果を収穫したにすぎないのです。

　ここでも、社会的背景と思想的背景に分けて考えたいのですが、先ず煉獄
思想の崩壊の社会的背景について申しますと、中世の末期に崩壊したもの、
それはある意味で中世社会そのものでもあったのですが、それは「生者と死
者の共同体」というものだったと思います。そしてこの崩壊の直接的原因
とまでは言えないかもしれませんが、その大きなきっかけになったのは、14
世紀半ばのペストの大流行だったというのが、私の主張です。

　1347年から1350年にかけて、ヨーロッパ全土を襲ったこの疫病について
は、これまでにも多くの研究がなされてきたのですが、まだよくわかってな
いこともたくさんあります。たとえば、今日一般的には、この病気はペスト
菌によるものとされているのですが、それはずっと後の1894年に香港で疫
病が発生したときに、フランスのイェルサンと日本の北里柴三郎がそれぞ

262

れ独立に病原菌を発見いたしまして、そのペスト菌（Yersinia pestis）が、14世紀の半ばの大流行の原因でもあったとされたことによります。しかしペスト菌が14世紀のペスト（疫病）の原因であったとするには、不自然な点も多いのです。たとえば14世紀の流行については、ネズミの大量死ということはまったく報告されておりませんし、ネズミが流行の原因だとすると、ペストがヨーロッパ中に広がった伝播の速度が説明できないといいます。あるいは、体中に黒い斑点や黒い腫れができてもがき苦しみながら死んでいったという、14世紀に「黒死病」という別名の元になったような深刻な症状は、近代のペスト菌の被害では、比較的稀（それはよほど重症になってから）だということもあります。ですから今日では、ペストの原因は、ペスト菌とはまた別の、たとえばエボラ出血熱のようなウィルスによるとする説や、あるいは複数の原因を考える人々もいます[16]。

　原因はとにかくとして、歴史的な事実としては、1347年春に東ヨーロッパにおそらくアジアから上陸したペストは、その夏にはコンスタンティノープル、続いてイタリア南部、1348年春には北イタリア（ヴェネツィア、フィレンツェ）、フランスのマルセイユ、ボルドーなどの港町、アヴィニョン、その夏にはパリ、間もなくスペイン、イングランド、ほぼ同時期にドイツ各地、1349年にはポーランド、1350年にはデンマーク、スウェーデンなどスカンディナヴィア諸国に広がりました。ヨーロッパではずっと北方のアイスランドだけが無事だったのですが、そのアイスランドでも50年後の1402-04年に大流行して、結局ヨーロッパ全土でペストの被害を免れた土地は一つもありません。当時のヨーロッパの人口は、約6000万人と見積もられておりますが、そのおよそ三分の一、約2000万人がこの1350年前後のペストによって死亡したと言われるのです。地域によっては住民の半分とか、逆に三分の二が死亡したところもあります。

　一つの疫病が、社会の三分の一も滅ぼしてしまう。この巨大な災害が、どのような変化をその社会にもたらすのか、それは私たちの想像を超えるとこ

16　W. Naphy, A. Spicer, *Der Schwarze Tod, die Pest in Europa*, S. 52ff.

ろがあります。しかもこの病気は、その後もヨーロッパ社会に残り続けて、ことあるごとに小さな流行を繰返して人々の不安を掻き立てたのです[17]。

このペストが直撃したのが、中世の「生者と死者の共同体」でありました。それは直接的に共同体を、とりわけ都市の共同体をゆさぶりました。ボッカッチョ（1313-75）はこの疫病の流行を目撃した証人ですが、その『デカメロン』の第一日には、次のように書かれています。

　私たちの都市（フィレンツェ）がこうした苦痛と悲惨に沈んでいる時、宗教的と俗界的の区別なく、法律の権威は、法律の役人や執行者が他の人々と同様に、みな死ぬか、罹病するか、あるいはどんな事務もとれないほど下役人の手が足りなくなるかしたために、ほとんど地に落ちて、まったく無力になってしまいました、だから、誰もすき勝ってのしほうだいで、とがめられることなどありませんでした。……一人の市民が他の市民をさけ、ほとんどだれも他人のことをかまわず、親戚はまれにしか、あるいは全然訪問しあわなかったことは申しあげないことにいたします。またずいぶん前から、この憂苦が男たちや女たちの胸にはいった時に、ひどい驚愕をまきおこしたために、一人の兄弟は他の兄弟をすて、伯父は甥をすて、姉妹は兄弟をすて、またしばしば妻は夫をすてるにいたり、また（あまりなことで、ほとんど信じられないことですが）、父や母は子どもたちを、まるで自分のものではないように、訪問したり面倒をみたりすることをさけました[18]。

他にも多くの証言がありますが、ペストは中世の封建社会を、一時的にではありますが完全に破壊したのです。封建社会とは、親から子どもへと土地や財産や生産手段などがすべて受け渡される社会です。親が子どもを愛して、

17　1664年にロンドンを襲ったペストでは、人口の6分の1が死亡したと言われる。ダニエル・デフォー『ロンドン・ペストの恐怖』（栗本慎一郎訳）小学館1994年は、小説であるが、記録文学としての要素も強い。

18　ボッカッチョ『デカメロン上巻』（柏熊達生訳）ちくま文庫1987年、24頁。

人間関係を含めて自分の持つすべてを譲っていくということと、子どもが親を愛して老後の世話をし、亡くなったあとも「死者を記念するミサ」などで感謝しつづけること。この封建的互酬関係にもとづく「生者と死者の共同体」意識が、中世の人々の心の安定を生み出していました。ペストによっていったんズタズタにされたのはこの関係でした。ペストの後にも封建社会は続きますので、やがて秩序は回復しますが、人々の心が完全にもとに戻ることはありませんでした。罪悪感と「仕方がなかったのだ」という自己正当化の間で、後期中世の人々の心は揺れ動きました。

　もう一つ、ペストが破壊したのは、カトリック教会の教えへの信頼であったと思います。煉獄の教義もその一つであったのですが、西欧中世の社会が様々な矛盾をはらみながらも破綻しないで維持されたのは、カトリックの教義が大きかったと思います。この地上での生活が、私たちのすべてではないこと、その先にはるかに長い永遠があるのだということ。つまり私たちの地上での須臾の生は、死後の煉獄や天国のための準備期間にすぎないこと。地上で苦しい生活を余儀なくされたとしても、その償いは来世で十分なされるということ。子どもたちが自分たちを覚えて祈ってくれる限り、死んだのちも希望が絶えることはないこと。このような教えが、身分制の中で暮らしている人々に心の安定をもたらしていました。

　ところがペストは、その教義への信頼を大きく揺さぶりました。病人の死に方の悲惨さ、司祭の死亡率がかえって高かったこと、また教会の祈りが疫病に対して無力であったことなどが、原因であったと思われます。それがただちに暴動や革命などの体制否定につながったわけではありませんが、それは地中のマグマのように、封建社会を脅かしていきます。ホイジンガの『中世の秋』によれば、後期中世の人々は、現世的喜びの追及と過度に敬虔な信仰的態度の両極に揺れていたといいます[19]。この後期中世から近代にかけての変化については、しかし稿を改めて考えてみたいと思います。

　煉獄の教義は、「生者と死者の共同体」としての中世社会を象徴するもの

19　ヨハン・ホイジンガ『中世の秋』第13章。拙論「『中世の秋』を生きた教会の希望」
　　『神学論集』70、2013年（本書196頁以下に再録）参照。

でありましたが、それは先ず都市部で、次いで長い時間をかけて農村部でも、社会的意味合いを失っていったのです。

14. 知的障碍者とキリスト教 [1]

1. はじめに

　伝統ある神学部の開講講演でお話をすることになりまして、非常に緊張しています。この開講講演というのは、神学部につとめている専任教員が、日頃の勉強の成果を発表するという意味合いを持っておりまして、それをもって新しい年度の様々な講義の手始めにするという主旨のものだと思います。

　今回、私が開講講演を担当することになりましたのは、今年の2月に一冊の翻訳を新教出版社から出版いたしまして[2]、四日市教会の加藤英治牧師との「共訳」という形式なのですが、実際には翻訳の一番しんどい部分は加藤先生が引き受けてくださいまして、巻末の解説もしてくださっています。私はだいぶ楽をさせていただいたのですが、しかし本を出すぐらいだから、何か語ることがあるだろう、ということで私に白羽の矢があたったわけです。私も何か語ることができるだろうと考えて、安易にお引き受けしてしまったのですが、今さらながらに、このテーマの大きさと難しさに参っております

　この本は、フェイス・バウアーズさんというイギリスの女性が書かれた本です。彼女はロンドンのブルームズベリー・セントラル・バプテスト教会という、ロンドン都心部の、大英博物館からほど遠からぬところにある大きな教会の会員で、教会関係の著作家として活躍している方です。*Baptist Quarterly* という、本学の図書館にもバックナンバーがある雑誌にも、女性解放関係で、このバウアーズさんの論文が載ったことがありました。

1　本章は 2017 年 4 月 6 日に西南学院大学ドージャー記念館チャペルで行われた神学部開講講演会の内容の再録である。

2　フェイス・バウアーズ『知的障碍者と教会——驚きを与える友人たち』（片山寛・加藤英治訳）新教出版社 2017 年。

これは彼女の教会における活動にも含まれますけれども、彼女は 1983 年に BUild、「ビルト」（Baptist Union initiative with people with learning disabilities、学習障碍を持つ人々を支援するバプテスト連合）という団体を立ち上げて、それ以降 33 年間、イギリスのバプテストの知的障碍者のための活動を続けてきました[3]。

彼女が知的障碍者のための活動に入ったのは、彼女の次男のリチャード君が知的障碍者だったからです。「ダウン症」という先天的な染色体異常のために、彼は障碍を持つことになりました。この本の中には、そのリチャード君を中心に、いろんな知的障碍者のことが載っております。彼らの生きがいの問題や、彼らの中の教会に通う人々への支援や、家族などの周囲の人々のことが具体的に書いてあります。特に、障碍者施設を出て、地域のグループホームで暮らすようになった人々の様々な課題や、中には障碍者同志で結婚をする決心をした男女を、教会の牧師や信徒の人々が支援して、結婚式にまで漕ぎつけた苦労話もあります。それは二人の両親を含めて、大きな喜びとなった出来事でした（147 頁）。

私自身も、昔、福岡ベタニヤ村教会で牧師をしていたときに、Ｆさんという重度の身体障碍者の方と、知的障碍を持った方の結婚式を牧師として司式させていただいたことがありまして、そのときのことを思い出しました。障碍者への支援は、もちろん苦労もありますが、喜びも多くあります。Ｆさんの結婚は、それによって福岡ベタニヤ村教会が教会として元気になることができた、そういう経験でした。Ｆさんはもう亡くなられたのですが、それはその後、教会が障碍者のことを覚え、障碍者の御一家を受け入れていくことにつながったと思います。この本には、キリスト教会が彼らを教会員として受け入れていくことの重要性と、それに伴う様々な課題、またそのことから得られる喜びについて書いてあります。

3　BUild は残念なことに 2016 年にメンバーの高齢化もあって活動を停止した。

2. 癒し人としての知的障碍者

　この本を翻訳して強く感じさせられたことの一つは、現代社会は知的障碍者の存在によって強くチャレンジを受けている、ということでした。彼らは、私たちの現代社会が失ったもの、そしてどうしてもいつか回復しなければならないものを教えてくれているように思うのです。それはキリスト教がこの世界で果たしていくべき使命と、重なってくるような何かであります。つまり彼らは、現代社会がかかってしまっている「病気」を癒す「癒し人」であるように思うのです。彼らは「医者」なのか、それともその病気の「被害者」なのか、おそらくはその両方なのでしょうが、知的障碍者を見るときに、私たちはその「病気」の存在に気づくことができる。そのような存在なのだと思います。

　その「病気」とは、「能力主義」という名前の病いです。現代の社会は社会全体がこの病気に罹患しているのです。「病い」ではありますけれども、それは現代人にとって空気のように当たり前のことになっていて、日常的には意識することも難しいのです。つまり自分の能力というのは、自分に属するもので、自分のものなのだという思いこみがあります。能力こそ自分自身なのだ、と私たちは何の根拠もなく思っています。そしてそれが錯覚であることは、なかなか気づくことができません。しかも、「能力主義」は「病い」ではありますけども、これを完全に取り払うことはできないし、取り払うことが人間にとって健康だというわけでもない。自分や自分の能力に対する誇りは、誇大妄想であっては困りますけれども、誰でも持っていていいし、持っていなければ困るものでもあります。一種のうぬぼれと、それと裏表になっている劣等感コンプレックス（アルフレート・アドラー）と、それがあるからこそ、人間は将来に向かって少しでも向上しようと努力していくことができるのです。ですから、「能力主義」は病気ですけれども、私たちにできるのはただ、この病気の副作用を抑えつつ、病気とつきあっていくしかない。そういうものです。

　排除は不可能だけど、「病気」の一種だというその点では、それは「死」に似ています。死ぬ時が必ず来るということ、つまり私たちは皆、「死にいたる病」にかかっているというのは、私たちのすべてにとって必然でありますが、また一面では、それが私たちの人生に意味ももたらしてくれる。死があればこそ、私たちは必ずやってくるその日まで「力をつくし思いをつくして」努力し続けることができる。少し神学的に言うと、死があればこそ私たちは神に向かって、神を信じて希望を持って生きることができる。そう思います。ですから、人間が必ず死ぬというのは、それ自体は悪いことであり悲しいことでもありますけれども、それは広い目で見ると良いことでもあって、それがなくなってしまうと、もっと悪いことが起こってしまうと思うのです。「能力主義」も、それと似たところがあります。

　近代以降の社会は全面的にこの「能力主義」という病気に依存して発展してきました。それを抜きにしたら、社会そのものが成立しないほどです。私たちが今、そこにいる「大学」という組織も、能力主義を前提しておりますし、大学こそ能力主義の牙城だとさえ言えます。新入生の皆さんは、入学試験に合格して、ここにおられるわけですが、それは皆さんが試験に合格するという能力を示されたからでありまして、大学が「能力主義」の原則に立っていることは明らかです。大学という機構は、いわゆる「学校制度」という、人をその能力で選別していくシステムの頂点に立っているのです。

　私はキリスト教の歴史を研究している者なのですが、西欧の社会が、この学校という制度を社会の中心に据えたのが、おおまかに言えば「近代」という18世紀後半に始まる時代なのです。これが社会の中心だというのは、つまり基本的には学校教育によって、人々に職業配分や社会的地位を決定するという社会が始まったということなのです。日本ではこの「近代社会」というシステムが、西欧よりも1世紀ほど遅れて、19世紀の半ばに、明治維新によって取り入れられました。この近代産業と結びついた学校を中心としたシステムを、イヴァン・イリイチは「学校化社会」（schooling society）と呼びました。それは成績のいい子どもにとってはものすごく合理的な優れたシステムのようですけど、それほどでもない大多数の人々にとっては、逃げ道

14. 知的障碍者とキリスト教

があるようでない、息苦しい社会です。

　近代以前の社会にももちろん「学校」はありましたけれども、「学校」が社会の中心ではなかった。学校以外にいくつもの要素があって、そちらの方が決定的な力を持っていたのです。

　少し歴史を遡ってお話するのを許していただきたいのですが、古代は、おおまかに言って、「血族」の時代でした。血のつながりが、社会の仕組みの根本をなしていたのです。人間が生きる上で、一番大きな要素は、誰の子どもに生まれてきたかということであり、どこの一族、どの民族に属するかということでした。支配的な民族に属する者は、最初から有利な立場にありましたが、支配される民族に属する者は苦しい立場にあり、時には奴隷となりました。それは近現代の奴隷制度、たとえば19世紀のアメリカにおける黒人奴隷制度や、20世紀のロシアの強制収容所ほど理不尽な、苛酷なものではありませんでした。近代の奴隷は本当に家畜なみの扱いでしたが、古代の奴隷は家族も持っておりましたし、共同体も持つことができました。けれども、古代の奴隷たちも厳しい生活を強いられたことは間違いありません。

　中世になると、この血のつながりに加えて、「身分」という第二の要素が登場してきます。身分とは、簡単に言えば「職業」です。一つの職業がありますと、その職業に属する人々の職業集団がありまして、「組合」、つまりギルドとかツンフトと呼ばれるのですが、その職業集団がいろんなことを決定するようになりました。この同業者組合が、弟子をとってこれに職業教育をほどこしたのです。教育をする人々を「親方」（master）といいます。弟子たちを「徒弟」（apprentice）といいます。

　私は大学の教授ですけども、中世には大学教授のことを magister つまり master と言いました。学校教育の親方だったわけです。フランスのパリや、イギリスのオクスフォードや、イタリアのボローニャで、私塾を開いていた親方たちが連合して、それに聖職者や修道院の修道士などが加わっていった。それが大学の母体になっています。

　中世ふうの職業組合は今ではほとんどつぶれましたが、いくらか残っているものもあります。お医者さんたちの医師会とか、弁護士たちの弁護士会で

す。牧師も古い職業ですので、牧師会を持っておりますけれども、これは残念ながら少なくとも日本ではそれほど強い権力を持ってはおりません。

職業教育は近代的な学校教育とは違って、机を並べて授業を受けるのではありません。仕事をしながら、実地に、見よう見まねで親方から技術を学ぶのが基本です。親方のところに弟子入りをして、何年も仕事をしながら修行をして年季が開けると、独り立ちするのが許される。それは一概に否定さるべきものでもありません。今でも、牧師の教育は、昔ながらの徒弟教育の方がいい、と考える方もいらっしゃいます。ジョン・ヘンリー・ニューマン（1801-1890）は『大学の理念』という著作の中で、医学、法学、神学などには職業技能的学問という要素があり、職業的熟練（professional skill）の要素があることを認めています[4]。

ついでながら、職業組合とその教育機能というのは、現代においてはほとんど場所を失っていて、それが、現代において外国人を「技能実習生」として受け入れてもほとんど本来の意味をなさないで、彼らはただ低賃金労働者にすぎないということの底流にあります。

中世の「身分制度」というと、封建的な、悪いことばかりのように現代では言われるのですが、これが導入された時代には、ずいぶん人々を喜ばせたはずです。というのは、古代の血族社会とは違って、たとい血のつながりがなくても、いい親方に弟子入りして頑張って修行したら、出世できる可能性があったからです。そこに歴史上初めて職業選択の自由が生まれました。

中世になっても、古代的な血族制度がなくなったわけではありません。中世の人々は、自分たちは古代の積み上げたものの上に乗っかっていると思っていました。近代は中世を否定して成立したのですが、古代と中世の間にはそういう意味での断絶はありません。中世社会というのは、古代以来の血族制と中世的身分制の併用であったと思いますが、血のつながりだけではなくなった、ということが大きかったと思います。この二つが組み合わされることによって、ある程度の社会的自由が生まれた。「自由の故郷は中世だ」と

4　John Henry Newman, *The Idea of a University*, ed. by F. M. Turner, Yale University Press 1996, p. 109.

言われることがあるのですが、その理由の一つはこの身分制によるのです。

　近代になって公的な制度として学校が登場したときに、人間はさらに自由になりました。近代の初めの学校は楽しかった。中世的な職業教育は厳しい封建的な修行でありましたが、学校では読み書きそろばんなどという、考えようによっては、ゲームのようなことをして、それでよくできる子は、近代的な産業に入って働くことができたのです。近代の始まった頃には、まだまだ中世的な血族制度や身分制度が強く残っておりましたから、学校は本当に、身分や血族の桎梏から人間を解放し自由を与える、社会の中の風透しであり、上へと吹き抜ける暖炉の煙突のようなイメージがあったと思います。

　しかし近代が長く続き、血族制度や身分制度が本格的に壊されて公的なものではなくなっていくにつれて、学校制度はだんだん息苦しいものに変わってきました。上へと吹き抜ける風透しのよい煙突ではなくて、上へと狭まっていき、やがては人をがんじがらめに縛ってしまう、魚をとらえる簗（ヤナ）のようなものになってきたと思います。近現代においては血族制や身分制は否定されて、公的なものではなくなったのですが、消滅したのではなくて、むしろ「裏口」になってしまった。非公式の、昔よりも目に見えない、得体の知れない力として、私たちを縛るようになってきています。たとえば自由民主党の国会議員の約半分が、親兄弟といった親族から地盤を引き継いだいわゆる「世襲議員」になっておりますし、お医者さんの約25％が医者の息子・娘であると言われます。学歴社会というのが、現代社会の表の顔で、裏ではいまだに古代さながらの血族社会であるかもしれない。古代の方がまだまともでありまして、古代はそれが表の社会でしたから、それなりのルールがあって、一族の長老たちの目というのがありますから、お金持ちだからといって好き勝手できたわけではない。それなりの社会的チェックが働いていたとも考えられるからです。

　現在は、次第に社会全体が閉塞感のただようものになっており、人々はその閉塞感を、テレビや映画のタレントや、アニメーション、コンピュータのゲームや、スポーツ選手といった、サブカルチャーの世界の幻にのめりこむことによってようやく晴らしていると言えるのではないでしょうか。

本題に戻りますが、知的障碍者は、そのような現代社会の閉塞に、風穴を開けてくれるような存在ではないだろうかと私は思います。学校教育と結びついた能力主義、しかも実際には裏の抜け道だらけの、しかもその抜け道が一部の人々に独占されているような、形式的な能力主義社会が、人間にとってノーマルな社会ではないこと、知的能力のみではなく、もっと多様な「人間的な喜び」や「人間的なちから」（徳 virtues）が何らかの仕方で評価される社会を作るべきであること、それがこの知的障碍者を射程に入れて考えることによって、開かれるのではないでしょうか。私はそのようなことを、ぼんやりと夢のように考えているのです。

3. 聖書と知的障碍者

そういうわけで、私は知的障碍者を神学的にどう位置づけるべきか、という難問をこの『知的障碍者と教会』という本から受け取ったわけですが、それに答えることは非常に難しいと言わねばなりません。なぜ難しいかというと、その一つの原因は、聖書の中には知的障碍者のことがまったく出てこないということであります。

この本の「まえがき」を私は書いておりまして、それに「知的障碍者の神学に向けて」という題をつけたのですが、「神学」という学問は——新入生の皆さんは、これからその「神学」という学びに入っていかれるわけですが——これは何と言っても聖書が出発点です。カール・バルト（1886-1968）という神学者は、説教するには二つのものが必要だ、それは聖書と新聞だと言ったそうですが、聖書と現代という時代の対話、それが神学です。でありますから、聖書の中に答えが出てこない問題については、私たちは答えを求めて困らざるをえないのです。もちろん、聖書は2000年前の書物ですから、聖書の中に出てこない問題は、たくさんあります。「資本」の問題とか「近代国家」の問題とか「情報」の問題とか、他にもたくさんあるのですが、それにしてもこの知的障碍者の問題について、聖書が沈黙しているのは、不思議に思えるのです。なぜなら、知的障碍者は、2000年前の聖書が誕生した

時代にも、いたはずだからであります。

　特に旧約聖書には、知的障碍者のみならず、障碍者一般についても、ほとんど言及がない。レビ記21章に、身体に障碍がある者は（祭司あるいはその助手として）神殿の儀式についてはならないとする箇所があるのと、後はサムエル記下にいくつか、障碍者に対する差別的な記述があるくらいです。サムエル記には旧約聖書では一人だけ、固有名詞のついた障碍者が出てきます。メフィボシェトという名の、ヨナタンの息子で、両足の不自由だった人の話です。有名なダビデ王の先代の、サウルという王様の息子がヨナタンで、その子がメフィボシェトです。つまりメフィボシェトは王様の孫という恵まれた地位にありましたが、小さな頃の事故が原因で、両足が不自由だったのです。しかしある意味ではそのおかげでダビデ王の支配の下で生き延びることができた。そのような不思議な運命の子としてメフィボシェトは描かれています。いずれにせよ、旧約聖書には知的障碍者はまったく登場しません。

　新約聖書にも、知的障碍者は出てきません。イエス・キリストは聖書の中で多くの病人や障碍者を癒しておられるので、障碍者は目や耳の不自由な人とか、足が不自由で寝たきりの人とか、かなり出てくるのですが、知的障碍者は一人も出てこないのです。ただ一つ、マルコ福音書の9章（マタイ福音書17章、ルカ福音書9章）に、てんかんの子どもの癒しの物語がありまして、この子はものを言えず、耳も聞こえなかったと書いてあります。現代において、知的障碍者で、てんかんの発作をも持っている方がかなりおられまして、私も昔、そういう方の介護をしたことがあって、それといくらか似ているようにも思われるのですが、もちろん、てんかんそのものは、知的障碍ではありません。

　なぜ聖書には、知的障碍者についての言及がないのでしょうか。私は聖書学の専門家ではないので、読み誤っている可能性もありますので、ご存じの方があったら教えていただきたいのですが、一つの説明は、古代においては障碍者であるなしに関わらず、子殺しがごく普通であったということです。生活が非常に厳しいわけですから、せっかく生まれても、とうてい暮らしていけない、育てていけない場合には、殺してしまう。「子殺し」とか「子捨

て」とか、日本では「口減らし」とも呼ばれる現象があった。貧しい人々の場合には、それが当たり前のことであった時代には、特に子どもが障碍児として生まれた場合、その子が生き残るチャンスはほとんどないことになります。実際、出エジプト記の最初に、エジプトの王様が、お産の介助をする産婆さん、シフラとプアという二人の産婆さんに命じて、子どもが男の子なら殺せ、と命じる場面があります。これは障碍者の殺害ではありませんが、産婆がそのような機能を持っていたことの傍証でもあります。もっとも、シフラとプアは、この王様の残酷な命令をサボタージュする勇敢な女性として描かれています。

　日本でも、今から100年ぐらい前までは、産婆さんが、取り上げた子どもに障碍があった場合には、その子どもをその場ですぐ殺してしまって、妊婦には残念ながら死産でしたと告げる、そのくらいが常識であった、産婆のたしなみの一つであったと聞いたことがあります。生命を受け取る産婆さんは、死の使いでもあったわけです。

　西欧中世の社会でも、子どもを遺棄する、森の中に捨てるということがよくあったらしくて、グリムの童話に「ヘンゼルとグレーテル」というのがあります。捨てられた子どもたちが森の中でお菓子の家を発見するという物語ですが、これなども「子捨て」の風習を反映しているのだとよく言われます。

　それでは古代・中世の社会では、障碍者の子どもはすべて捨てられ、抹殺されていたのかというと、そうではないと思います。直接的な記述はないのですが、彼らの中にはその社会の有用な一員として、生き抜いていた人々があったに違いないと思うのです。なぜなら、確たる証拠を挙げることはできないのですが、古代・中世社会には彼らにも役割があったからです。

　これは中世というよりも近世になりますが、中世は絵が下手糞な時代ですのでこんな見事な例はないのです。スペインの宮廷画家ディエゴ・ベラスケス（1599-1660）の有名な絵、「ラス・メニーナス」です。この絵の右側に見える女性は、マリ＝バルボラという名前も残っています。この絵の約10年後に、中央に立っているお姫様がもう大きくなった絵があるのですが、その絵の背景にも小さくマリ＝バルボラが描かれていて、身体は子どもの大き

さのままです。つまり彼女は知的障碍者ではなくて、小人症の女性でありま
す。彼女の右側で犬にちょっかいを出している子どもも、実は子どもではな
くて別のタイプの侏儒で、ニコラス・ペルトゥサートと言いました[5]。スペイ
ンの宮廷には、一説によれば 50 人ほど障碍者がいて、ベラスケスはその中
の 10 人ほどの肖像画を描いています。中には当然知的障碍者もいたと思わ
れますが、彼らの絵は残っていません。中世は、身分つまり職業の時代です
が、障碍者というものにも職業があったのです。目の不自由な方の音楽家
（楽師）とかカイロプラティク（按摩）とかは有名ですが、知的障碍者の場
合は、「道化」でありました。道化は、侏儒と知的障碍者が多かったのです。
人間扱いされてなくて屈辱的な場合もあったと思いますけど[6]、宮廷道化師の
場合は、生活そのものは恵まれていました。マリ＝バルボラも上等のドレス
を着ているわけです。ご主人さまにとっては、ペットみたいなものだったの

5 　大髙保二郎『ベラスケス——宮廷のなかの革命者』岩波新書 2018 年、204 頁。

6 　ホイジンガ『中世の秋』（堀越孝一訳）中公文庫 1976 年、上巻 45 頁以下参照。

でしょうが、愛されてもいました。彼らは王家の人々にとって、一番安心できる友人であったという側面があります。

バウアーズの本の中には、ウォルター・スコット（1771-1832）の書いた『ウェイヴァリー』という小説の中に登場するディヴィッド・ゲラトリーという知的障碍者のことが出てきます[7]。彼はブラドワーディン男爵に仕えている従者で、「深い思いやりと人間性、温かな情愛、驚異的な記憶力、そして音楽を聴き取る耳」を持った人物として描かれています。

近代以前の社会は血族や身分が社会構造の基礎をなしていた社会で、その意味では差別が当たり前であった社会です。「総差別社会」であったとも言える。そこには様々な苦しみや悲しみがあったと思います。近代がそれらを否定して、「能力主義社会」を作ったのは正しいのです。しかしその反面、「能力主義」は障碍者、特に知的障碍者から固有の仕事を奪ったという側面を否定できません。

話を元に戻して、子殺しのことですが、古代においてもそういうことが一般の常識だったとすると、むしろ旧・新約聖書に知的障碍児についての言及がないことこそ、深い意味を持っている、と言えるのかもしれません。つまり、人間の間では常識的だった（幼児殺害という）習慣を、聖書は決して正当化はしていないということです。かといって否定もしていない。飢饉のときに、自分たちが生き延びるために、子殺しというようなことが時に行われること、それは否定できない。それを厳しく禁じたならば、もっとひどいこと、家族中が死に絶えるとか、そういうことが起きる。だから神はそれをいわば黙認されるのだけれど、それを正当化もしていない。子殺しは、神の命令ではないよ。神は子どもたちが生きることを望んでおられる。そのようなメッセージがこの沈黙にはあるのかもしれない、と私は思うのです。

エゼキエル書の16章（新共同訳）に、そのことを思わせる箇所があります。こういう言葉です。

7　バウアーズ、前掲書34頁。

⁴ 誕生について言えば、お前の生まれた日に、お前のへその緒を切って
くれる者も、水で洗い、油を塗ってくれる者も、塩でこすり、布にくるん
でくれる者もいなかった。⁵ だれもお前に目をかけず、これらのことの一
つでも行って、憐れみをかける者はいなかった。お前が生まれた日、お前
は嫌われて野に捨てられた。⁶ しかし、私がお前の傍らを通って、お前が
自分の血の中でもがいているのを見たとき、私は血まみれのお前に向かっ
て、「生きよ」と言った。血まみれのお前に向かって、「生きよ」と言った
のだ。

神は彼らが死ぬことを望んでおられない。私たちの生活が血塗られた生涯
であることを、神は否定なさらない。誕生のその瞬間から、私たちは自分の
血の中でもがきつづける。しかしその私たちに、神は「生きよ」と言われる。
なぜならそもそも生命を与えたのは神だからです。聖書の沈黙には、そのよ
うな解釈の可能性があるかもしれない、と私は思うのです。

　知的障碍者の位置づけのように、聖書に答えが書いていない場合、私たち
は聖書の基本的なメッセージに照らし合わせつつ、自分で考えていくのです。
そしてこの問題について私は、ごく暫定的にではありますが、次のように考
えるのです。

4. 知的障碍者の社会的位置づけ

　聖書にこういう言葉があります。「家造りらの捨てた石が／隅のかしら石
になった」（口語訳。マタイ福音書21章42節、マルコ福音書12章10節、
ルカ福音書20章17節）。もともとは旧約聖書の詩編118編22節の言葉です。
今日はそれについて詳しくお話する余裕はないのですが、これは聖書の最も
深いメッセージの一つだと思うのです。「隅のかしら石」とは、石造建築で
家造りをする建築家が、まず最初に置く石、家の角の一つから土台を積み始
めるのですが、その最初の石のことです。ちょっと由緒のある建物だったら、
その石——礎石が必ずあります。つまりこの聖書の言葉は、私たち人間の建

築家が捨てて顧みないもの、私たちがつまらないものだと思っているもの、そのものからこそ何か新しいものが始まるのだ。神はそういう方である。そういう意味です。「家造りらの捨てた石が／隅のかしら石になった。／これは主がなされたことで、／私たちの目には不思議に見える」。

　私たちが捨てて顧みないもの、これは役に立たない、うまくいく可能性はない、そう思ってほかす（関西弁）、くず箱に入れる、捨て去る。しかしそれこそが新しいものの始まりであった。それは多少専門的になりますが、旧約聖書のイザヤ書53章の教えにも通ずるものであり、イザヤ書53章がそうだ、ということは、ある意味では新約聖書の全体が、そこから始まっているとさえ言える言葉であります。

　それで私は、知的障碍者のことを考えるのですが、近現代という「能力主義」の時代にあって、この時代の全体から取り残され、捨てられているのが、知的障碍者だと思うのです。抹殺はされないものの二重三重に取り残された存在になっている。もちろん彼らにも人権は認められているのですが、それはただ認められているというだけで、一般社会の中に彼らの位置づけがないのです。彼らのための仕事がない。彼らの発言する「場所」がない。彼らが人間として生きていくライフスタイルが、一般の認知を受けていないのです。

　だからこそ、今のこの時代の閉塞を打ち破って、人間がもっと人間らしく生きていく新しい時代を開いていくための、何かバロメーターのような働きを、私は知的障碍者に期待したいのです。この人たちが、幸せだと感じられるような世界が、私たちの目指すべき新しい社会であるのではないだろうか。それは決して今のような、お金のあふれた世界ではありません。けれども心の豊かな世界です。家族や地域の共同体、人々の心の結びつきが大事にされる社会です。キリスト教会もまた、その地域の共同体の中でこそ働くことができるような社会であります。

　最後に一つ言いたいことがあります。

　知的障碍者について語ることが本当に難しいのは、最初にお話した「能力主義」というものが、私たちの言葉遣いの深いところまで浸透してしまっているからです。そのために、私たちは知的障碍者を擁護して、彼らのために

279

語ろうとするときに、彼らの愛らしさ、彼らの善良な性格を、それもまた彼らの一種の能力として語ってしまうという傾向を持っています。それは能動的能力ではなくて、受動的能力、ラテン語では potentia passiva といいますが、愛される能力、受け入れる能力、善良な魂、そういったことを強調しがちなのです。しかし知的障碍者を「天使のような人々」だと考えるのは間違いです。この本の中でも、そういう「かっこつきで善意の」人々が批判されていますが、それは障碍者やその家族を余計に傷つけることがあります[8]。

　知的障碍者には非常に愛らしい、善良な人々が多いのは確かですが、全員がそうなのではありません。もう本当に憎らしい、頑固な人もいます。また一人の人間が、ある時は天使のようであり、ある時は厄介な悪魔のように見えることもあるのです。

　「能力主義」的には語らない、語りたくない。知的障碍者を「愛らしい人々」と定義することは、彼らを、「愛すべき人でなくてはならない」と拘束してしまうことになるからです。それは強い障碍者差別の裏返しにすぎません。それではどのように語ることができるのだろうか。

　その答えは、私にもまだ見つからないのです。

　最近、私は長谷川英祐さんという進化生物学者の本を読みました。アリとかハチなどの社会性を持つ生物を研究している方なのですが、『働かないアリに意義がある』という本なのです[9]。アリの群れの中には、女王アリとか、雄アリとか、働きアリとか、兵隊アリとか、いろんな役割のアリがあります。その中で働きアリは、常識的に「よく働く」と考えられておりまして、だから「働きアリ」で、英語でも workers と言います。そこから「アリとキリギリス」というイソップの寓話もあるわけですが、実際にアリなどを個体識別して長時間よく観察してみると、彼らの群れの中には必ず、ほとんどまったく働かない「働きアリ」がいるそうなのです。巣の中でじっとしている。「自分の体を舐めたり、目的もなく歩いたり、ただぼーっと動かないでいた

8　同書53、110 頁。

9　長谷川英祐『働かないアリに意義がある』KADOKAWA 2016 年。

り」（30頁）、1ヵ月観察しても、2割ぐらいのアリは、働いていると見なせる行動をしない。時には、驚くべきことに一生涯、労働と見なせる行動をしないアリがいるそうなのです。

　私たちは、こういう個体は群れのお荷物になっているだけで、無駄だと考えるのですが、長谷川先生は、この働かない働きアリにも、ちゃんと意味があると考えておられるのです。

　「不器用な、働きたいのに働けないのろまな個体」が、アリの世界にもあって、彼らがいるからこそアリの世界は全体として正常に動いている、と言える。

　これはアリの話であって、そのまま人間に適用できるわけではないと思うのですが、知的障碍者の存在も、人間社会の全体にとって必要な、欠くべからざるものなのではないか。私はそのようなことをぼんやりした頭で考えております。

初出一覧

1. 「瀧澤、バルト、トマス」（西南学院大学『神学論集』62、2005 年）

2. 「聖書翻訳のもたらした祝福と呪い――Vulgata を例として――」（『神学論集』77、2020 年）

3. 「古代・中世の教理史における死と葬儀」（『神学論集』66、2009 年）

4. 「思考の開け・存在の開け――アンセルムス *Cur Deus homo* からトマスへ――」（『神学論集』65、2008 年）

5. 「サン・ヴィクトルのフーゴー、その生涯」（『神学論集』61、2004 年）

6. 「トマス・アクィナス神学の現代的意味」（『西日本哲学年報』36、2018 年）

7. 「トマス・アクィナスと自由学芸」（『中世思想研究』57、2015 年）

8. 「トマス・アクィナスにおける観想的生活と活動的生活」（水波朗、阿南成一、稲垣良典編『自然法と宗教 2』創文社 2001 年）

9. 「中世哲学から学んだこと」（『神学論集』72、2015 年）

10. 「ナフマニデスとバルセロナ討論」（『神学論集』74、2017 年）

11. 「『中世の秋』を生きた教会の希望」（『神学論集』70、2013 年）

12. 「『死の舞踏』の向こうに見える救い」（『神学論集』75、2018 年）

13. 「煉獄をめぐる黙想――中世人にとっての死」（『神学論集』78、2021 年）

14. 「知的障碍者とキリスト教」（『神学論集』76、2019 年）

あとがき

　「中世キリスト教の七つの時」という題をこの論文集に付けたのですが、西欧中世という、1000年以上続いた長い時代を、歴史的に適切に七つの時期に区分できると考えたわけではありません。ただし、I. 古代末期の中世キリスト教が準備された時代（アウグスティヌスとヒエロニムスの時代）、II. 古代の崩壊から中世の始まりまでの非常に長い混乱期と中世の成立期、III. スコラ哲学という高度に論理的な思考が誕生した時代（アンセルムス）、IV. 修道院神学の全盛期（フーゴー）、V. 大学での学問が始まった中世の盛期（トマス）、VI. 黒死病の流行と中世の崩壊期、VII. 中世の終焉と近世・近代の準備の時代、というおおまかな時代区分は、最初から私の構想の中にありました。しかし残念ながら私の実力不足で、全部の時代を適切に網羅できなかったと思います。この中でIIにあたる、中世社会の長い成立期については、私の勉強不足もあって、明瞭にこの時代を扱った論文を書くことができませんでした。その時代の神学者ボエティウスについては、第7章「トマス・アクィナスと自由学芸」で、グレゴリウス・マグヌスについては第8章「トマス・アクィナスにおける観想的生活と活動的生活」と第13章「煉獄をめぐる黙想」で触れているのですが、これらも彼らの時代をテーマにしたとはとても言えません。またIIIとIVの修道院神学の時代については、ベルナルドゥス、ペトルス・アベラルドゥス、ビンゲンのヒルデガルド、ギルベルトゥス・ポレターヌス、サン・ヴィクトルのリカルドゥスなど、大学の授業では取り上げ、一度は研究に手をつけたものの論文にまで至っていない対象はたくさんあり、こうして振り返ってみると、本当にわが浅学非才が身に沁みます。大学を退職後のささやかな楽しみにいたしましょう。

　最初の論文「瀧澤、バルト、トマス」でも触れているのですが、プロテスタントのバプテスト教会に属する私が、中世の神学者たちを研究するようになったのは、稲垣良典先生という偉大な先達に出会い、教えを受ける幸

運に恵まれたからです。西南女学院短大や西南学院大学の教員になってからも、稲垣先生のご自宅で毎月開催された「トマス研究会」に通わせていただき、その他にも私は家が近かったこともあって、個人的に先生を足繁く訪問しては、教えを乞うてきました。40年間におよぶ稲垣先生のご指導がなければ、私は大学の教員として一人前にやっていくことはとうていできなかったでしょう。ですから私は、この私の本当にささやかな研究成果を、1月15日に逝去され、今は主のみもとにおられる稲垣良典先生にお捧げしたいと思います。

2022年1月28日

片山 寛

片山　寛（かたやま・ひろし）

　1951 年、高知県室戸市生まれ。岡山大学医学部在学中に岡山バプテスト教会に通い始めた。大学を中退して働いていた 1976 年、梅田環牧師からバプテスマを受けた。1977 年結婚、79 年西南学院大学神学部に三年次編入。これらすべてが梅田先生のおかげである。

　神学部卒業後、福岡ベタニヤ村教会の牧師をしながら、九州大学大学院およびミュンヘン大学で学び続け、帰国後、西南女学院短大（1992 〜 2003）、西南学院大学神学部（2003 〜 2022）で教えた。専門は西欧中世哲学で、特に 13 世紀の神学者トマス・アクィナスを研究している。トマス研究では、九州大学大学院以来、稲垣良典先生に師事している。

　教会では福間キリスト教会で 22 年間協力牧師をつとめたのち、2015 年から和白バプテスト教会協力牧師。

中世キリスト教の七つの時

2022 年 2 月 28 日　第 1 版第 1 刷発行

著　者……片山　寛

発行者……小林　望
発行所……株式会社新教出版社
〒 162-0814 東京都新宿区新小川町 9-1
電話（代表）03 (3260) 6148

印刷・製本……モリモト印刷株式会社

ISBN 978-4-400-31024-2　C1016